Leabhar MÓR AN CHEOIL

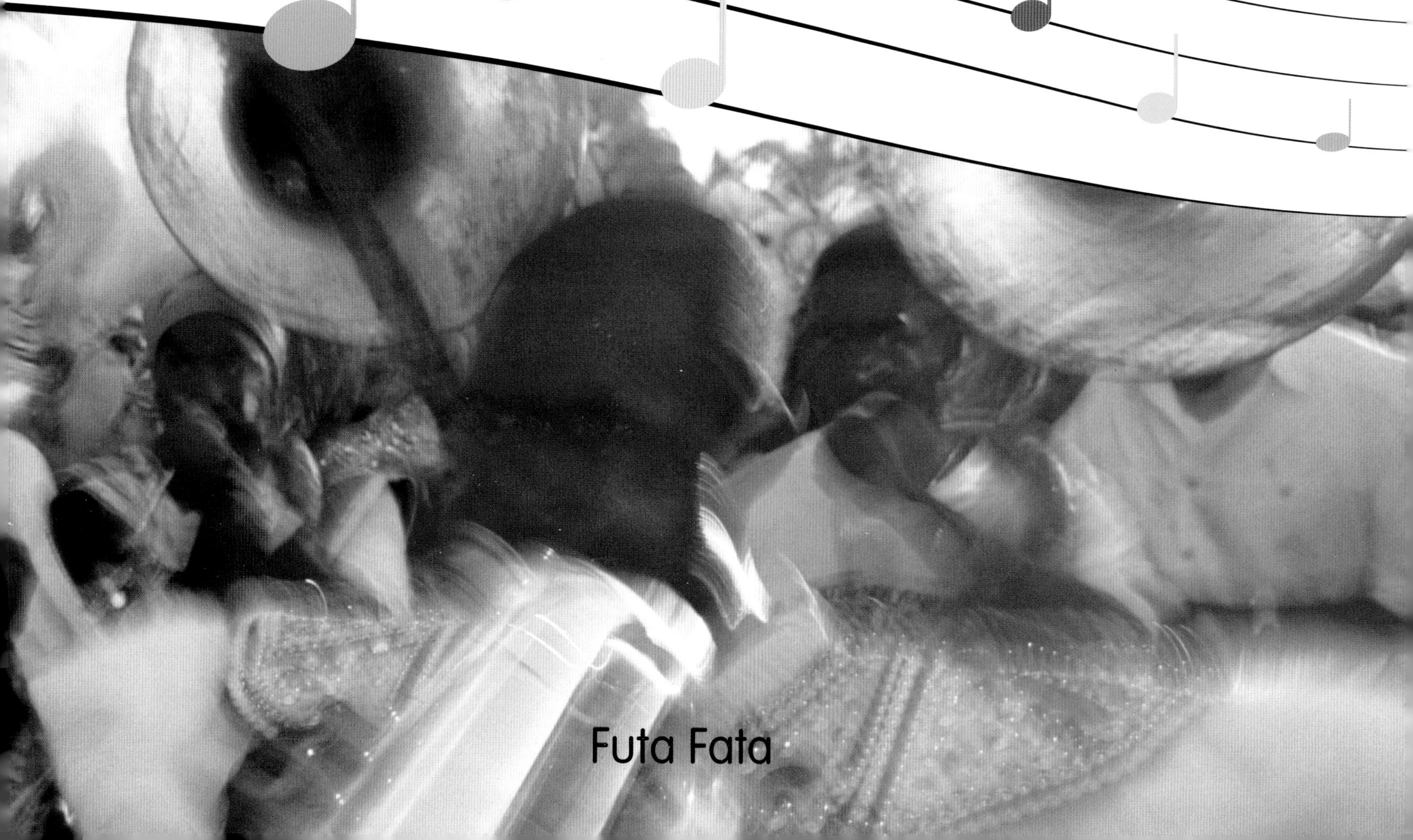

Futa Fata

Eagarthóir sinsearach Deborah Lock
Dearthóir sinsearach Hedi Hunter
Eagar Breise Penny Smith, Holly Beaumont, Eleanor Greenwood, Fleur Star
Dearadh breise Clare Marshall, Mary Sandberg, Pamela Shiels, Olga Zavadska, Karen Hood
Stiúrthóir Ealaíne Rachel Foster
Bainisteoir Foilsithe Bridget Giles
Eagarthóir Léiriúcháin Sean Daly
Ceannaire Léiriúcháin Claire Pearson
Dearthóir Clúdaigh Martin Wilson
Eagarthóir Clúdaigh Matilda Gollon
Taighdeoirí Pictiúr Myriam Mégharbi, Sarah Hopper

Comhairleoirí ceoil
Richard Mallett
Léiritheoir oideachais agus pobail,
Ceolfhoireann Fhiolarmónach Londan, RA

Ann Marie Stanley
Ollamh Cúnta le hOideachas Ceoil,
Eastman School of Music,
Ollscoil Rochester, SAM

Leagan Gaeilge Anna Heussaff
Clóchur Gaeilge Karen Carty, Anú Design

Ba mhaith le Futa Fata buíochas a ghabháil le COGG, An Chomhairle um Oideachas Gaeltachta agus Gaelscolaíochta, a thacaigh le foilsiú an leabhair seo.

Foilsithe den chéad uair sa Bhreatain Mhór i 2011 ag Dorling Kindersley Limited 80 Strand, Londain WC2R 0RL

ISBN 978-1-906907-30-3

Jimmy Page, príomhghiotáraí an ghrúpa Led Zeppelin *(féach lch 115)*

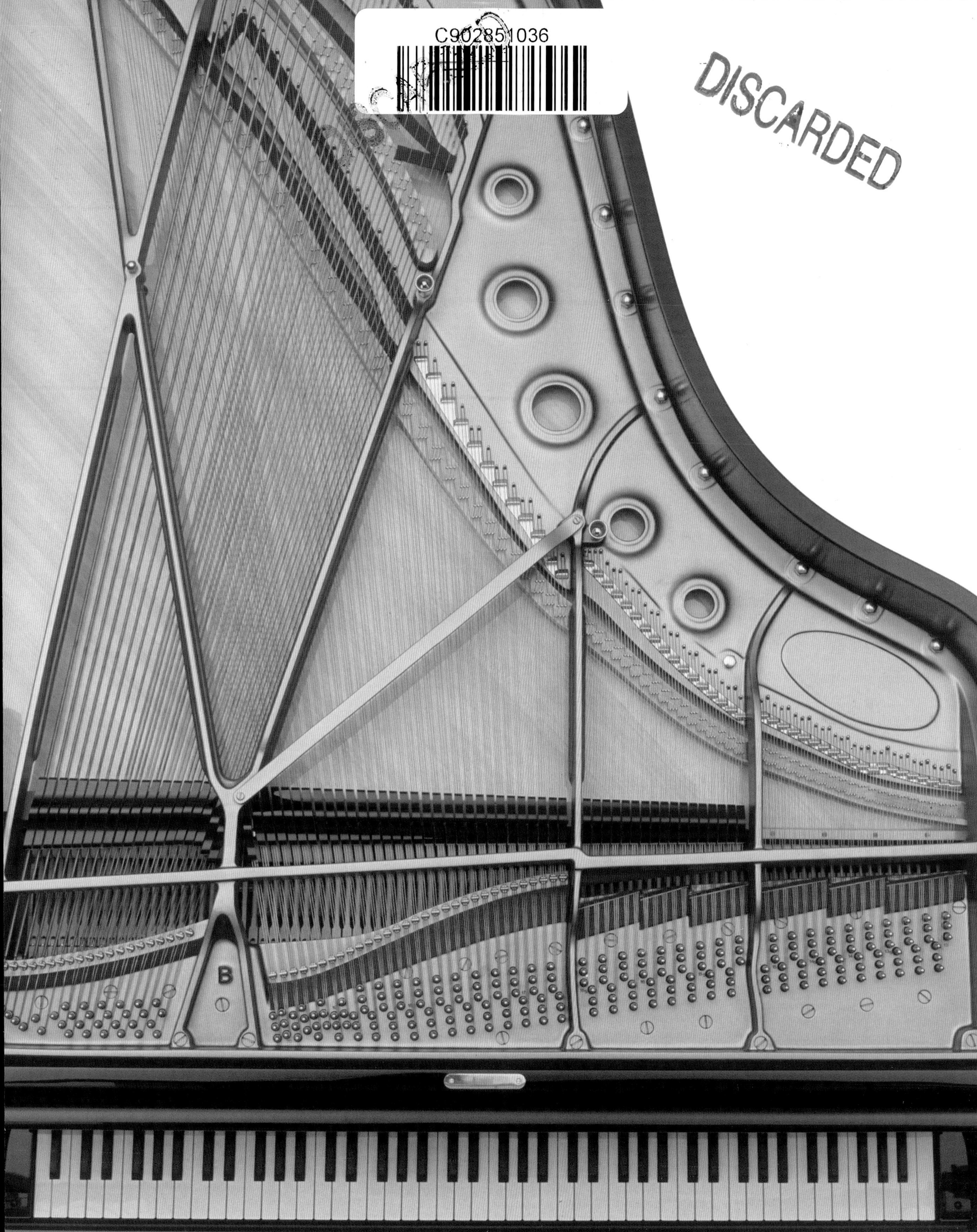
B

Conas an leabhar seo a úsáid

Cuir eolas ar stíleanna ceoil, ar shaol agus ar obair cheoltóirí cáiliúla, ar uirlisí a sheinm agus ar na hiontais cheoil atá le cloisteáil ar fud an domhain. Tá ceithre chineál leathanach sa leabhar seo:

CEOLTÓIRÍ: Cuir eolas ar scéal beatha agus ar an gceol a chum daoine cáiliúla agus faigh amach cad a thug inspioráid dóibh.

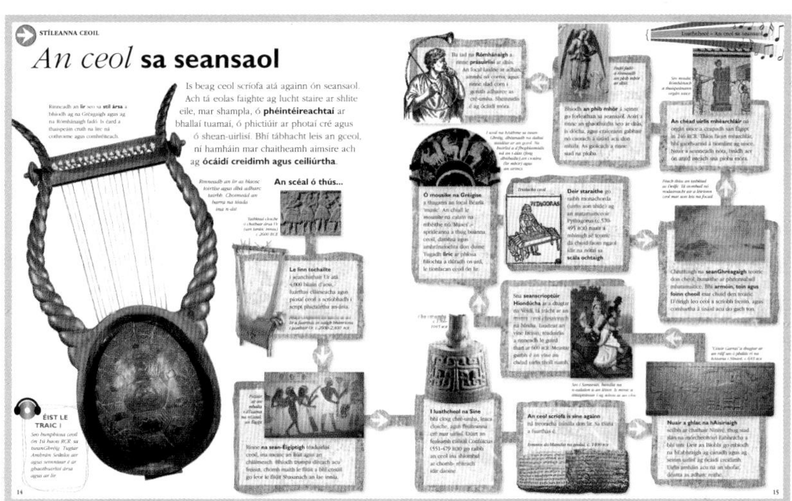

STÍLEANNA CEOIL: Cuir eolas ar na stíleanna éagsúla ar fad agus conas mar a d'athraigh siad ó thús ama.

UIRLISÍ CEOIL: Féach go maith ar gach cuid den uirlis. Cuir eolas ar a stair, conas í a sheinm agus cé hiad na seinnteoirí is fearr.

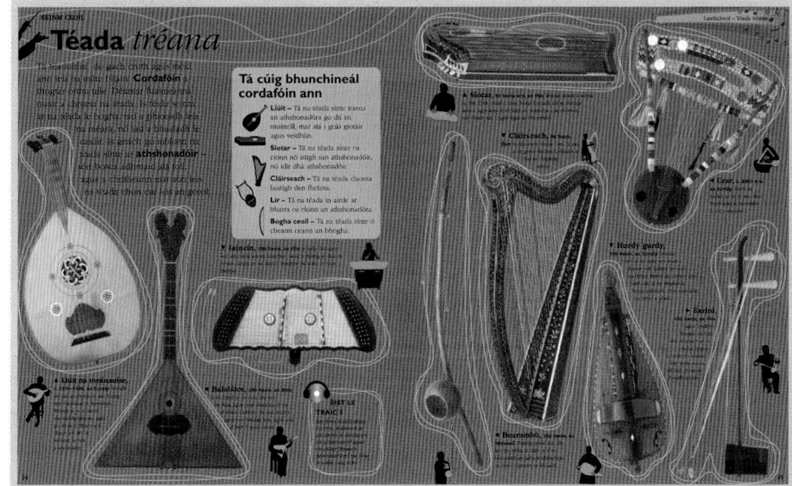

SEINM CEOIL: Déan iontas den réimse uirlisí agus de na slite go léir ina gcuirtear ceol os comhair an phobail ar fud an domhain.

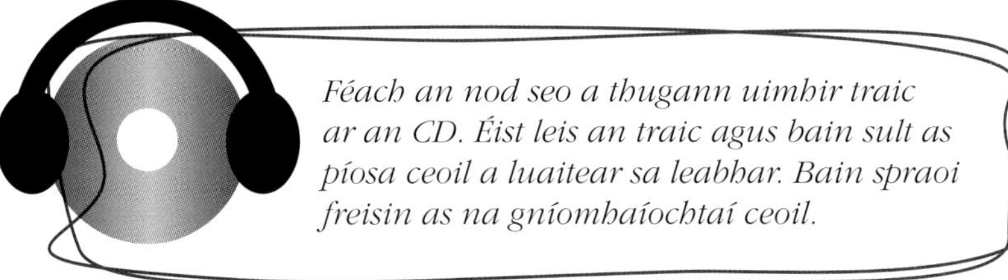

Féach an nod seo a thugann uimhir traic ar an CD. Éist leis an traic agus bain sult as píosa ceoil a luaitear sa leabhar. Bain spraoi freisin as na gníomhaíochtaí ceoil.

Clár

Cad is **ceol ann?**

Téann ceol i gcion ar gach duine ar a shlí féin, mar go bhfuil ceol den uile shórt ann:

Ní hamháin **port ceoil**

... ach scéal, **damhsa**, **dráma**, nó ábhar **MÓRTAIS** do phobal na tíre.

Ní hamháin **fuaim aonair**

... ach dísréad, **curfá**, **ceolfhoireann** shiansach, an iliomad **uiRLIsí** agus *guthanna* a thagann le chéile sa cheol.

Ní hamháin **RithiM SHocAir**

... ach ceol **anamúil**, **snagcheol**, **rac crua**, agus **hip hap**.

Ní hamháin **cumadóireacht**

... ach an ceol atá thart ort agus **na héin** ag canadh, trup na **gcos**, bualadh **bos**, agus **uisce** ag sileadh go bog.

"Tá an pléisiúr a fhaighimid ón gceol riachtanach don duine daonna." *Confúicias (c. 551–479 RCR) – fealsamh Síneach*

*Luath*cheol
(50,000 RCR–1600 CR)

Baineann ceol le **féiniúlacht chultúrtha** na tíre nó an phobail óna dtagann sé. Tá uirlisí de gach cruth agus cineál ann, agus fuaim dá cuid féin ag **gach uirlis**.

Ón gcéad *chrónán*

Fadó, fadó, tháinig inspioráid an cheoil ó na fuaimeanna nádúrtha a chuala daoine – ainmhithe, uisce nó cloch á bualadh ar charraig. Chum siad foinn agus rithimí den sórt céanna, agus bhí ceol acu mar cheiliúradh, mar spraoi agus ar son cumarsáide. Níor scríobhadh an **ceol treibhe** síos ach d'fhoghlaimíodh daoine óga óna muintir féin é.

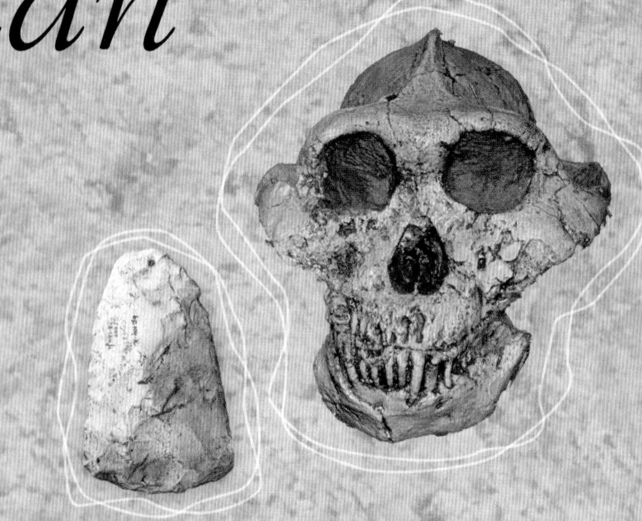

▲ ***Fuaimeanna na Néandartálach*, 2009, Simon Thorne** Chuaigh Thorne, cumadóir ón mBreatain Bheag, i gcomhar le foireann eolaithe. Rinne siad amach cén sórt ceoil a bhí na Néandartálaigh (luathdhaoine) in ann a dhéanamh lena nguthanna agus a gcuid uirlisí cloiche.

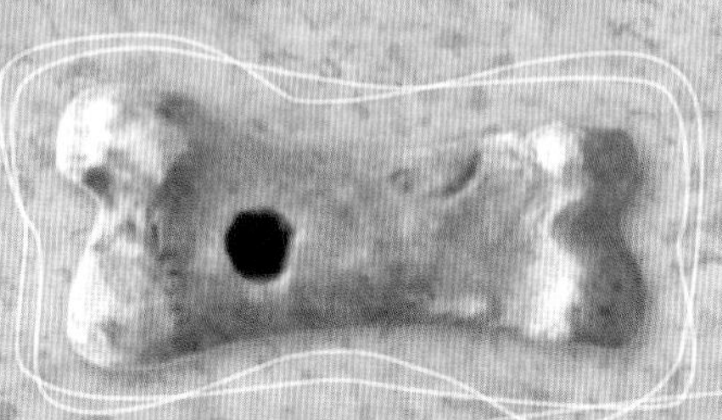

▶ **Feadóg fhalaing, 40,000 RCR, an Fhrainc** Is feadóg í seo a rinneadh as cnámh ainmhí, ón ladhar coise nó falaing. Fuarthas a lán acu in áiteanna ina raibh daoine fadó.

▲ **Bualadh bos, Oileáin Sholomón** Tá bualadh bos an-tábhachtach sa cheol treibhe, mar aon le canadh, comharthaí láimhe agus damhsa.

▼ **Seaman, Poblacht Altáíoch, an Rúis** Draoi nó sagart ab ea an seaman. Chun teagmháil leis an saol eile, dhéanadh sé aithris ar fhuaimeanna ainmhí, mar shampla, mac tíre nó béar bán.

▲ **Fliúit Divje Babe, 40,000 RCR, an tSlóivéin** Seo fliúit déanta as cnámh ainmhí. I bpluais sa tSlóivéin a fuarthas í agus tá sí ar cheann de na huirlisí ceoil is sine a fuarthas riamh.

CEOL SA BHAILE:

Éist leis na fuaimeanna thart ort sa bhaile – crónán an chuisneora, abair, nó buillí an chloig. Cén sórt rithimí agus foinn is féidir leat a chumadh le hearraí tí, mar shampla, sáspain, bróga, agus pinn luaidhe?

◀ Katajjaq,

Ionúitigh, Meiriceá Thuaidh
Mar chaitheamh aimsire a dhéanadh na hIonúitigh amhránaíocht scornaí. Chanadh beirt bhan dísréad le chéile de ghnáth agus comórtas eatarthu cé cé acu is faide a leanfadh leis.

▲ Sean-nós, Éire,

Amhránaí aonair gan tionlacan a chanann i nGaeilge sa stíl thraidisiúnta seo, atá beo beathaíoch go dtí an lá inniu.

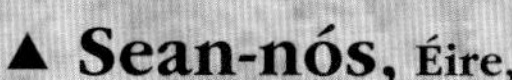

▶ Toirneadóir,

Bundúchasach, An Astráil Leis na mílte bliain, tá sé in úsáid mar uirlis ceoil agus chun scéal a chur chuig daoine i bhfad i gcéin. Luasctar thart agus thart é agus déanann sé torann mór búiríle mar a chloisfí ó tharbh.

Seo crothal seamain atá i gcruth éin. Féach an seaman ina luí ar dhroim an éin.

▶ Damhsa féir Montana, Navajo,

Meiriceá Thuaidh Bíonn culaith iontach maisiúil ar an damhsóir, a chanann go drámata aníos óna scornach.

An ceol **sa seansaol**

Is beag ceol scríofa atá againn ón seansaol. Ach tá eolas faighte ag lucht staire ar shlite eile, mar shampla, ó **phéintéireachtaí** ar bhallaí tuamaí, ó phictiúir ar photaí cré agus ó shean-uirlisí. Bhí tábhacht leis an gceol, ní hamháin mar chaitheamh aimsire ach ag **ócáidí creidimh agus ceiliúrtha**.

Rinneadh an **lir** seo sa **stíl ársa** a bhíodh ag na Gréagaigh agus ag na Rómhánaigh fadó. Is éard a thaispeáin cruth na lire ná cothroime agus comhréiteach.

Rinneadh an lir as blaosc toirtíse agus dhá adharc tairbh. Choimeád an barra na téada ina n-áit.

An scéal ó thús...

Taibléad cloiche ó chathair ársa Ur (san Iaráic inniu) c.2600 BCE

Le linn tochailte i seanchathair Ur atá 4,000 bliain d'aois, fuarthas cláirseacha agus píosaí ceoil a scríobhadh i script phictiúrtha an-ársa.

Féach cloigeann an tairbh ar an lir a fuarthas in uaigh bhanríona i gcathair Ur, c.2600–2,400 RCR

Pictiúr ar an mballa i dTuama na nUasal, an Éigipt

Rinne **na sean-Éigiptigh** téaduirlisí ceoil, ina measc an liúit agus an chláirseach. Bhíodh trumpa díreach acu freisin, chomh maith le fliúit a bhí cosúil go leor le fliúit Shasanach an lae inniu.

ÉIST LE TRAIC 1

Seo bunphíosa ceoil ón 1ú haois RCR sa tseanGhréig. Tugtar Ambrán Seikilos air agus seinntear é ar ghaothuirlisí ársa agus ar lir.

Ba iad na **Rómhánaigh** a rinne **prásuirlisí** ar dtús. An focal Laidne ar adharc ainmhí ná cornu, agus rinne siad corn i gcruth adhairce as cré-umha. Sheinnidís é ag ócáidí móra.

Fadó fadó a rinneadh an phíb mhór ar dtús.

Bhíodh **an phíb mhór** á seinm go forleathan sa seansaol. Aoirí a rinne an ghaothuirlis seo ar dtús, is dócha, agus craiceann gabhair nó caorach á úsáid acu don mhála. As giolcach a rinne siad na píoba.

Seo mosáic Rómhánach a thaispeánann orgán uisce.

An chéad uirlis mhéarchláir ná orgán uisce a ceapadh san Éigipt in 246 RCR. Thíos faoin méarchlár, bhí gaoth-araid á tiomáint ag uisce. Nuair a seinneadh nóta, brúdh aer ón araid isteach sna píoba móra.

I scoil na hAithine sa tsean-Ghréig, dhéanadh na daltaí staidéar ar an gceol. Na huirlisí a d'fhoghlaimídís ná an t-álas (feag dhúbailte),an ciotára (lir mhór) agus an sirincs.

Ó mousike na Gréigise a thagann an focal Béarla 'music'. An chiall le *mousike* ná ealaín na mbéithe nó 'Muses' – sprideanna a thug buanna ceoil, damhsa agus amhránaíochta don duine. Tugadh **liric** ar phíosa filíochta a dúradh os ard, le tionlacan ceoil ón lir.

Trialacha ceoil

Deir staraithe go raibh monachorda (uirlis aon téide) ag an matamaiticeoir Pythagorus (c.570-495 RCR) nuair a mhínigh sé teoiric dá chuid faoin ngaol idir na nótaí sa **scála ochtaigh**.

Féach thíos an tabléad as Deilfe. Tá siombail nó nodaireacht air a léiríonn ceol mar aon leis na focail.

Chruthaigh na **seanGhréagaigh** teoiric don cheol, bunaithe ar phrionsabail mhatamaitice. Bhí **armóin, toin agus foinn cheoil** mar chuid den teoiric. D'éirigh leo ceol a scríobh freisin, agus comhartha á úsáid acu do gach ton.

Clog cré-umha, c.1766-1045 RCR

Sna **seanscrioptúir Hiondúcha** ar a dtugtar na Véidí, tá trácht ar an marga, ceol clasaiceach na hIndia. Luaitear an víne freisin, téaduirlis a rinneadh le guird thart ar 600 RCR. Meastar gurbh é an víne an chéad uirlis tholl riamh.

Seo í Sarasvati, bandia na n-ealaíon is an léinn. Is minic a thaispeántar í ag seinm ar an víne.

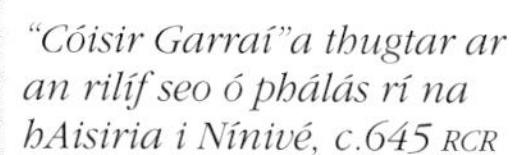

"Cóisir Garraí"a thugtar ar an rilíf seo ó phálás rí na hAisiria i Nínivé, c.645 RCR

I luathcheol na Síne bhí cloig chré-umha, leaca cloiche, agus fliúiteanna cré mar uirlisí. Dúirt an fealsamh cáiliúil Confúicias (551-479 RCR) go raibh an ceol ina shiombal ar comhréiteach idir daoine.

An ceol scríofa is sine againn ná treoracha tiúnála don lir. Sa tSiria a fuarthas é.

Iomann do bhandia na gealaí, c. 1400 RCR

Nuair a ghlac na hAisiriaigh seilbh ar chathair Nínivé, thug siad slán na mórcheoltóirí Eabhracha a bhí inti. Deir an Bíobla go mbíodh na hEabhraigh ag canadh agus ag seinm uirlisí ag ócáidí creidimh. Uirlis amháin acu ná an shofar, déanta as adharc reithe.

Didiridiú

"Sna fuaimeanna doimhne ón didiridiú, cloisimid macallaí na hiargúla san Astráil."
William Barton

Déantar an didiridiú as géag **de chrann guma** atá toll nó folamh ina lár. Gearrtar géag den sórt seo agus baintear an choirt di. Ansin cuirtear céir nó roisín ar an mbéalóg, an áit a séideann an ceoltóir. Is féidir an didiridiú **a mhaisiú** le péint nó le marcanna tine, nó é a ghreanadh.

Stair an didiridiú

Tá fianaise againn ó phictiúir i bpluaiseanna gur ceapadh an didiridiú i dTuaisceart na hAstráile breis is 2,000 bliain ó shin.

De réir finscéalta Bundúchasacha, tháinig fear darbh ainm Burbuk Boon ar an gcéad didiridiú. Bhí sé ina shuí cois tine oíche amháin agus é ar tí píosa mór adhmaid a dhó. Ach bhí an píosa an-éadrom. Thuig Burbuk go raibh teirmítí – feithidí a itheann adhmad – istigh ina lár agus iad á ithe. Níor mhaith leis na teirmítí a chur sa tine. Shéid sé go tréan agus rinne sé fuaim iontach. D'eitil na teirmítí in airde sa spéir agus rinneadh réaltaí díobh.

Go maith don tsláinte
Tá seinm an didiridiú go maith don analú. Déanann daoine codladh sámh ina dhiaidh, gan srannadh.

Raon an didiridiú

Trí ochtach de raon

Conas didiridiú a sheinm

Seinntear an didiridiú mar a sheinntear tiúba nó trombón. Séideann an ceoltóir síos an feadán agus critheann sé a bheola ar an bhfáinne céir. Tagann **dordán ísealairde** ón uirlis. Coimeádann sé aer ina bhéal agus é ag analú trína shrón. Is féidir leis fuaimeanna eile a chur leis an dordán, agus é **ag déanamh aithrise** ar ghlórtha ainmhithe.

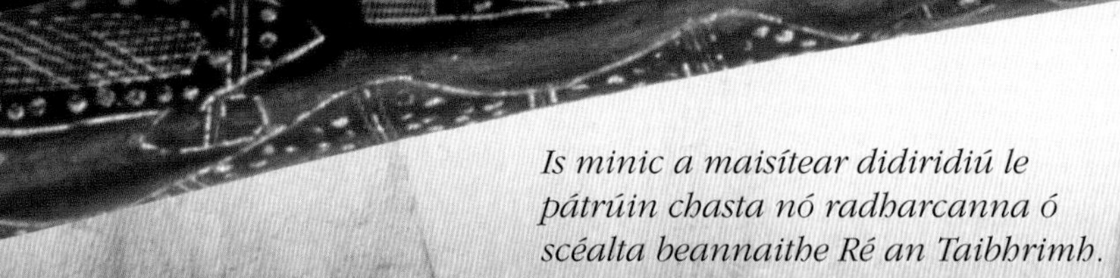

Is minic a maisítear didiridiú le pátrúin chasta nó radharcanna ó scéalta beannaithe Ré an Taibhrimh.

Uirlisí eile:

Maidí buailte
Péirí maidí iad a bhíonn 20 cm ar fad. **Buailtear le chéile** iad chun fuaim a dhéanamh. Seinntear leis an didiridiú iad, nó buailtear an t-am leo le linn amhrán agus damhsaí.

Toirneadóir
Píosa adhmaid réidh ar chruth duilleoige é, agus sreang ceangailte leis. Castar timpeall san aer é chun torann cosúil le búir a dhéanamh.

Sárcheoltóirí

Le blianta beaga anuas, fuair lucht éisteachta idirnáisiúnta an deis an didiridiú a chloisteáil. Tá cáil ar an mbanna **Yothu Yindi**, a rinne cumasc idir ceol traidisiúnta Bundúchasach agus ceol rac is roll an Iarthair. Is sárcheoltóir é **Mark Atkins** a d'oibrigh le ceoltóirí eile ar fud an domhain, ina measc an rac-ghiotáraí **Jimmy Page** agus an cumadóir clasaiceach **Philip Glass**. Tá an-cháil freisin ar **William Barton**, atá in ann an giotár leictreach agus an didiridiú a sheinm le chéile.

Mark Atkins

Bíonn didiridiú 1.2-1.5 m (4-5 troithe) ar fad de ghnáth, ach bíonn cuid acu suas le 3 m (10 dtr) ar fad. Dá fhaide é an didiridiú is ea is doimhne an fhuaim uaidh.

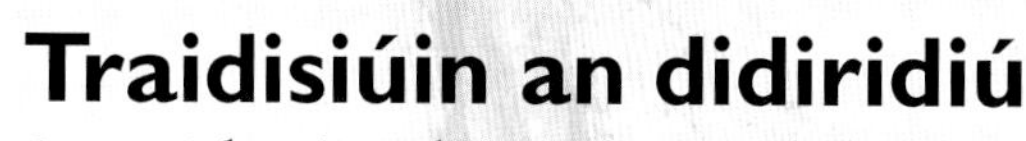

Bundúchasaigh ag seinm maidí buailte agus didiridiú.

Traidisiúin an didiridiú

Sa traidisiún, déanann an didiridiú tionlacan le hamhráin, le damhsaí agus le **gnásanna** naofa Bundúchasacha. Creideann roinnt treibheanna nár cheart do mhná an didiridiú a sheinm riamh. Uaireanta cuirtear cosc leo é a sheinm nó fiú méar a leagan air.

ÉIST LE TRAIC 2

Faigh péire maidí nó spúnóga adhmaid. Glac páirt sa rithim tapála a chloiseann tú ag na maidí buailte mar aon leis an didiridiú ar an traic seo.

Crothal síolta

Bíonn croiteoirí agus crothail in úsáid ag Bundúchasaigh na hAstráile mar thionlacan ceoil. As síolta triomaithe a dhéantar iad, ó phlandaí agus ón gcrann bóab.

Druma

Déanann treibheanna áirithe drumaí as géaga adhmad atá tollta ina lár. Déantar craiceann an druma as craiceann nathrach nó cangarú.

Duilleog ghuma

Is uirlis an-simplí í seo – duilleog aonair ó **chrann guma**. Cuirtear le do bheola í agus séidtear. D'úsáideadh na Bundúchasaigh í ar dtús chun aithris a dhéanamh ar fhuaimeanna na n-éan.

Herb Patten, ceoltóir duilleoige guma

Ag séideadh gaoithe

Tá gaothuirlisí de gach sórt ann leis na mílte bliain, ó rinneadh feadóga agus fliúiteanna as cnámha ainmhí nó as plandaí den chéad uair. **Aerafóin** a thugtar orthu. Chun ceol a sheinm, séidtear trasna nó isteach i bpoll feadáin, nó séidtear ar fheag atá ceangailte do bhéalóg. Athraíonn na nótaí ceoil de réir mar atá na poill oscailte nó dúnta.

Conas séideadh?

Orgán béil – Bíonn aer á shéideadh agus á dhiúladh trasna na bpoll, rud a chritheann na feagphlátaí
.
Ansin critheann an t-aer

Clairnéid – Cuirtear feag cána isteach sa bhéalóg. Cuireann an ceoltóir a bhéal os cionn an fheaga, á chur ag crith. Ansin critheann an t-aer istigh san fheadán agus déantar fuaim.

◀ **Fliúit sróine, Réamhstairiúil, An Pholainéis** Creideann muintir na n-oileán san Aigéan Ciúin go bhfuil anáil na sróine níos glaine ná anáil an bhéil, atá in ann rudaí gránna a rá. Sheinntí an fhliúit mar thionlacan le hamhráin is le cantaireacht.

▼ **Orgán béil, 19ú haois, an Eoraip** Is uirlis an-choitianta é i gceol na ngormacha, i gceol tíre Mheiriceá, agus sa snagcheol. Ainm eile air ná armónach.

▶ **Seing, roimh 500 RCR, an tSín** Tá píoba bambú san orgán béil seo, atá déanta i gcruth féinics – an t-éan miotasach atá le fáil i sean-scéalta ar fud an domhain. Tá ceol na huirlise cosúil le glao an fhéinics, a deirtear.

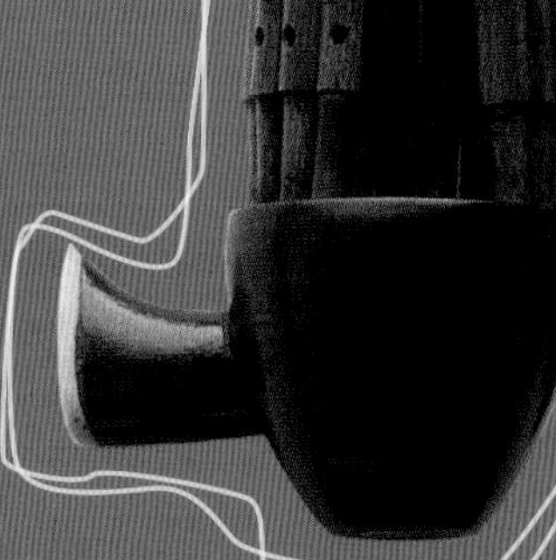

▶ **Cairdín, 19ú haois, an Ostair** I gceol tíre is mó a chloistear é. Tá feaga miotail ann, a critheann nuair bhrúnn na boilg aer tríothu. Oibríonn an ceoltóir na boilg isteach is amach agus é ag seinm.

◀ **Sumára,** c. 2700 RCR, an Éigipt Seo "clairnéid dhúbailte". Tá dhá phíb ceangailte taobh le chéile air agus feag shingil acu araon. Tá méara an cheoltóra in ann dhá pholl san am a chlúdach, ceann ar gach píb.

▶ **Surnáí,** riomh 13ú haois, an Mhongóil Ar an óbó tíre seo, tá seacht bpoll mar aon le poll ordóige ar cúl. Taitníonn sé le pobail fáin mar go bhfuil sé éadrom. Seinntear ag bainiseacha agus ag ócáidí móra eile é.

▶ **Fideog adhmaid,** 16ú haois, an Fhrainc Bhíodh fideoga le píoba single nó dúbailte (mar atá anseo) an-choitianta ag damhsaí sa 17ú agus san 18ú haois. Seinntear le dhá lámh iad. Tá an ceol cosúil le ceol éin.

◀ **Seám,** 13ú haois dhéanach, an Eoraip Uirlis mheánaoiseach í seo a dhéantaí as píosa adhmaid aonair. Bhíodh cinn mhóra agus cinn bheaga ann. Ón seám a tháinig óbó an lae inniu.

◀ **Basún,** c. 1800idí, an Ghearmáin Seo an ceann is mó de na gaothuirlisí agus tá an tuinairde is ísle aige. Tá feag dhúbailte air, déanta as dhá phíosa cána a cheanglaítear le chéile.

▶ **Painphíoba,** réamhstairiúil, Meiriceá Theas Chun painphíoba a dhéanamh, fitear suas le trí shraith de stialla bambú le chéile. Bíonn cuid acu fada agus cuid eile gearr. Seinntear an ceol fós sa lá inniu.

ÉIST LE TRAIC 3

Baineann na painphíoba le ceol Meiriceá Theas go háirithe. Samhlaigh duit féin an fhuaim seo ag éirí in airde os cionn shléibhte na nAindéas ar nós condair, éan mór maorga.

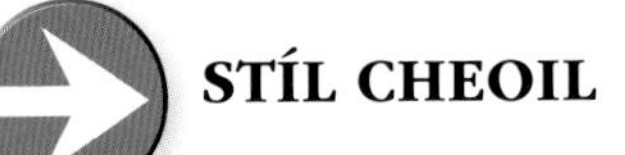

Ceol na **hAfraice**

Ar fud na hAfraice
Sa bhéaloideas ar fud na hAfraice, deirtear gurbh í an bhanríon Marimba a thug an ceol don phobal agus a chruthaigh a lán uirlisí a sheinntear fós inniu.

Tá uirlisí agus fuaimeanna dá gcuid féin ag treibheanna ar fud na hAfraice. Tá **traidisiúin cheoil** acu do gach sórt imeachtaí agus ócáidí ceiliúrtha agus is minic a ghlacann an pobal ar fad páirt iontu. An rud is suntasaí faoi cheol na hAfraice ná **pátrúin dhifriúla na rithimí** agus iad fite le chéile. Tugtar ilrithimí orthu.

Baird Iarthar na hAfraice

Is ceoltóirí agus seanchaithe iad na baird nó 'griots' a théann ó bhaile go baile in iarthar na hAfraice. Bíonn amhráin agus scéalta acu faoi stair a muintire. Tugann siad cuntas ar a sinsear, ar eachtraí móra is ar a gcuid traidisiún. Foghlaimíonn an pobal a stair féin ó na baird.

Beirt bhard ag seinm ceoil. Tugtar córa ar an gcruitliúit atá acu.

Banna traidisiúnta Beirbeireach ag seinm ag Féile Ksour, féile mhór an ghaineamhlaigh a bhíonn ar siúl sa Túinéis.

Bannaí Beirbeireacha

Beirbeirigh a thugtar ar phobal dúchais Thuaisceart na hAfraice. Bíonn **drumadóirí** bríomhara i gcroílár na mbannaí ceoil, mar aon le píobairí agus le ceoltóirí téaduirlise. Seinneann a lán bannaí le chéile ag na féilte móra.

Amhráin na Másaíoch sa Chéinia

Ba ghnách leis an bpobal Másaíoch sa Chéinia agus sa Tansáin a bheith ag fánaíocht ó áit go háit. Tá cáil orthu as a stíl iontach amhránaíochta – ní bhíodh siad ag iarraidh uirlisí ceoil a iompar leo. Tugtar **macallach** ar stíl na n-amhrán. Canann an príomhamhránaí an chéad líne agus freagraíonn an cór é, mar a bheadh macalla ann. Canann na fir amhráin faoi dhul ag fiach go cróga; canann na mná amhráin faoi shaol an teaghlaigh agus cúram na mbeithíoch.

Druma cré údú na Nigéire

An bia is mó a itheann na hIobóigh sa Nigéir ná glasra ar a dtugtar 'ionam', atá beagán cosúil le práta. Is feirmeoirí iad a lán de na hIobóigh agus bíonn féile mhór damhsaí, paráidí agus ceoil acu gach bliain chun an fómhar a cheiliúradh. Ceann de na cnaguirlisí a sheinneann siad ná an **druma cré údú**. Is iad na mná a dhéanann na drumaí, agus seinntear iad le buillí bos agus le tapáil méaracha araon.

Ní don cheol amháin an druma údú – is féidir bia nó deoch a choimeád ann freisin.

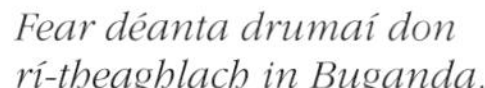

Fear déanta drumaí don rí-theaghlach in Buganda.

Na drumaí ungóma in Buganda

Cloistear na drumaí ungóma ar fud lár, oirthear agus deisceart na hAfraice, i measc na bpobal Bantúcha. Bíonn difríochtaí idir na drumaí i ngach réigiún. I ríocht Buganda in Uganda, bíonn buille de chineál ar leith ag gach clann. Taispeánann na **drumaí ungóma** go bhfuil cumhacht ag an gclann agus baineann na cinn is tábhachtaí leis an rí.

An timbíle sa Mhósaimbíc

Tá uirlisí difriúla ag an bpobal Tseopach ach tá cáil ar leith ar an xileafón adhmaid ar a dtugtar an timbíle. I mbanna timbílí, bíonn ceoltóir amháin chun tosaigh agus an fonn ceoil á sheiftiú aige. Leanann na daoine eile sa bhanna an fonn aige siúd. Bíonn an rithim casta, agus tugann sí fuinneamh agus spreagadh do na damhsóirí.

An chláirseach bhogha

Féach an bogha fada cuartha atá ag síneadh amach ar an téaduirlis seo. Suíonn an ceoltóir agus an **chláirseach bhogha** ar a ghlúine aige. Piocann sé téada le lámh amháin agus maolaíonn sé téada eile leis an dara lámh. Bhíodh an uirlis seo á seinm na mílte bliain ó shin san Éigipt agus sa tSuiméir (an Iaráic inniu). De réir a chéile, leath sí go dtí tíortha eile ó dheas. Sa lá inniu tá an bhoghchláirseach le fáil ar fud na hAfraice, mar shampla sa tSúdáin agus in Uganda.

Cláirseach bhogha ón tSúdáin. As gurd (toradh triomaithe) a dhéantar an t-athshonadóir.

ÉIST LE TRAIC 4

Éist le patrún na macallach san amhrán traidisiúnta atá á chanadh anseo ag mná Másaíocha sa Chéinia

Imbíora na Siombáibe

Tugtar imbíora ar an bpianó ordóige seo a sheinneann an pobal Seoineach sa tSiombáib. Tá eochracha céimithe miotail ar an gclár beag adhmaid. Ag ócáidí creidimh, bíonn ceoltóir ar an imbíora mar aon le ceoltóir eile a chraitheann crothal.

Piopa *piioctha*

"Na téada tréana ag cliotar cleatráil ar nós cith fearthainne, na téada míne ag cogarnach go bog ciúin." Bai Juyi – file ó ré Tang

Is téaduirlis é an piopa a bhfuil ceithre théad air. Tá sé ar cheann de na huirlisí ceoil is coitianta agus is sine ar domhan **(breis is 2,000 bliain d'aois)**. Seinntear an piopa ar fud na Síne.

Ag piocadh ar an bpiopa

Tá **méara an-aclaí** riachtanach chun seinm go maith ar an bpiopa. Féach sa phictiúr mar a bheireann an ceoltóir ar an uirlis. Bíonn an **lámh chlé** ag gluaiseacht suas is anuas, ag brú, ag tarraingt agus ag casadh na dtéad. Bíonn an **lámh dheis** ag piocadh na dtéad ar aghaidh is ar cúl.

Seo píosa ceoil don phiopa scríofa i litreacha Sínise.

Feictear bean ag seinm ar an bpiopa ar vása ó aimsir ríshliocht Qing.

Uirlisí Síneacha

De réir traidisiúin, bíonn téaduirlisí boghtha, téaduirlisí pioctha, gaothuirlisí agus cnaguirlisí i gceolfhoireann Shíneach. Ach roinntear na huirlisí aonair de réir na fuaime a thagann ón ábhar as a ndéantar gach uirlis: síoda, bambú, adhmad, cloch, miotal, cré, gurd (toradh triomaithe), agus leathar.

UIRLISÍ SÍODA *As síoda a dhéantar na téada ar théaduirlisí ar nós cláirseach, liúiteanna agus siotar na Síne.*

UIRLISÍ BAMBÚ *Is gaothuirlisí iad seo – fliúiteanna, feagphíoba agus óbónna na Síne.*

UIRLISÍ ADHMAID *Cnaguirlisí ársa is mó a dhéantar as adhmad, mar shampla bloic a bhuailtear le bataí.*

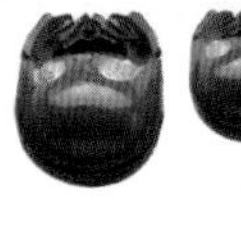

UIRLISÍ CLOICHE *Clingíní cloiche is mó atá iontu.*

UIRLISÍ MIOTAIL *Ina measc tá cloig, ciombal agus ganganna.*

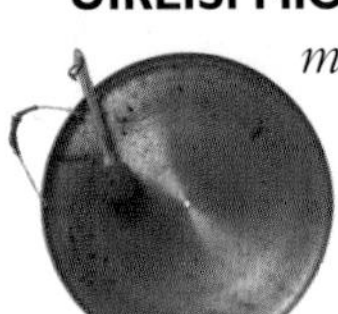

UIRLISÍ CRÉ *Tá potaí cré agus ócairíní ina measc.*

UIRLISÍ GUIRD *Ceann acu ná feag-orgán béil.*

UIRLISÍ LEATHAIR *Is drumaí iad seo.*

Sárcheoltóir

Is ceoltóir cáiliúil ar an bpiopa í **Liu Fang**, a thugann ceolchoirmeacha aonair ar fud an domhain. Páiste éachtach a bhí inti: thosaigh sí ag seinm in aois a sé bliana agus thug sí ceolchoirmeacha móra in aois a naoi mbliana. Seinneann Liu Fang ceol clasaiceach an Iarthair ar an bpiopa chomh maith le ceol Síneach, agus déanann sí cumasc eatarthu freisin.

Liu Fang (1974-) ag seinm ag Womad, RA, ar 25 Iúil, 2004.

Ingne bréige

Ar feadh na mílte bliain, bhíodh téada boga síoda ar an bpiopa, a phiocadh ceoltóirí **lena gcuid ingne féin**. Ach sa lá inniu, déantar na téada as cruach agus níolón, atá róláidir d'ingne an duine. Caithfear ingne bréige a úsáid, a dhéantar as plaisteach nó blaosc toirtíse. Cuirtear ar na méara iad le téip leaisteach.

Fear ag seinm agus ingne bréige air.

Téada *tréana*

Tá téaduirlisí de gach cruth agus méid ann leis na mílte bliain. **Cordafóin** a thugtar orthu uile. Déantar fuaimeanna nuair a chritear na téada. Is féidir seinm ar na téada le bogha, iad a phiocadh leis na méara, nó iad a bhualadh le casúir. Is gnách go mbíonn na téada sínte ar **athshonadóir** – sórt bosca adhmaid atá toll, agus a critheann mar aon leis na téada chun cur leis an gceol.

Tá cúig bhunchineál cordafóin ann

Liúit – Tá na téada sínte trasna an athshonadóra go dtí an muineál, mar atá i gcás giotáir agus veidhlín.

Siotar – Tá na téada sínte os cionn nó istigh san athshonadóir, nó idir dhá athshonadóir.

Cláirseach – Tá na téada claonta laistigh den fhráma.

Lir – Tá na téada in airde ar bharra os cionn an athshonadóra.

Bogha ceoil – Tá na téada sínte ó cheann ceann an bhogha.

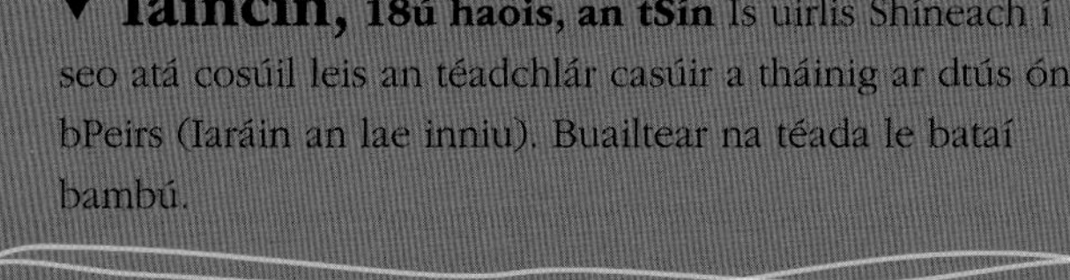

▼ **Iaincín, 18ú haois, an tSín** Is uirlis Shíneach í seo atá cosúil leis an téadchlár casúir a tháinig ar dtús ón bPeirs (Iaráin an lae inniu). Buailtear na téada le bataí bambú.

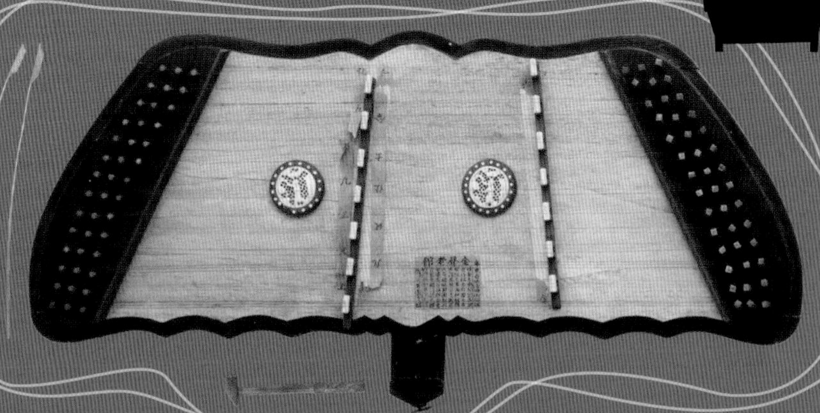

▲ **Liúit na meánaoise, c. 1350–1400, an Eoraip** Bhíodh an liúit an-choitianta san Eoraip mar thionlacan le hamhráin. Bhíodh sí le cloisteáil sna meánaoiseanna agus go dtí an ré Bharócach (féach lch 38). Is annamh an liúit á seinm inniu.

◀ **Balaláice, 18ú haois, an Rúis** Tá trí théad ar an uirlis tíre seo ón Rúis, agus cruth triantánach atá an-éasca a aithint. Tá cinn mhóra agus cinn bheaga ann, agus ceol ar leith ó gach ceann.

ÉIST LE TRAIC 5

Seo fonn traidisiúnta ón tSín, á sheinm ar an éarhú le tionlacan ón gcláirseach agus ón siotar Síneach. Seinntear ceol na Síne le scála cúig nóta.*

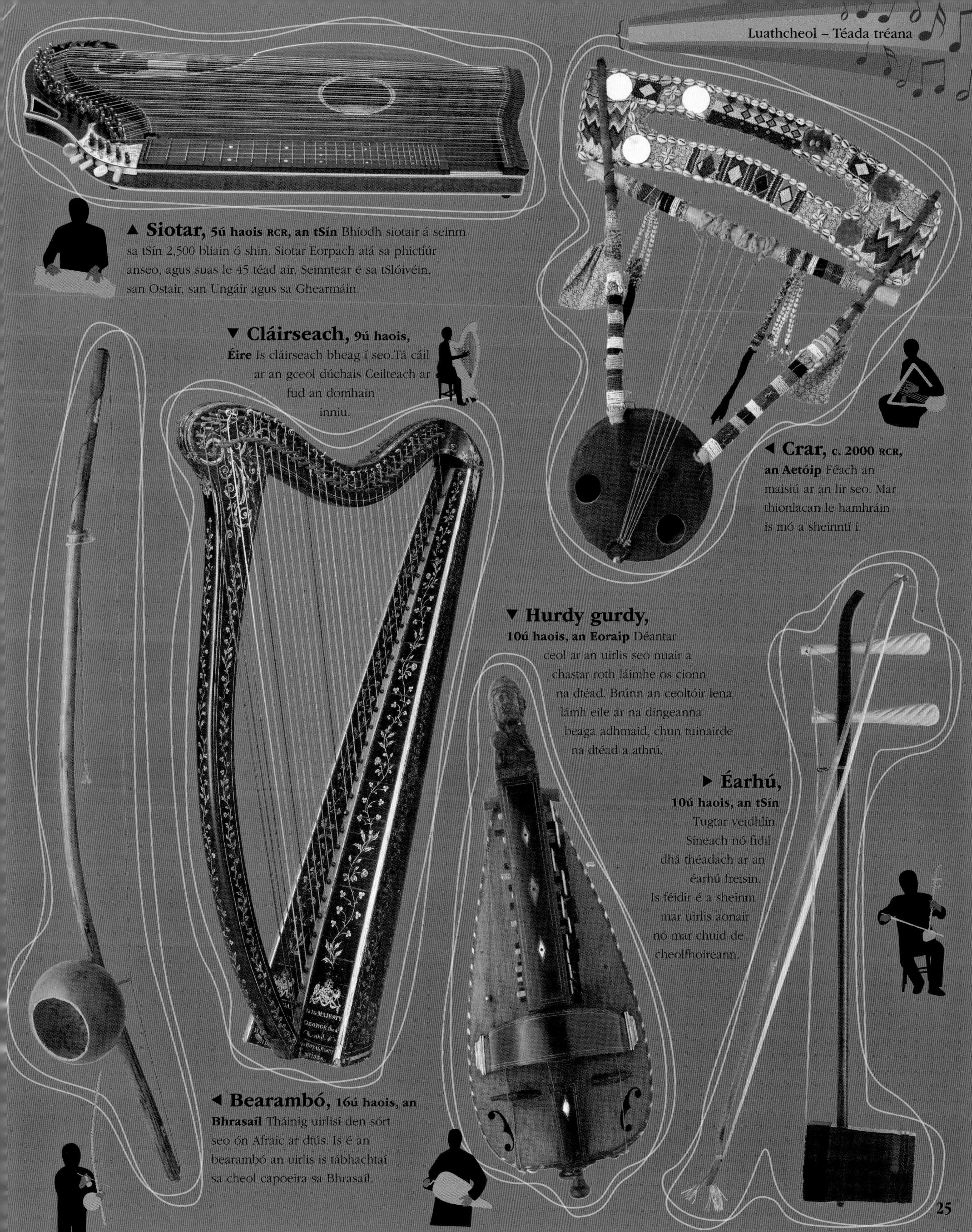

▲ **Siotar, 5ú haois RCR, an tSín** Bhíodh siotair á seinm sa tSín 2,500 bliain ó shin. Siotar Eorpach atá sa phictiúr anseo, agus suas le 45 téad air. Seinntear é sa tSlóivéin, san Ostair, san Ungáir agus sa Ghearmáin.

▼ **Cláirseach, 9ú haois, Éire** Is cláirseach bheag í seo. Tá cáil ar an gceol dúchais Ceilteach ar fud an domhain inniu.

◀ **Crar, c. 2000 RCR, an Aetóip** Féach an maisiú ar an lir seo. Mar thionlacan le hamhráin is mó a sheinntí í.

▼ **Hurdy gurdy, 10ú haois, an Eoraip** Déantar ceol ar an uirlis seo nuair a chastar roth láimhe os cionn na dtéad. Brúnn an ceoltóir lena lámh eile ar na dingeanna beaga adhmaid, chun tuinairde na dtéad a athrú.

▶ **Éarhú, 10ú haois, an tSín** Tugtar veidhlín Síneach nó fidil dhá théadach ar an éarhú freisin. Is féidir é a sheinm mar uirlis aonair nó mar chuid de cheolfhoireann.

◀ **Bearambó, 16ú haois, an Bhrasaíl** Tháinig uirlisí den sórt seo ón Afraic ar dtús. Is é an bearambó an uirlis is tábhachtaí sa cheol capoeira sa Bhrasaíl.

Ziryab (an Lon dubh)

"Nuair a tháinig Ziryab go Cordoba, thug sé pléisiúr agus só an tsaoil mar aon leis." Henri Terrasse – staraí Francach, 1958

Bhí Ziryab, a chiallaíonn **lon dubh**, mar leasainm ar Ali Ibn Nafi. Ceoltóir ab ea é i gcúirt na Peirse sa 9ú haois. Bhí guth iontach aige agus d'fhoghlaim sé ceol i mBagdad (san Iaráic inniu), le linn ré órga cultúrtha. Ach bhí ar Ziryab imeacht as Bagdad nuair a tháinig éad uafásach ar a mhúinteoir leis. Chuir sé faoi sa chúirt Ioslamach sa Spáinn agus bhain sé **cáil mhór** amach

Ag seinm ar an úide

Sheinneadh Ziryab ar an liúit Arabach ar a dtugtar an úide, atá sa phictiúr seo thíos. Is téaduirlis í ón Meánoirthear. Creideann staraithe gurbh é Ziryab a chuir an cúigiú péire téad leis an uirlis, agus go bpiocadh sé na téada le cleite iolair.

Sa cheol clasaiceach Arabach, bíonn amhránaí nó ceoltóir aonair ag seinm. Bíonn an ceol an-rithimeach. Ní bhíonn ann ach líne amháin fuaime, gan comhcheol ar bith.

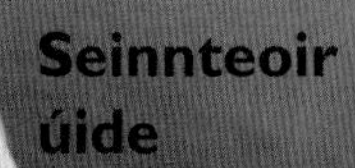

Seinnteoir úide

Scéal beatha

Ali Ibn Nafi **(Ziryab)**

Ní aontaíonn lucht staire ar na fíricí go léir faoi shaol Ziryab.

c. 789: *Rugadh é i mBagdad, nó sin, rugadh é sa Tansáin san Afraic agus tugadh mar sclábhaí é go Bagdad. D'fhoghlaim sé ceol ón gceoltóir Ishaq al-Mawsili agus é an-óg.*

c. 813: *D'fhág sé Bagdad agus chuaigh sé go dtí an chúirt Ioslamach sa tSiria agus ansin go dtí an Túinéis.*

822: *In aois 33 nó mar sin, Ionnaigh sé in Cordoba sa Spáinn. Bhí post aige mar phríomhcheoltóir i gcúirt ríoga Abd ar-Rahmān II.*

857: *Fuair sé bás in Cordoba.*

ÉIST LE TRAIC 6

An uirlis ar an traic seo ná an úide. Bain triail as an rithim ón Meán-Oirthear a bhualadh.

Bhíodh na Peirsigh ag trádáil síoda, chairpéad, agus vásaí cosúil leis an gceann seo ón 8ú haois.

Faoi thionchar

Bagdad san 8ú haois

Is é Bagdad príomhchathair na hIaráice inniu. San 8ú agus 9ú haois, nuair a bhí ré órga Ioslamach ann, ba é Bagdad an chathair ba mhó in impireacht na Peirse.

Ishaq al-Mawsili (767–850)

Ba cheoltóir an-cháiliúil i gcúirt na Peirse é Ishaq, agus a athair Ibrahim roimhe. Bhí tionchar mór acu beirt ar an gceol clasaiceach Arabach. Mhúin Ishaq ceol do Ziryab, ach tháinig éad air nuair a thuig sé go raibh bua iontach ag a dhalta.

Chuaigh ceol Ziryab i gcion ar cheoltóirí fáin ar fud na hEorpa sna meánaoiseanna. Ba cheoltóirí iad seo a théadh ó bhaile go baile, agus a chanadh amhráin faoi áiteanna agus faoi eachtraí iontacha i gcéin.

Oidhreacht cheoil

Bhunaigh Ziryab coláiste ceoil, ceann de na cinn ba thúisce san Eoraip. Mhúintí fir agus mná araon ann. Spreag an **ardscoil** seo a lán **stíleanna nua** ceoil. Thug Ziryab uirlisí, amhráin agus damhsaí isteach ón Meánoirthear. Rinne sé cumasc idir iad agus ceol na ngiofóg sa Spáinn. As an méid seo, rinneadh giotár na Spáinne den úide agus cruthaíodh an damhsa cáiliúil **flamenco**. Agus deir na staraithe gur cheoltóirí móra iad gach duine den ochtar mac agus beirt iníonacha a bhí ag Ziryab. Scaip siadsan a chuid ceoil ar fud na hEorpa, rud a chuaigh i gcion ar cheoltóirí cúirte agus ar na **ceoltóirí fáin** a bhíodh ag taisteal ó áit go háit.

Is stíl damhsa an-drámata é an flamenco. San Andalúis i ndeisceart na Spáinne a fheictear é. Caitheann an bhean gúna fada ildaite agus bualann sí a bosa nó smeachann sí a méara leis an rithim láidir. Bíonn ceol giotáir ag gabháil leis.

Ceiliúrán cultúir

Ag an gcúirt ríoga in Cordoba, thaitin béasa breátha Ziryab le gach duine. Bhí cáil chomh mór air, a deir na staraithe, gur ghlac muintir na hEorpa lena chuid **nósanna cultúrtha** ón Meánoirthear. Agus tá siad fós in úsáid inniu.

Bia

Thug Ziryab torthaí agus glasraí nua go dtí an Eoraip, mar aon le **béilí nua** as Bagdad. Chuir sé éadach ar an mbord agus thaispeáin sé conas na gloiní agus na plátaí a leagan amach. Dúirt sé gur cheart béile trí chúrsa a ithe – anraith, príomhchúrsa agus milseog. Ghlac daoine uaisle leis an nós seo ag a gcuid féastaí ar fud na hEorpa. Go deimhin, tá nós Ziryab le fáil i mbialanna breátha go dtí an lá inniu.

Faisiúin

Thug Ziryab isteach stíleanna nua éadaí agus gruaige – agus an tuairim go mbeadh stíl éadaí ar leith againn do gach séasúr agus don am den lá, fiú. Ba chóir éadaí an gheimhridh a dhéanamh as olann nó cadás teolaí, a dúirt sé, agus éadaí an tsamhraidh as ábhar geal, éadrom. Féach mar a bhíonn **taispeántais an tséasúir** ag tithe faisin an lae inniu féin.

Sláinteachas

Tá cáil eile fós ar Ziryab, gur chruthaigh sé an chéad taos fiacla ceart a raibh blas deas air. Ní hamháin sin, ach d'oscail sé **sciamhlann** do mhná. Bhí cosmaidí agus cumhráin de chineálacha nua le fáil ann, chomh maith le feabhsaitheoir gruaige. Agus thosaigh fir á mbearradh féin lena linn. Conas a réiteoimís do chóisirí sa lá inniu murach nósanna Ziryab!

Ceol gamalan

Deirtear gur uirlis amháin é an gamalan a sheinneann scata daoine le chéile.

Ostinato: *Sna foinn cheoil a sheinntear ar an ngamalan, déantar athrá arís is arís eile ar an bhfrása céanna. Tugtar ostinato ar an bhfrása seo. Ní scríobhtar síos an ceol riamh agus foghlaimíonn gach ceoltóir a pháirt féin de réir na cluaise.*

Comhsheinm: *Seinneann gach uirlis gamalan a frása féin arís is arís eile (ostinato). Nuair a sheinntear le chéile iad, bíonn comhsheinm ar siúl. Tugtar kotékan air seo, agus is ionann é agus an fonn iomlán a sheinm. I dtraidisiún oileán Bali, is cuid an-tábhachtach den cheol gamalan é kotékan.*

Beibreanangan: *Seo an sórt foinn is coitianta i gceol gamalan Bali. Bíonn trí chuid ann agus dhá nóta i ngach cuid. Bíonn rithim dhifriúil ag gach cuid agus seinneann uirlisí difriúla sa ghamalan í. Nuair a sheinntear le chéile iad, cloistear an t-amhrán..*

Wayang kulit: *Drámaí le scáthphuipéid atá i gceist le wayang kulit. Is traidisiún é ar oileán Iáva. Insítear scéalta creidimh nó pobail sna drámaí, agus ceol gamalan mar thionlacan leo. Is minic a leanann siad an oíche ar fad.*

An Gamalan

"An dá rud a shamhlaím le gamalan ná solas na gealaí agus sileadh uisce." Jaap Kunst

Is éard atá sa ghamalan ná **ceolfhoireann Indinéiseach** a sheinneann ag ócáidí móra ceiliúrtha. Tá dhá shórt gamalan ann, iad siúd as **Bali** (a fheictear anseo) agus iad siúd as **Iáva**. Bíonn a lán uirlisí difriúla páirteach i ngamalan amháin, ach de ghnáth bíonn drumaí, ganganna, agus miotalafóin ann.

Tá gamalain in úsáid leis na céadta bliain chun scéalta creidimh a scaipeadh.

Uirlis bheannaithe

Deir finscéal Iávach gur chruthaigh Sang Hyung Guru an chéad ghamalan **1,800 bliain ó shin**. Taoiseach a bhí ann a ghlaoigh ar na **déithe** le ceol na nganganna. Tá an gamalan beannaithe: baineann na ceoltóirí a mbróga, agus níl cead cos a thógáil thar na huirlisí.

Ag seinm le chéile

Is ón drumadóir a thagann luas an cheoil.

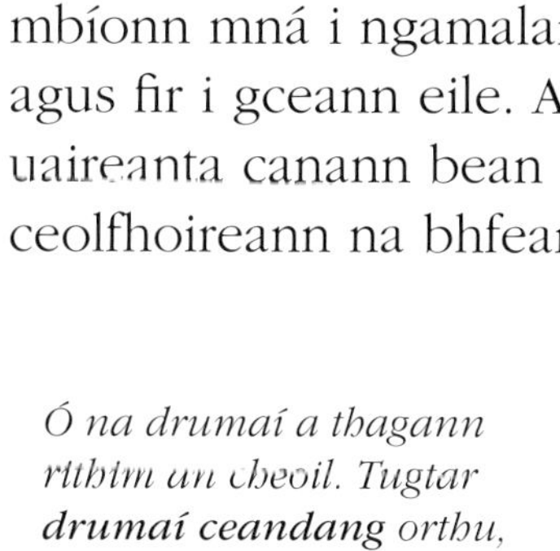

Tá gach ceoltóir ar comhchéim sa ghamalan. Leanann gach duine an rithim a sheinneann an **drumadóir**, ach níl aon duine i gceannas ar na ceoltóirí. Is gnách go mbíonn mná i ngamalan amháin agus fir i gceann eile. Ach uaireanta canann bean le ceolfhoireann na bhfear.

Cuireann gach uirlis a cuid féin le ceol an ghamalan – príomhthéama, rithim, maisiú, nó nótaí tréana.

Miotalafóin tionlacain *Barraí miotail istigh i bhfráma adhmaid atá iontu. Buailtear na barraí le mailléid. Déantar fuaim bhog mar go mbíonn clúdach feilte ar na barraí.*

Ó na drumaí a thagann rithim an cheoil. Tugtar ***drumaí ceandang*** *orthu, agus bíonn cuid acu níos mó ná cinn eile. Tagann an fhuaim is doimhne ón druma is mó.*

Miotalafóin sharónacha *Barraí miotail cruinn atá iontu. Buailtear le mailléad adhmaid iad. Seinneann siad an príomhfhonn ceoil.*

Déantar fuaimeanna clingleacha le gang ar a dtugtar ***bonang****. Cuireann na ganganna éagsúlacht leis an gceol.*

ÉIST LE TRAIC 7

Seo píosa de cheol gamalan. An gcuireann sé solas na gealaí nó sileadh uisce i gcuimhne duitse?

An **Gang Aigeang** *is ainm don uirlis mhór seo – bunspiorad an ghamalan, a deirtear.*

Ceol creidimh agus pobail

Ar fud an domhain, seinntear ceol ag imeachtaí móra de gach sórt. Más ceol bríomhar é, cruthaíonn sé **atmasféar** ceiliúrtha; más ceol sollúnta nó spioradálta é, oireann sé do shearmanas creidimh. Tá ceol ann do gach ócáid.

▲ **Cantaireacht, c. 6ú–10ú haois, An Eoraip** Féach sa lámhscríbhinn thuas an sórt ceoil ar a dtugtar cantaireacht Ghréagórach. Chanadh manaigh ar fud na hEorpa sa stíl seo agus bhí tionchar aici ar an gceol go léir a cumadh san Eoraip ó shin.

EIST LE TRAIC 8

Ag tús an traic tá cantaireacht eaglasta ón 16ú haois, á canadh as Laidin. Cén difríocht idir í agus an píosa a leanann í, ina bhfuil ceithre chuid sa chór?

▶ **Requiem Akhmatova, 1980, John Tavener** Is focal Laidine é 'requiem' a bhaineann le ceol agus le haifreann na marbh. Sa saothar seo le John Tavener, tá cantaireacht agus focail ó thraidisiún creidimh Oirthear na hEorpa, mar aon le dánta a chum Anna Akhmatova (thuas).

▲ **Searmanas Ríoga, 14ú haois, An Chóiré Theas** Jongmyo is ainm don áit bheannaithe sa Chóiré ina gcuirtí ríthe agus banríona ón 14ú haois ar aghaidh. Bíonn searmanas mór ceoil agus damhsa ar siúl ann gach bliain in onóir spioraid na marbh.

▼ **Cór Soiscéalach Soweto, 2008, An Afraic Theas** Chan an cór seo ag ócáid cheiliúrtha 90ú lá breithe Nelson Mandela. Bíonn an stíl shoiscéalach an-bheoga, agus cantar an curfá arís is arís eile.

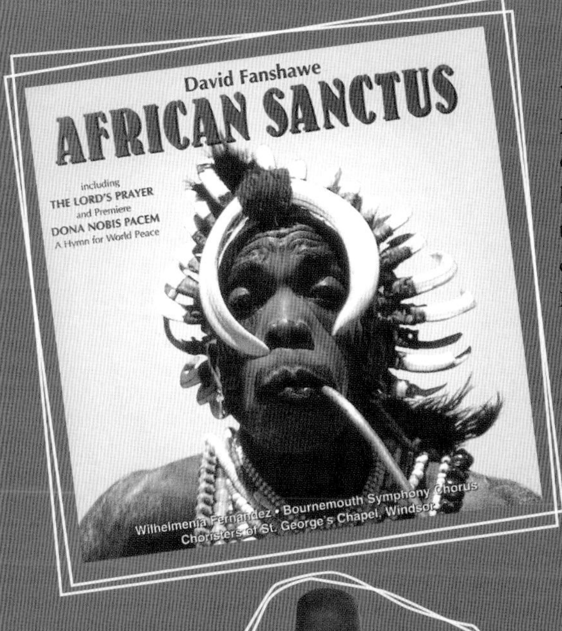

◀ **African Sanctus*, 1972, David Fanshawe** Is cumadóir agus taiscéalaí é David Fanshawe a chuaigh ar fud na hAfraice. Bhailigh sé ceol traidisiúnta ó 50 treibh agus in *African Sanctus*, mheasc sé an ceol Afracach sin leis na hamhráin san Aifreann Laidine a bhíodh ag an Eaglais Chaitliceach.

▶ **Missa Gloria tibi Trinitas, 1526, John Taverner** Seo an teideal Laidine ar cheol aifrinn a chum John Taverner sa 16ú haois. Chum sé ocht n-aifreann ar fad, le canadh san Ardeaglais in Oxford, nuair a bhí sé ina mháistir ar an gcór i gceann de na coláistí móra ann.

◀ **Damhsóirí Mevlevi, 13ú haois, An Tuirc** Ainm eile ar na damhsóirí seo ná deirbhísigh. Is Muslamaigh Sufi iad agus leanann siad teagasc creidimh an fhile cháiliúil Mevlâna Rumi, a mhair sa Pheirs fadó. Tugann siad ómós do Dhia le searmanas ceoil agus damhsa. Tá traidisiún fada ag baint leis an gceol Mevlevi sa Tuirc.

▲ **Ceoltóirí Maoracha, 1992, Oileáin Cook** Sa chultúr Maorach, tá tábhacht mór le waiata (amhráin) agus le karakia (paidreacha nó orthaí) chun fáiltiú roimh chuairteoirí agus chun ócáidí pobail a cheiliúradh.

▼ **Amhráin náisiúnta, 2004, na Cluichí Oilimpeacha** Tá amhrán dá cuid féin ag gach tír, a sheinntear ag ócáidí móra poiblí. Ag na Cluichí Oilimpeacha san Aithin i 2004, nuair a bhuaigh foireann haca ban na Gearmáine an bonn óir, chan siad amhrán náisiúnta a dtíre, *Das Deutschlandlied*.

Ceol clasaiceach na hIndia

Tá dhá stíl cheoil ar leith sa tír, ceann sa tuaisceart agus ceann sa deisceart.

Seo pictiúr ón 18ú haois ina bhfuil prionsa agus banphrionsa Indiach ag éisteacht le ceol.

CEOL HIONDÚSTÁNACH, *I dtuaisceart na hIndia, tá an stíl oscailte, scaoilte. Tá an ceol bunaithe ar amhránaí aonair a chanann an raga – sraith nótaí ar a dtógtar an fonn ceoil. Lena linn, bíonn an t-amhránaí ag seiftiú ar son éagsúlacht mothúcháin. Déantar tionlacan le huirlisí traidisiúnta, an tabla agus an siotár go háirithe.*

Tugtar víne Sharasvátaí ar an téaduirlis sa phictiúr seo (féach lch 15). Is minic a seinntear an raga ar an víne i ndeisceart na hIndia.

CEOL CARNATACH, *I ndeisceart na hIndia, tá an ceol bunaithe ar chóras an-docht. Canann an t-amhránaí an raga, agus nótaí leath-thoin in úsáid ar son éagsúlachta. Grúpa beag a dhéanann tionlacan, le huirlisí ar nós veidhlín, tambúra agus víne. Tá tábhacht freisin leis an rithim (an tála), a bhíonn casta go leor.*

ÉIST LE TRAIC 9

Seo píosa ceoil ón India, á sheinm ar dhá shiotár, tabla, agus tambúra. Éist leis an tála (rithim) agus leis an dordán.

Siotár, tabla, agus *tambúra*

"Tá meas chomh mór againn ar ár gcuid uirlisí ceoil san India gur le Dia féin iad." Ravi Shankar – ceoltóir siotáir Indiach

Tá **ceol clasaiceach na hIndia** á thabhairt ó ghlúin go glúin le breis is 3,000 bliain. Tá difríochtaí idir ceol an tuaiscirt agus ceol an deiscirt, ach tá trí bhunchuid sa cheol i ngach áit: an raga, an líne nótaí ar a dtógtar an fonn; an dordán, nóta socair a leanann tríd síos; agus an tála nó rithim an cheoil. Is minic a seinntear na trí chuid seo ar an **siotár**, an **tambúra** agus an **tabla**.

I lár an dá dhruma-cheann, tá spota dubh de dheannach iarainn agus plúr. Buailtear é chun fuaim chloig a dhéanamh.

An tabla an t-ainm atá ar phéire drumaí: druma dagan déanta as adhmad ar dheis; agus druma bagan déanta as miotal ar clé.Clúdaítear na drumachinn le craiceann gabhair nó bó. Is ón tabla a thagann rithim an **tála** – sraith buillí a sheinntear i rith an phíosa cheoil.

Sárcheoltóirí

Tá ceol clasaiceach na hIndia an-deacair a sheinm. Thuill **Ravi Shankar** cáil idirnáisiúnta ar an siotár nuair a thosaigh **George Harrison**, duine de na Beatles (féach lch 108), á fhoghlaim uaidh i 1966. Agus is ceoltóirí cáiliúla siotáir iad **Annapurna Devi**, a bhíodh pósta le Shankar, agus a n-iníon **Anoushka**. Beirt sárcheoltóirí tabla a tharraing cáil ar an uirlis ná **Alla Rakha** agus a mhac **Zakir Hussain**.

Ravi Shankar ag seinm ar an siotár i 1960.

An suirpeití

Ceann d'uirlisí dordáin na hIndia ná an suirpeití. Is orgán beag é, gan feaga ná eochracha. Tá boilg bheaga ann agus oibríonn an ceoltóir iad lena lámh chun fuaim an dordáin a sholáthar. Tá suirpeití leictreonach le fáil inniu.

An siotár a thugtar ar an téaduirlis seo. Tá muineál mór fada agus trí fhoireann téad uirthi. Seinntear an fonn ceoil (an **raga**) le foireann amháin ina bhfuil ceithre théad. Tagann an **dordán** ó fhoireann eile ina bhfuil dhá nó trí théad. Agus critheann an tríú foireann – naoi nó 13 théad – thíos faoi na cinn eile. An crith sin is cúis le fuaim ghliograch an tsiotáir.

An tambúra (nó tanpura) atá ar ghlúine an cheoltóra seo. Tá ceithre théad fhada air, a phioctar ceann ar cheann chun **dordán** a sheinm. Tugann an dordán atmasféar don cheol agus socraíonn sé scála, nó mód, an raga.

Tá bun an tsiotáir á choimeád ina áit ag an gceoltóir idir a chos chlé agus a ghlúin dheis.

Is teideal é 'Ceingeo' a tugadh do mhórcheoltóirí a bhí dall. Roimh an 20ú haois, bhíodh ceol uile na Seapáine, nach mór, á sheinm ag ceoltóirí dalla. Manaigh ab ea iad.*

Yatsuhashi Ceingeo

Scéal beatha

Yatsuhashi **Ceingo**

1614: *Rugadh Yatsuhashi.*

c.1630: *D'fhoghlaim sé an cótó ó shagart Búdaíoch, Kenjun.*

1685: *Fuair sé bás in aois 71.*

Misseáin Yatsuhashi
Tá milseáin sa tSeapáin a ainmníodh as an gcumadóir Yatsuhashi. Tá cruth cótó agus blas cainéil orthu.

Ba cheoltóir iontach é Yatsuhashi Ceingeo, a bhí dall. Tugtar **"athair an chótó nua-aimseartha"** air. Is téaduirlis Sheapánach é é an cótó, agus roimh an 17ú haois, ní sheinntí é ach sa chúirt ríoga agus sna teampaill, mar aon le huirlisí eile. Chruthaigh Yatsuhashi **teicnící** nua don chótó agus chum sé a lán píosaí aonair. Chuaigh a chuid ceoil i gcion go mór ar an bpobal agus thosaigh á lán daoine ag seinm ar an gcótó. Tá an-tóir air go dtí an lá inniu.

Rokudan no Shirabe
(Staidéar Sé Chéim), 17ú haois

Ag seinm ar an gcótó

Féach an ceoltóir cótó sa phictiúr agus í ag piocadh na dtéad. Tá trí fhigín ar a lámh dheis: ceann ar a hordóg agus na cinn eile ar an gcéad dá mhéar aici.

Rokudan no Shirabe

An píosa ceoil is cáiliúla a chum Yatsuhashi ná *Rokudan no Shirabe (Staidéar Sé Chéim).* Seinntear é níos minicí ná aon phíosa clasaiceach eile don chótó. Tá gach **bunteicníc** a bhaineann leis an gcótó le fáil ann. I ngach céim, nó 'dan', tá 52 buille ceoil. Tá **sé bhreachnú** ann freisin a thosaíonn go mall agus a éiríonn níos tapúla. Rinne cumadóirí eile cóiriú dá gcuid féin ar an bpíosa agus chuir siad uirlisí eile leis.

Cromann ceoltóirí cótó ar a nglúine agus piocann siad na téada ar thaobh deis na huirlise.

Droichead

Seastán ceoil

Uirlis náisiúnta na Seapáine

Grúpa saincíociú san 18ú haois

Grúpa saincíociú

Sa 17ú haois, glacadh go forleathan le dhá uirlis eile mar aon leis an gcótó: an seamasan (uirlis tríthéadach cosúil le bainseó) agus an coiciú (uirlis tríthéadach a seinntear le bogha). Thagadh na huirlisí seo le chéile i ngrúpa darbh ainm **saincíociú**, focal a chiallaíonn grúpa trí uirlis. Chanadh na ceoltóirí fad a bhídís ag seinm.

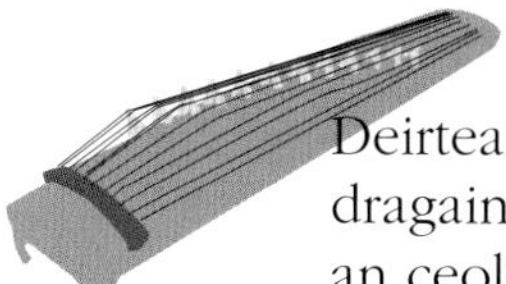

Deirtear go bhfuil cruth dragain **ar an gcótó**. Téann an ceoltóir ar a ghlúine gar do thaobh deis na huirlise – "cloigeann" an dragain.

Tá an **coiciú** beagán níos lú ná an shamisen. Seinntear air le bogha. Déantar an chabhail (an chuid tholl den uirlis) le hadhmad cnó cócó.

Pioctar téada an tseamasan le figín. Déantar an uirlis as craiceann madra nó cait, nó as plaisteach sa lá inniu.

Sa lá inniu, seinntear an **seacúhaitsí** (fliúit bhambú) in áit an choiciú.

Tiúnáil an chótó

Féach na **droichid** bheaga seo atá faoi na téada ar an gcótó. Ardaíonn siad na téada ionas go gcritheann siad nuair a phiocann an ceoltóir iad. Is féidir na droichid a ardú nó a ísliú le linn an phíosa cheoil, rud a athraíonn an tiúnáil. Is féidir go leor stíleanna ceoil a sheinm ar an gcótó mar gheall ar na **tiúnáil sholúbtha** seo – ach níl sé éasca ar an gceoltóir!

Ceol *clasaiceach* (1600–1900)

Ón 17ú haois i leith, thug cumadóirí móra struchtúir agus stíleanna nua isteach i **gceol an Iarthair**. Bainimid sult as a gcuid ceoil ar fud an domhain sa lá inniu féin.

An ré Bharócach (1600–1750)

D'athraigh ceol na hEorpa go mór sa **ré Bharócach**. Cuireadh tús le ceoldrámaí, cumadh ceol uirlise go flúirseach agus tháinig fás ar cheolfhoirne. De réir a chéile, chuaigh stíl chasta na Meánaoise agus an Renaissance i léig. Cumadh ceol gutha a bhí **drámata**, spreagúil don lucht éisteachta.

An scéal ó thús...

An Cheolchoirm san Ubh *a phéinteáil Hieronymus Bosch sa 15ú haois.*

Idir an 6ú agus an 11ú haois, tháinig athrú ar cheol eaglasta na meánaoise. Sa chantaireacht, bhíodh an fonn ina líne amháin a chanadh na guthanna go léir. Ansin cuireadh **páirteanna gutha** leis, ón tribil go dtí an dord, mar a chloistear ón orgán.

Ceol GUTHA

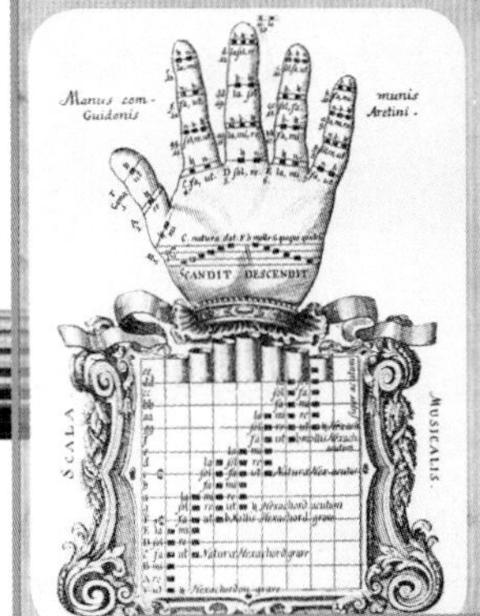

Thart ar 1030, chruthaigh manach Iodálach, Guido d'Arezzo, an chliath cheoil, na ceithre líne agus na spásanna eatarthu atá againn fós. Bhí tuinairde ar leith ag gach nóta, agus bhí ceoltóirí in ann an ceol a scríobh agus a léamh.

CLIATH Cheoil

Idir an 12ú agus an 16ú haois, shaothraigh cumadóirí ceol ilfhónach - amhráin ina raibh an fonn **fite ina línte** a bhíodh á gcanadh ag páirteanna difriúla. I measc na gcumadóirí cáiliúla bhí Léonin, Pérotin, Guillaume Dufay, Josquin des Prez, Giovanni Palestrina agus Orlande de Lassus.

Mná rialta ag canadh sa 15ú

Bhí an ilfhónacht lárnach sa cheol eaglasta le himeacht ama. Cuireadh línte agus focail bhreise leis an gcantaireacht, agus cruthaíodh ceol ar a dtugtar móitéit. Chuir cumadóirí Caitliceacha ar nós Giovanni Gabrieli ceol ornáideach leis an aifreann, agus scríobh cumadóirí Protastúnacha ar nós Thomas Tallis amhráin ina raibh a lán athrá.

Ceol eaglasta CÓRÚIL

Ó lár 15ú haois, sa tréimhse ar a dtugtar an **Renaissance**, bhí athruithe móra cultúrtha ag titim amach ar fud na hEorpa. Thosaigh lucht ceardaíochta ar nós na Meistersingers sa Ghearmáin ag canadh don phobal. D'íoc daoine saibhre as ceoltóirí a fhostú. Agus bhí an ceol féin á chur i gcló agus á dhíol go forleathan.

Teaghlach ag canadh madragail

Amhráin gan tionlacan iad madragail, nár bhain le cúrsaí creidimh. Chanadh dream daoine iad le chéile. Bhí teicníc darb ainm **péintéireacht focal** ag roinnt cumadóirí – sin mothú an cheoil ag déanamh aithrise ar chiall na bhfocal.

MADRAGAIL

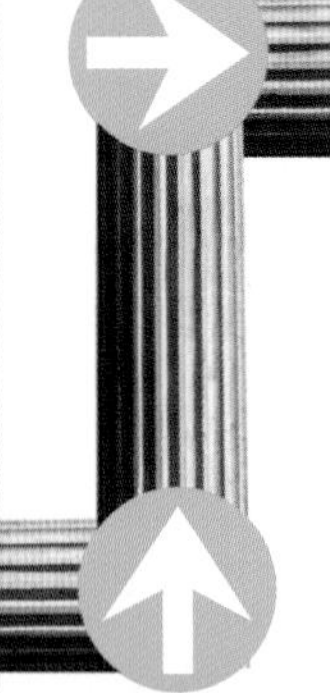

Tháinig a lán **uirlisí** ar an saol le linn an Renaissance, ina measc an vióل agus an fhliúit Shasanach. Feabhsaíodh cinn eile. I measc na n-uirlisí **méarchláir,** bhí an-tóir ar an virginéal agus ar an gcruitchlár.

Viol

Ag tús an 17ú haois, chuir Iodálach darb ainm Monteverdi tús leis an stíl Bharócach. Sa stíl nua seo, chuir sé uirlisí ceoil ag seinm cordaí mar aon le ceol gutha. As seo a tháinig ceoldrámaí. Tugtar **basso continuo**/ ar an teicníc úd aige.

Claudio MONTEVERDI (1567–1643)

Ceol clasaiceach – An ré Bharócach (1600–1750)

Ceol gutha

Barbara Strozzi (1619–1677)

Amhránaí ón Veinéis ab ea í, a chum ceol córúil neamh-eaglasta – níos mó ná aon chumadóir eile sa ré Bharócach. Rinne sí forbairt ar an **gcantáid**, ceol gutha drámata.

Jean-Baptiste Lully (1632–1687)

Ba chumadóir tábhachtach i gcúirt na Fraince é. Chum sé mór-cheoldrámaí, bailéanna, agus **ceol amharclainne**. Fuair sé bás ó ghalar fola tar éis dó a chos a ghortú le bata stiúrtha ceoil.

Henry Purcell (1659–1695)

Sasanach ab ea Purcell a raibh stíleanna na hIodáile agus na Fraince ina chuid ceoil. Chum sé an chéad **cheoldráma fada Sasanach,** *Dido agus Aeneas.*

Ceol uirlise

Johann Pachelbel (1653–1706)

Orgánaí cúirte ab é sa Ghearmáin. Seinntear fós **canónacha** agus **fiúgaí** a chum sé – déantar athrá ar an bhfonn le páirteanna difriúla ag amanna difriúla.

Arcangelo Corelli (1653–1713)

Ba veidhleadóir iontach é a chum ceol an-tábhachtach. Chruthaigh sé teicnící nua ina chuid **sonáidí** do thriúr - píosaí do dhá uirlis aonair, mar aon le cordaí tionlacain.

François Couperin (1668–1733)

Francach ab ea é a thugadh ceolchoirmeacha ar an orgán agus ar an gcruitchlár. Sheinneadh sé **sraitheanna** – cnuasach damhsaí – go minic.

George Frideric Handel (1685–1759)

Gearmánach ab ea Handel a chuir faoi i Sasana. Tá sé an-cháiliúil fós inniu. Scríobh sé 40 ceoldráma, 20 **oratóir** (féach lch 42) agus a lán eile. Tá trí shraith sa Ceol Uisce, agus gach ceann díobh i ngléas difriúil.

George Philipp Telemann (1681–1767)

Ba Ghearmánach é a chum líon mór coinséartónna d'uirlisí nach gcuirtí le chéile de ghnáth. **Thriaileadh** sé meascáin fuaime ó shean-uirlisí agus ó uirlisí nua araon.

Antonio Vivaldi (1678–1741)

Sárveidhleadóir a bhí ann agus chum sé mórshaothar clasaiceach, *Na Ceithre Shéasúr*, a rinne an-fhorbairt ar an **gcoinséartó** – píosa ceoil i dtrí chuid d'uirlis aonair agus do cheolfhoireann tionlacain.

Johann Sebastian **Bach**

"Níl le déanamh ach na nótaí cearta a bhualadh ag an am ceart agus seo chugat an ceol."

Chaith Johann Sebastian Bach a shaol **mar ghnáth-cheoltóir**. Ní raibh clú ná cáil ar an gceol a chum sé. Ach in 1829 (79 bliain tar éis a bháis), tháinig athrú ar an scéal. Stiúraigh an cumadóir Felix Mendelssohn saothar le Bach, Páis Naomh Mhatha, agus moladh é go hard na spéire. Bhí Bach i réim as sin amach!

Chum Bach os cionn 1,000 píosa ceoil, agus murar leor sin, bhí 20 páiste aige freisin. Thug sé Johann ar chúigear acu agus Johanna ar bheirt eile. Ba cheoltóirí agus stiúrthóirí cáiliúla iad ceathrar dá chlann. I gceantar amháin sa Ghearmáin, tugadh an focal 'Bach' ar gach ceoltóir.

Scéal beatha

Johann Sebastian **Bach**

1685: *Rugadh Bach in Eisenach, sa Ghearmáin, an té ab óige d'ochtar clainne. Bhí post ag a athair mar cheoltóir an bhaile.*

1695: *In aois 10, chuaigh Bach ina chónaí le deartháir níos sine leis. B'orgánaí é agus meastar gur mhúin sé an t-orgán do Bach.*

1703: *In aois 18, fuair Bach post mar cheoltóir cúirte, ag seinm ar an veidhlín agus ar an orgán.*

1707: *Phós Bach a chol ceathrar, Maria. Bhí seachtar páistí acu.*

1717: *In aois 32, fuair Bach post maith mar cheoltóir i gcúirt an Phrionsa Leopold in Anhalt-Cohen.*

1721: *Phós Bach Anna Wilcke, tar éis dá bhean Maria bás a fháil i 1720. Bhí 13 páistí eile aige.*

1723: *In aois 38, d'aistrigh sé go Leipzig, mar mhúinteoir agus mar stiúrthóir i Séipéal Naomh Thomáis.*

1729: *Ceapadh é ina Stiúrthóir ar Choláiste Ceoil Leipzig. Thugadh sé ceolchoirmeacha i dteach caife áitiúil.*

1750: *In aois 65, fágadh Bach dall agus tinn tar éis dhá obráid súl. Fuair sé bás de bharr stróc agus cuireadh é i reilig Shéipéal Naomh Thomáis.*

Faoi thionchar

Girolamo Frescobaldi (1583–1643)
Cumadóir Iodálach a chuaigh i gcion go mór ar a lán ceoltóirí orgáin sa ré Bharócach.

Johann Pachelbel (1653–1706)
Cumadóir Gearmánach a mhúin ceol orgáin do dheartháir Bach, Johann Christoph, agus a rinne an-fhorbairt ar cheol orgáin.

An t-orgán i Séipéal Naomh Thomáis in Leipzig, sa Ghearmáin, áit ar sheinn agus ar chum Bach a lán dá shaothar.

ÉIST LE TRAIC 10

Réamhcheol atá sa phíosa orgáin seo le J.S. Bach. Bíonn méarchlár nó dhó ar an orgán a sheinntear leis na méara, agus clár troitheánach a sheinntear leis na cosa. Bíonn an ceoltóir in ann stopanna a chasadh ar siúl nó a chur as, chun aer a scaoileadh trí phíoba áirithe.

Seo nótaí lámhscríofa le Bach ón mbliain 1700 nó mar sin, nuair a bhí sé fós ina dhéagóir. I leabharlann stairiúil i gcathair Weimar sa Ghearmáin a fuarthas iad, blianta fada tar éis a bháis.

Maestro an orgáin

Tuigimid inniu go raibh sárbhua ceoil ag Bach - duine de na cumadóirí ab fhearr riamh a bhí ann. Scríobh sé ceol de gach sórt, idir cheol éasca agus cheol an-chasta. Chum sé do cheolfhoirne agus do chóracha; chum sé **coinséartónna** don iliomad uirlisí; agus tá cáil an domhain ar a chuid ceoil don **orgán**, mar shampla *Toccata agus Fiúga in D beag*. Ní raibh orgán dá chuid féin aige riamh agus sheinn sé ar a lán cinn dhifriúla.

Coinséartó Brandenburg Uimh. 5

An ceol Barócach is fearr ar fad ná na *Coinséartónna Brandenburg*. Sé cinn a chum Bach i 1721. Tá na foinn cheoil fite ina chéile sa stíl Bharócach. Sa chúigiú ceann, tá páirt ag an **gcruitchlár** – deirtear gur theastaigh ó Bach a uirlis nua féin a thaispeáint sa cheol. B'in an chéad uair a raibh ceoltóir méarchláir ina réalta in aon phíosa ceoil aireagail.

Seo grúpa ceoil aireagail den sórt a bhíodh ann in aimsir J.S. Bach. Bhíodh veidhlíní agus dordveidhil á seinm, mar aon le méarchlár.

Bhí bealach corr, neamhghnách ag Gould an pianó a sheinm. Bhíodh sé suite go han-íseal, é ag luascadh go réidh agus ag crónán leis an gceol.

Glenn Gould (1932–1982)

Thuill an pianódóir Ceanadach Glenn Gould duaiseanna agus cáil ar fud an domhain as na **taifeadtaí** a rinne sé ar cheol Bach, ina measc *Breachnuithe Goldberg* (1741). Tugtar 'breachnú' ar phíosa ina mbíonn an téama céanna á sheinm arís is arís eile, ach an rithim, an comhcheol nó na huirlisí ag athrú gach seal.

Mór- óratóirí

In oratóir **insítear scéal le ceol**. Glacann amhránaithe aonair, cór agus ceolfhoireann páirt ann. Bíonn sé cosúil le ceoldráma, ach gan cultacha ná feisteas stáitse. Scéalta ón mBíobla is mó a bhíodh á n-insint ar dtús, ach ón 20ú haois, fuair cumadóirí inspioráid ón litríocht agus ón stair freisin.

▲ **Cruthú an Domhain**, 1798, **Franz Joseph Haydn** Léirítear scéal an Bhíobla faoi chruthú an domhain sa cheol: folús na cruinne á líonadh le flúirse na beatha i nGairdín Pharthais, agus Ádhamh is Éabha ag canadh ar stáitse.

▲ **Belshazzar's Feast**, 1931, **William Walton** Tá Béilseazar, Rí na Bablóine, tar éis sclábhaithe a dhéanamh de na Giúdaigh. Tá féasta mór ar siúl agus tá an rí is a chuid uaisle ar meisce. Molann siad "déithe" an óir is an airgid. Taispeánann Dia a lámh dóibh agus bagraíonn Sé bás fuilteach ar Bhéilseazar.

ÉIST LE TRAIC 11

Seo cuid den Churfá Aililiú, píosa an-cháiliúil ón Meisias *le Handel. Ceolfhoireann agus cór mór Barócach atá á léiriú.*

◀ **Messiah**, 1741, **George Frideric Handel** Léiríonn oratóir Handel na fáistiní sa Sean-Tiomna faoin *Meisias*, nó "Rí na nGiúdach". Cuireann sé síos ar shaol Íosa Chríost: a bhreith sa stábla, a pháis ar an gcrois, agus a aiséirí ón mbás. Rinne Compántas Náisiúnta Shasana léiriú nua-aimseartha air, mar a fheictear thall.

▲ **The Death of Captain Cook**, 1978, Anne Boyd
Ba é an Captaen Cook an chéad Eorpach a thug cur síos ar chóstaí na hAstráile agus na Nua-Shéalainne, agus a shroich Oileáin Haváí. San oratóir seo, insíonn an cumadóir Astrálach Anne Boyd conas mar a mharaigh daoine as Haváí an captaen tar éis gur goideadh bád.

▲ **Carmina Burana**, 1936, Carl Orff
Tá an t-oratóir seo bunaithe ar chnuasach dánta a cumadh sna meánaoiseanna faoi mhoráltacht, grá, ólachán agus teacht an earraigh. Glacann cór an-mhór páirt ann, agus ón gcéad uair a léiríodh é, thaitin sé go mór leis an lucht éisteachta. Tá an ceol an-drámata, agus é lán de chantaireacht agus de chnagadh a thógann croí an éisteora.

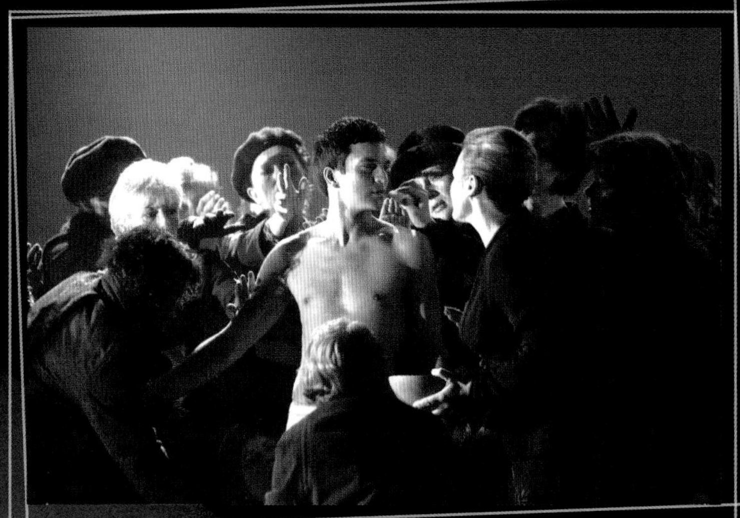

▲ **A Child of Our Time**, 1941, Michael Tippett
Tosaíonn an scéal i 1938 nuair a dhéanann teifeach óg Giúdach ionsaí ar oifigeach Gearmánach san ambasáid i bPáras. Cuireann an eachtra tús le círéibeanna i gcoinne na Naitsíoch sa Ghearmáin. Agus as sin, leathann foiréigean fíochmhar i gcoinne na nGiúdach.

▲ **St. Luke's Passion**, 1966, Krzysztof Penderecki
Is iomaí saothar ceoil a bunaíodh ar scéal bhás Chríost. Is oratóir avant-garde nó nua-aimseartha é seo: tá an ceol neamh-thonúil agus lena linn, bíonn cór buachaillí ag scigireacht, ag béicíl agus ag feadaíl. Tá orgán agus prásuirlisí ann freisin a sheinneann cordaí tréana ina bhfuil na nótaí an-ghar dá chéile.

▲ **A Dylan Thomas Trilogy**, 1976 (athchóiriú 1999), **John Corigliano** Chaith Corigliano a shaol ag déanamh staidéir ar dhánta Dylan Thomas. Is "dráma cuimhne" é an t-oratóir atá bunaithe ar na dánta sin.

▲ **Nâzim**, 2001, Fazil Say
File réabhlóideach ón Tuirc ab ea Nâzim Hikmet, agus léiríonn an t-oratóir seo a shaol agus a shaothar. Ceolfhoireann an-mhór a sheinneann é - breis is 200 ceoltóir san iomlán.

An veidhlín *go binn*

"Bord, cathaoir, babhla torthaí agus veidhlín; is leor iad don saol sona sásta." Albert Einstein - fisiceoir agus veidhleadóir cumasach

Tá an veidhlín ar an **téaduirlis** is lú agus is airde tuin. Is téaduirlisí iad an vióla, an dordveidhil agus an t-olldord freisin. Is minic a sheinntear an veidhlín mar thionlacan le hamhráin agus le damhsa.

Coimeádann an ceoltóir **an veidhlín faoina smig**. Lena lámh dheis, tarraingíonn sí an bogha trasna na dtéad. Le méara a láimhe clé, brúnn sí na téada ar mhuineál an veidhlín.

Taca smige

Droichead

F-phoill

Cnaipe eireaballáin

Eireaballáin

Froga

Scriú

Stair an veidhlín

Veidhlíní ársa, an Áise Láir: *Bhíodh uirlisí dhá-théadacha á seinm fadó san Áise – mar shampla, an choibis sa Chasacstáin agus an cil ciac sa Chirgeastáin. Sheinntí iad le bogha déanta as ribí róin. Bhíodh marcaithe san Áise Láir in ann seinm agus iad ar muin capaill.*

9ú haois, an Meánoirthear: *Bhí dhá théad síoda ar an rabab Arabach, agus sheinntí é le bogha. Bhíodh sé in ucht an cheoltóra nó ar an urlár agus é á sheinm.*

11ú haois, an Eoraip: *Ón rabab Arabach a tháinig an reibic sa Spáinn, a raibh cúig théad uirthi. Chuirtí ar an ngualainn í chun í a sheinm.*

13ú haois: *Bhí cúig théad ar an viéil sa Fhrainc. Bhí sí cosúil go leor leis an veidhlín inniu ach go raibh poll i gcruth C uirthi.*

16ú haois: *Bhí vióla na hIodáile cosúil leis an viéil, ach go raibh trí théad uirthi. Bhí cruth F ar an bpoll mar atá ar an veidhlín inniu.*

1555: *Rinne Andrea Amati an chéad veidhlín a raibh ceithre théad air. Tugtar 'athair an veidhlín' ar Amati.*

1644–1737: *Bhí saol fada bisiúil ag Antonio Stradivarius, a rinne na veidhlíní ba cháiliúla riamh.*

17ú agus 18ú haois: *Bhí cáil ar na veidhlíní a dhéantaí sa Veinéis, in Cremona agus in Brescia san Iodáil, agus in Innsbruck san Ostair.*

17ú haois: *Sa ré Bharócach, tosaíodh ar veidhlíní a sheinm go rialta i gceolfhoirne agus i gceol aireagail.*

Raon an veidhlín

Ceithre ochtach de raon

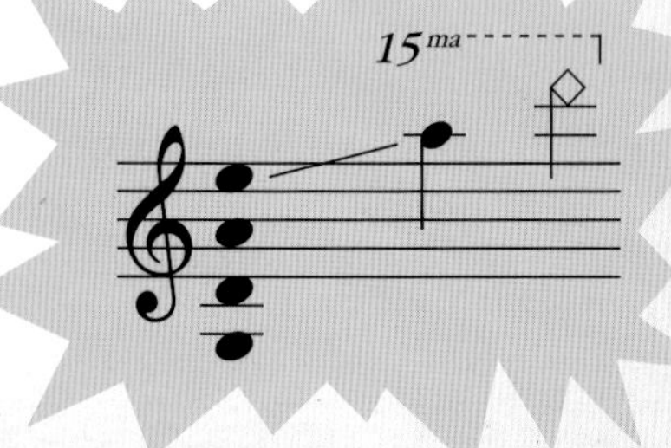

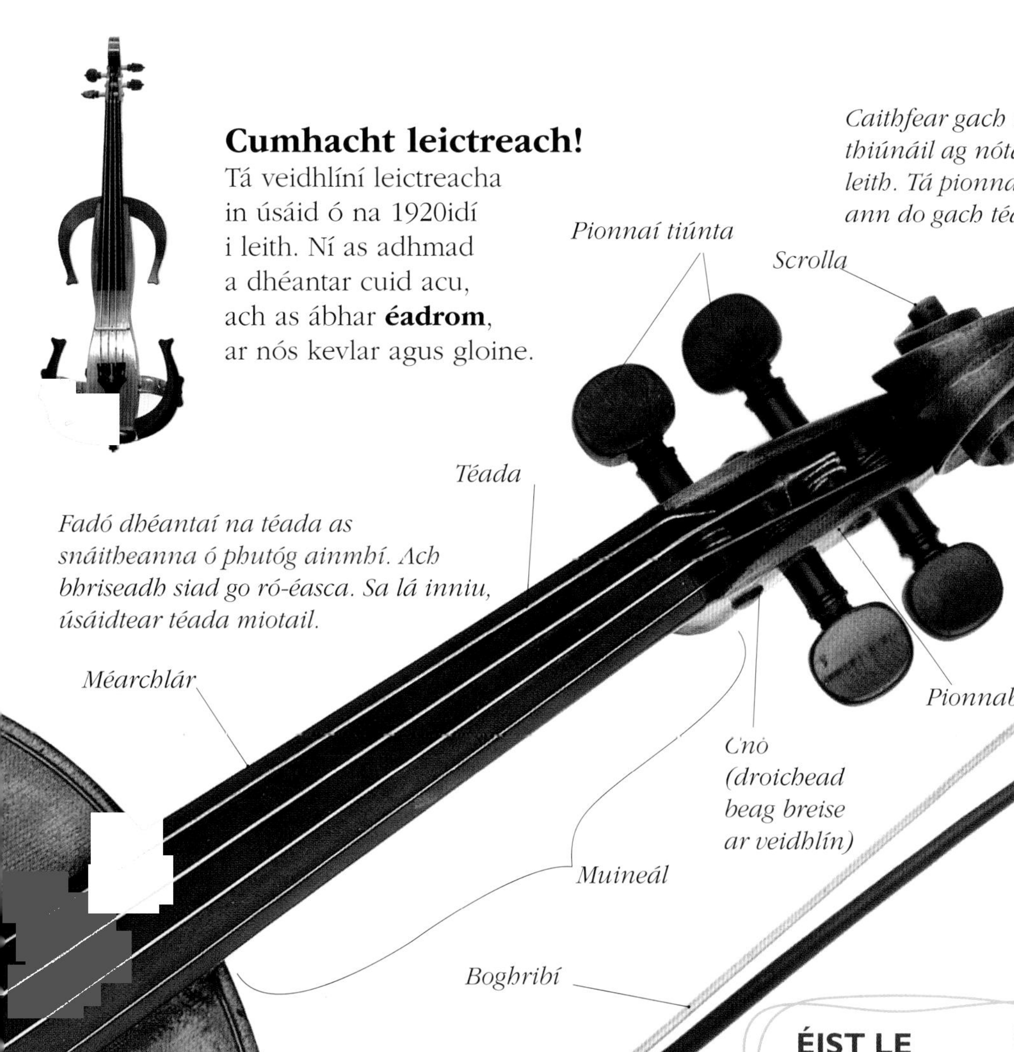

Cumhacht leictreach!

Tá veidhlíní leictreacha in úsáid ó na 1920idí i leith. Ní as adhmad a dhéantar cuid acu, ach as ábhar **éadrom**, ar nós kevlar agus gloine.

Caithfear gach téad a thiúnáil ag nóta ar leith. Tá pionna tiúnála ann do gach téad.

Fadó dhéantaí na téada as snáitheanna ó phutóg ainmhí. Ach bhriseadh siad go ró-éasca. Sa lá inniu, úsáidtear téada miotail.

Ribí róin nó ábhar sintéiseach atá sna boghribí

Ba chóir an bogha a chuimilt le roisín go minic. Cabhraíonn an roisín le téada an bhogha greim a bhreith ar théada an veidhlín, rud a chritheann iad. Déantar roisín as an sú a fhaightear ó chrainn péine.

ÉIST LE TRAIC 12

Aonréad veidhlín is mó atá sa phíosa cáiliúil seo, "An tEarrach" ó Na Ceithre Shéasúr, *a chum Antonio Vivaldi i 1723* *(féach lch 39).*

Veidhlíní luachmhara

An déantóir veidhlín ba cháiliúla riamh ná **Antonio Stradivari (1644-1737)**, ceardaí Iodálach. Thuig sé cén t-adhmad ab fhearr a úsáid, agus thriail sé coda den uirlis a dhéanamh ar bhealaí éagsúla. Rinne a lán ceardaithe eile aithris ar a chuid oibre ó shin. Sa bhliain 2010, díoladh veidhlín Stradivarius, an "Molitor", ar $3.6 milliún – an praghas ab airde riamh ar uirlis cheoil ag ceant poiblí.

Seo an "Solomon", veidhlín a rinne Stradivarius i 1729. Díoladh é i mí Aibreáin 2007 ar $2.728 milliún.

Veidhleadóirí den scoth

Caithfidh veidhleadóirí scileanna an-chasta a fhoghlaim chun píosaí móra clasaiceacha a sheinm. Ach bhí bua iontach ó nádúr ag ceoltóirí áirithe. I measc na bpáistí éachtacha sin fadó, bhí **Niccolò Paganini** agus **Joseph Joachim**, agus lenár linn féin bhí **Jascha Heiftz**, **Yehudi Menuhin**, **Bin Huang**, **Midori**, agus **Maxim Vengerov**. Ní raibh **Sarah Chang** (sa phictiúr ar clé) ach ceithre bliana d'aois nuair a thosaigh sí ag seinm, agus in aois a hocht, bhí lucht éisteachta ar fud an domhain faoi dhraíocht aici. Thaifead sí an chéad albam clasaiceach in aois 10.

Damien agus Tourie Escobar. Faoin ainm "Nuttin But Stringz" seinneann siad ceol hip hap ar an veidhlín.

Leanann an scéal ar aghaidh...

An ré Chlasaiceach (1750–1820)

Faoi lár an 18ú haois, bhí sonáidí, coinséartónna agus oratóirí á gcumadh agus á seinm go rialta. Sa ré Chlasaiceach, chuir cumadóirí rompu ceol a scríobh a bheadh **snasta** agus **foirfe:** an fonn ceoil agus an comhcheol binn, taitneamhach; struchtúr cinnte le gach píosa; agus an ceol ag gluaiseacht ó ghléas amháin go gléas eile de réir rialacha ar leith.

Oratóir clasaiceach a chum Antonio Salieri

C mór nó c beag?

Tugtar an ré Chlasaiceach, le "C" mór, ar an tréimhse cheoil idir 1750 agus 1820; ach tugtar ceol clasaiceach, le "c" beag, ar na traidisiúin cheoil stairiúla go léir.

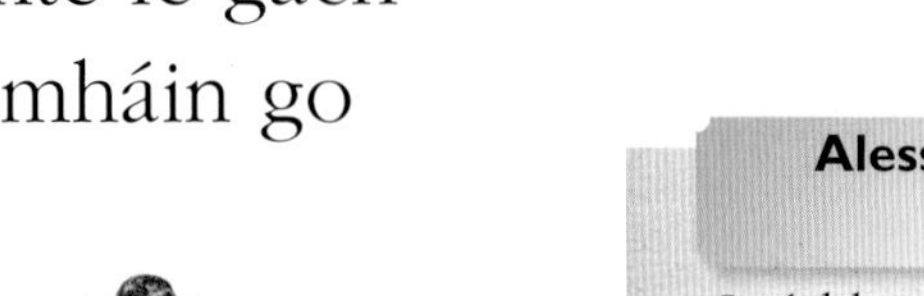

Alessandro SCARLATTI (1660–1725)

Scríobh an cumadóir Iodálach seo ceoldrámaí ina raibh **réamhcheol** i dtrí chuid: gluaiseacht ghasta, ceann mall agus ceann gasta eile. Bhí na heilimintí céanna in úsáid sna siansaí a cumadh níos déanaí.

Agus é ag dul in aois, bhain Scarlatti triail as níos mó uirlisí a chur ina chuid saothar.

Tugtar Ré na hEagnaíochta ar **an 18ú haois**, nuair a tharla athruithe móra polaitiúla agus sóisialta ar fud na hEorpa, a raibh réabhlóidí, impireachtaí agus tionsclaíocht mar thoradh orthu. Tháinig méadú ar an **meánaicme**, a chuir spéis i gcúrsaí ceoil agus ealaíne.

Bhíodh ceoltóirí agus cumadóirí fostaithe ag daoine uaisle, a bhíodh mar **phátrúin** acu. Scríobhadh na cumadóirí an ceol do gach uirlis sa saothar. Bhíodh na pátrúin ag súil le soláthar mór ceoil agus ní bhíodh am ag na ceoltóirí é a chleachtadh ach uair amháin.

Domenico SCARLATTI (1685–1757)

Mac le hAlessandro ab ea é. Chum sé sonáidí d'uirlisí aonair, nós ar glacadh leis go forleathan dá bharr. Thug sé isteach **ornáidí** ceoil freisin – nótaí gar dá chéile a sheinntear go gasta mar mhaisiú ar an bhfonn ceoil.

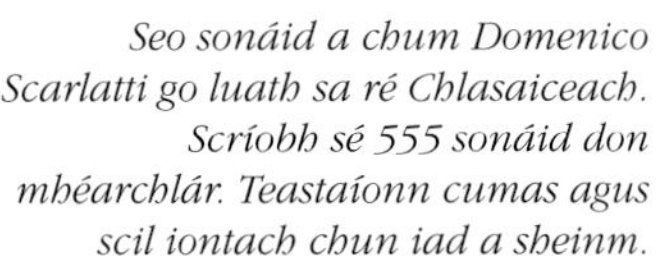

Seo sonáid a chum Domenico Scarlatti go luath sa ré Chlasaiceach. Scríobh sé 555 sonáid don mhéarchlár. Teastaíonn cumas agus scil iontach chun iad a sheinm.

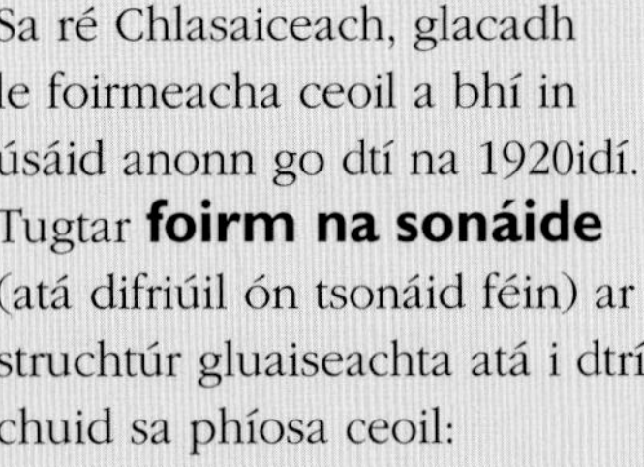

Mac le J. S. Bach ab ea C. P. E. Bach. Bhí sé níos sine ná a dheartháir J. C. Bach.

Ba cheoltóir cáiliúil ar an méarchlár é C. P. É. Bach, a bhí i réim idir an ré Bharócach agus an ré Chlasaiceach. Thug sé isteach stíl mhothúchánach darbh ainm "**Empfinder Stil**" – ag athrú na mothúchán laistigh de phíosa ceoil.

Carl Philippe Emanuel BACH (1714–1788)

Sa ré Chlasaiceach, glacadh le foirmeacha ceoil a bhí in úsáid anonn go dtí na 1920idí. Tugtar **foirm na sonáide** (atá difriúil ón tsonáid féin) ar struchtúr gluaiseachta atá i dtrí chuid sa phíosa ceoil:

- An foilsiú, nuair a thugtar isteach na príomhthéamaí.
- An fhorbairt, ina n-athraíonn gléasanna an cheoil chun teannas drámata a chur leis.
- An t-athfhoilsiú, ina réitítear an teannas agus ina bhfilltear ar na buntéamaí.

Roimh aimsir Gluck, bhíodh plotaí **ceoldrámaí** an-leamh agus aird an lucht éisteachta ar ghaisce na n-amhránaithe aonair. D'éirigh le Gluck scéalta drámata agus carachtair láidre a léiriú sa cheol, mar shampla, ina cheoldráma iontach *Orfeo agus Eurydice* (1762).

Christoph von GLUCK (1714–1787)

Chum na cumadóirí Clasaiceacha ceol dá bpátrúin agus don phobal...

Clasaiceach Meáin

Franz Joseph Haydn (1732–1809)

B'as an Ostair do Haydn, cumadóir an-bhisiúil a bhunaigh an siansa agus an **ceathairéad téadach**. Fear cneasta ab ea é, a thug inspioráid do mhórán cumadóirí ina dhiaidh.

Johann Christian Bach (1735–1782)

Fuair J. C. Bach post mar mháistir ceoil do theaghlach ríoga na Breataine. Bhunaigh sé stíl éadrom sa cheol Clasaiceach agus chuir sé a lán **ceolchoirmeacha poiblí** ar siúl.

Luigi Boccherini (1743–1805)

Ba cheoltóir dordveidhile den scoth é Boccherini, Iodálach a lonnaigh i gcúirt na Spáinne. Tá cáil air as **cúigréid théadacha** a chumadh ina bhfuil dorveidhil nó giotár Spáinneach páirteach.

Clasaiceach Déanach

Antonio Salieri (1750–1825)

Rugadh é san Iodáil ach chaith sé a shaol fada ceoil san Ostair agus bhí an-tionchar aige ar **cheol cúirte** Vín. Deirtear uaireanta go raibh éad nó iomaíocht idir é agus Mozart.

Muzio Clementi (1752–1832)

Ba virtuoso nó sárphianódóir é Clementi agus chum sé sonáidí don phianó atá an-drámata, dúshlánach. Le linn turais cheoil i 1781, bhí comórtas pianó idir é agus Mozart (féach lch 48).

Luigi Cherubini (1760–1842)

Iodálach ab ea é a lonnaigh i bPáras. Bhain sé cáil amach mar stiúrthóir, mar chumadóir agus mar mhúinteoir. Chum sé ceol de gach stíl, agus chuir sé go mór le **ceoldrámaí na Fraince**.

Johann Nepomuk Hummel (1778–1837)

Pianódóir iontach ab ea é, a fuair ceachtanna ó Mozart agus é an-óg. Ba chara é le Beethoven (féach lch 50) agus chum siad araon ceol nuálach, **mothúchánach** a bhris leis an stíl Chlasaiceach agus a chuir tús le ré nua.

Samuel Wesley (1766–1837)

Thug roinnt daoine "Mozart Shasana" ar Wesley. Ba dhuine corr é ach bhí an-chumas ceoil ann. Chum sé ceol eaglasta go mórmhór agus bhí cáil air as an **seiftiú** iontach a rinne sé agus é ag seinm ar an orgán.

Jan Ladislav Dussek (1760–1812)

Cumadóir Seiceach agus virtuoso ar an bpianó a bhí ann – an chéad duine a chuir suíochán an phianó go leataobhach, le go bhfeicfeadh an lucht féachana é ag seinm. Bhí stíl a chuid ceoil **níos dána** ná mar a bhí stíl Mozart.

Scéal beatha
Wolfgang Amadeus **Mozart**

1756: *Rugadh é in Salzburg, san Ostair. Ba cheoltóir i gcúirt Ardeaspag Salzburg é a athair Leopold. Den seachtar clainne a rugadh do Leopold agus Anna Maria, níor mhair ach beirt.*

1761: *In aois a cúig bliana, bhí ceol á chumadh ag Wolfgang.*

1762: *Thug a athair é féin is a dheirfiúr ar fud na hEorpa, agus iad ag seinm do dhaoine uaisle. Sheinn Mozart do Bhanimpire na hOstaire in aois a sé bliana agus do rí na Breataine in aois a seacht.*

1768: *In aois 12, bhí dhá cheoldráma scríofa aige.*

1774–1777: *Ag obair in Salzburg, ag cumadóireacht.*

1779: *Ceapadh é ina orgánaí cúirte in Salzburg. Ach tháinig éad ar an ardeaspag nuair a thuig sé gnaoi na ndaoine ar Mozart agus ruaigeadh é i 1781.*

1782: *In aois 26, phós sé Constanze Weber i Vín. Níor mhair ach beirt dá seisear clainne, Karl agus Franz. D'éirigh thar barr le ceol Mozart ach bhíodh siad gann ar airgead go minic.*

1791: *Fuair sé bás i Vín den ghalar tífeas agus gan é ach 35 bliana d'aois. D'fhág sé Aifreann Requiem gan chríochnú. Cuireadh é in uaigh do dhaoine bochta.*

Faoi thionchar

Johann Christian Bach (1735–1782)
Chas Mozart le Bach i Londain i 1764-1765 *(féach lch 47)*

Franz Joseph Haydn (1732–1809)
Ba chairde iad Haydn agus Mozart i Vín. Ba chumadóir an tábhachtach é Haydn *(féach lch 47)**.*

Wolfgang Amadeus Mozart

"Níor cheart don cheol olc a chur ar an gcluas riamh, fiú nuair a bhaineann sé le huafáis an tsaoil. Más ceol é, caithfidh sé an chluas a chur faoi dhraíocht."

Wolfgang Amadeus Mozart ag seinm lena athair agus a dheirfiúr.

Forbairt an phianó

Rinneadh an chéad phianó thart ar 1709, agus forbraíodh é i rith an 18ú haois (féach lch 62). Nuair a chuala daoine ceol pianó Mozart, thuig siad gurbh iontach an uirlis í. Bhí an ceoltóir pianó in ann na nótaí a smachtú, pé acu á seinm go bog (*piano*) nó go tréan (*forte*).

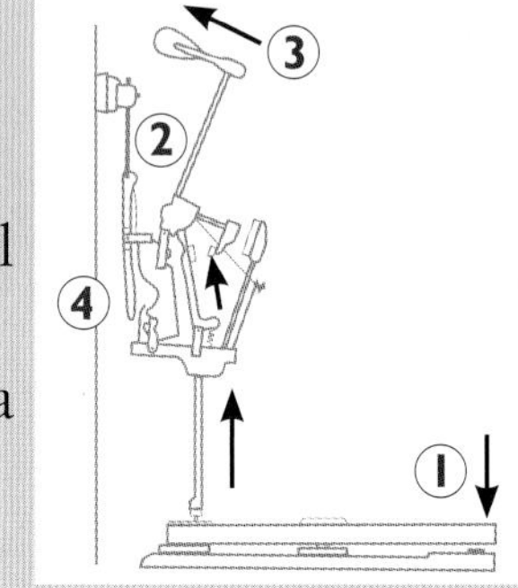

Mar a oibríonn pianó
1. Brúitear eochair
2. Ardaíonn maolaire den téad.
3. Buaileann casúr an téad agus preabann sé ar ais.
4. Critheann an téad agus déantar an ceol.

Chuir bua ceoil Mozart iontas an domhain ar gach duine. **Páiste éachtach** a bhí ann: sheinn sé ar an gcruitchlár in aois a ceithre bliana agus chum sé píosaí ceoil in aois a cúig. Bhí sé féin agus Haydn ar na ceoltóirí ba mhó sa ré Chlasaiceach. Chum Mozart breis is 600 saothar, cé go bhfuair sé bás in aois 35. Bhí **aoibhneas** agus draíocht ar leith ag baint lena chuid ceoil. Creideann a lán daoine fós gurbh é Mozart an cumadóir ab fhearr riamh.

Le nozze di Figaro (Pósadh Figaro) Críoch Ghníomh 2

Seo thuas lámhscríbhinn Mozart de chríoch Ghníomh 2 dá cheoldráma *Pósadh Figaro*. Leanann an ceol gan stad ar feadh 20 nóiméad, agus é fite go snasta le gach cor den scéal grinn: an Cunta Almaviva agus a bhean chéile ag bualadh bob air, an searbhónta glic Figaro agus a ghrá geal i ngleic leo.

Cruitchlár
Sa ré Bharócach, bhí an-tóir ar an gcruitchlár. Nuair a brúdh na heochracha, phioctaí na téada. Ach ní raibh smacht ag an gceoltóir ar airde an cheoil.

Luathphianó
Buailtear na téada le casúir, a oibríonn méara an cheoltóra ar na heochracha.

Mozart ag cumadóireacht le Franz Joseph Haydn

Ceoldrámaí Mozart

Bhí an-tóir ar **cheoldrámaí** le linn na ré Clasaicí, agus chum Mozart breis is 20 cinn chun airgead a shaothrú. Bhain sé úsáid as **scéalta cliste:** daoine uaisle agus a gcuid searbhóntaí in iomaíocht le chéile i gcúrsaí grá, mar shampla, nó scéalta faoi éagóir agus díoltas. Chabhraigh an cór agus an cheolfhoireann leis an atmasféar drámata ar stáitse. Bhí greann, grá, contúirt agus tragóid le feiceáil iontu, agus fiú taibhsí i gcinn áirithe. Thaitin siad go han-mhór leis an lucht féachana. Stiúraigh Mozart féin an léiriú ar go leor ócáidí.

ÉIST LE TRAIC 13
Seo cuid den réamhcheol (tús) an cheoldráma Pósadh Figaro.

Ceoldrámaí móra

Pósadh Figaro *(cumadh i 1786) Scéal grinn faoi fhear uasal atá ag iarraidh cailín freastail a mhná céile a mhealladh, go dtí go mbeirtear air.*

An Fhliúit Dhraíochta *(cumadh i 1791) Prionsa agus a chompánach ag sárú ar dhúshláin mhóra chun na mná a bhfuil siad i ngrá leo a thabhairt slán. Tugtar "singspiel" ar an gceoldráma toisc go bhfuil idir amhráin agus chaint ann.*

Don Giovanni *Scéal an-drámata faoi fhear uasal a chaith go holc le gach bean a casadh air, agus a chuirtear go hifreann dá bharr.*

Ludwig van Beethoven

"Más ceol é, lasfaidh sé tine i gcroí fir, agus bainfidh sé deora ó shúile mná."

Scéal beatha

Ludwig van **Beethoven**

1770: *Rugadh é in Bonn, sa Ghearmáin. Ba cheoltóir a athair agus chuir sé brú air an pianó a chleachtadh go mall san oíche.*

1778: *In aois a seacht, sheinn sé go poiblí den chéad uair.*

1787: *In aois 17, chuaigh sé go Vín agus é ag súil casadh le Mozart. Ach bhí air filleadh ar Bonn mar go raibh a mháthair ar tí báis.*

1792: *Thug Haydn cuireadh go Vín dó. Lonnaigh sé ansin agus é ag cumadh is ag seinm ceoil.*

1797: *In aois 27, thuig sé go raibh fadhb éisteachta aige. Chuaigh a éisteacht in olcas as sin amach, go dtí go raibh sé bodhar ar fad.*

1801: *In aois 31, chum Beethoven Sonáid Oíche Ghealaí.*

1824: *Seinneadh 9ú Siansa Beethoven den chéad uair.*

1827: *In aois 57, fuair sé bás. Tháinig 20,000 duine amach ar shráideanna Vín don tsochraid.*

Faoi thionchar

Wolfgang Amadeus Mozart (1756–1791)
Chuaigh stíl Chlasaiceach Mozart i gcion go mór air.

Franz Joseph Haydn (1732–1809)
Bhí Haydn ina mhúinteoir agus ina phátrún ag Beethoven sna chéad bhlianta a chaith sé i Vín.

ÉIST LE TRAIC 14

Chum Beethoven Sonáid Phianó Uimh.1 *i 1795 agus thiomnaigh sé do Haydn í. Seo sciar ón 1ú Gluaiseacht. Allegro atá ann, rud a chiallaíonn go bhfuil an ceol bríomhar.*

Beethoven ag cumadóireacht sa bhaile i Vín, san Ostair.

Siansaí:
Tugtar siansa ar phíosa fada ceoil a sheinneann ceolfhoireann. Chum Beethoven naoi siansa, a chuir cruth nua ar an siansa Clasaiceach a bhí ann cheana. Chuir sé teannas drámata leis agus rinne sé níos faide é.

Naoi siansa Beethoven

Ceol ón Siansa Uimh.7, 2ú Gluaiseacht

Tá clú agus cáil ar Beethoven, ní hamháin as an gceol iontach a chum sé, ach toisc go raibh deacrachtaí móra ina shaol a chuir sé in iúl sa cheol. **Páiste éachtach** a bhí ann, a bhí ag seinm agus é an-óg. Chuir sé faoi i Vín, lárionad ceoil na hEorpa, agus bhí an-tóir air mar phianódóir agus mar chumadóir. Ach nuair a d'éirigh sé bodhar, tháinig fearg agus dúlagar air agus chaith sé saol cráite, aonarach. As na mothúcháin sin a chum sé ceol úrnua, a chuaigh i gcion go mór ar chumadóirí **Rómánsacha** ina dhiaidh.

Napoleon Bonaparte (1769–1821)

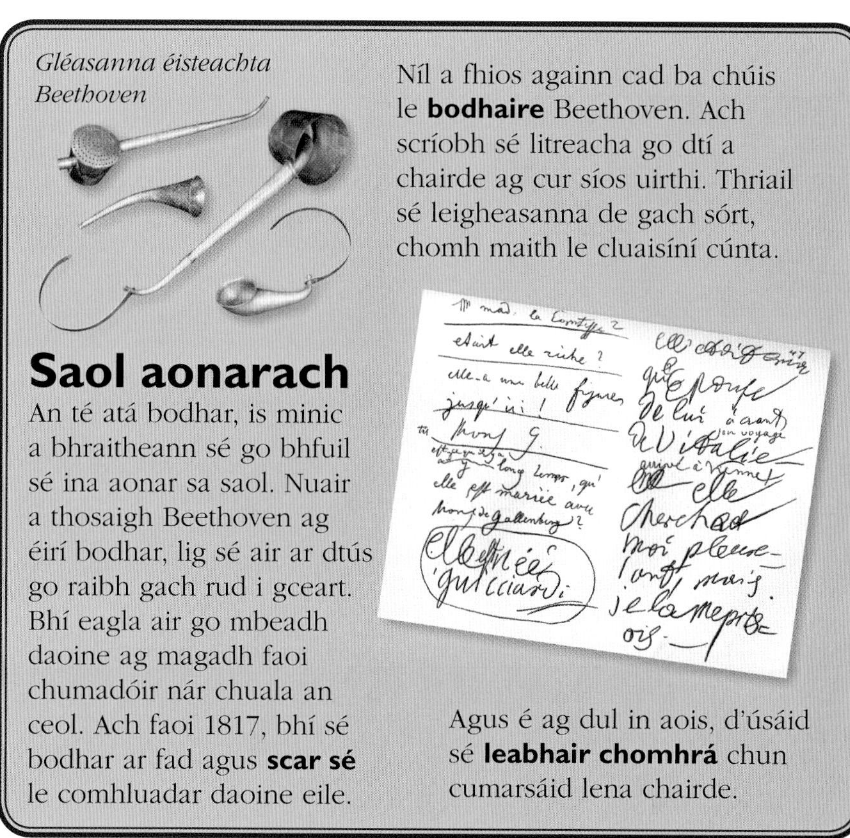

Gléasanna éisteachta Beethoven

Níl a fhios againn cad ba chúis le **bodhaire** Beethoven. Ach scríobh sé litreacha go dtí a chairde ag cur síos uirthi. Thriail sé leigheasanna de gach sórt, chomh maith le cluaisíní cúnta.

Saol aonarach

An té atá bodhar, is minic a bhraitheann sé go bhfuil sé ina aonar sa saol. Nuair a thosaigh Beethoven ag éirí bodhar, lig sé air ar dtús go raibh gach rud i gceart. Bhí eagla air go mbeadh daoine ag magadh faoi chumadóir nár chuala an ceol. Ach faoi 1817, bhí sé bodhar ar fad agus **scar sé** le comhluadar daoine eile.

Agus é ag dul in aois, d'úsáid sé **leabhair chomhrá** chun cumarsáid lena chairde.

Ceol na réabhlóide

Chum Beethoven a chéad ocht siansa idir 1800 aguus 1814. Sna blianta sin, bhí cogaí ar siúl ar fud na hEorpa, agus réabhlóid á fhógairt i ngach tír ag an gceannasaí Francach **Napoleon**. Ar dtús, bhí Beethoven an-tógtha le **spiorad seo na réabhlóide** agus thiomnaigh sé an tríú siansa do Napoleon. Ach d'athraigh sé a intinn sa bhliain 1804, nuair a rinne Napoleon Impire na Fraince de féin. In 1809, ghlac Napoleon seilbh ar Vín, áit a raibh cónaí ar Beethoven. D'fhan an cumadóir sa chathair agus lean sé ag obair. In 1815, buaileadh Napoleon faoi dheireadh agus ruaigeadh é.

3ú Siansa	*4ú Siansa*	*5ú agus 6ú Siansaí*	*7ú agus 8ú Siansaí*	*9ú Siansa*
1805	*1807*	*1808*	*1813 agus 1814*	*1824*
60% dá éisteacht caillte	Ag éirí níos…	… bodhaire an t-am ar fad	Beagnach bodhar ar fad. Cluaisíní cúnta in úsáid aige	Bodhar ar fad
Seo siansa *Eroica*, a tiomnaíodh do Napoleon ar dtús. Réabhlóid cheoil a bhí sa siansa féin.	Ní sheinntear an siansa seo chomh minic leis na cinn eile, ach tá sárcheol ann.	Tá an 5ú siansa an-cháiliúil ar fad. *Siansa na Tuaithe* is ainm don 6ú. Tá aoibhneas an nádúir le cloisteáil ann.	Tá dianmhothú brónach sa 7ú, a léiríonn na cogaí a scrios an Eoraip. Siansa álainn, úrnua atá san 8ú.	Ceann de na siansaí is iontaí a cumadh riamh. Tá ceolfhoireann agus cór mór amhránaithe ann.

Cé atá sa **cheolfhoireann**

Tugtar ceolfhoireann ar ghrúpa mór ceoltóirí a sheinneann le chéile ar uirlisí difriúla. Idir 70 agus 100 ceoltóir a bhíonn ann de ghnáth, de réir mar a oireann don phíosa ceoil. Ón 17ú haois a tháinig an cheolfhoireann chun cinn de réir a chéile. Tháinig feabhas ar uirlisí agus rinneadh cinn nua. Faoi 1830, bhí **an cheolfhoireann siansa** i réim mar atá fós.

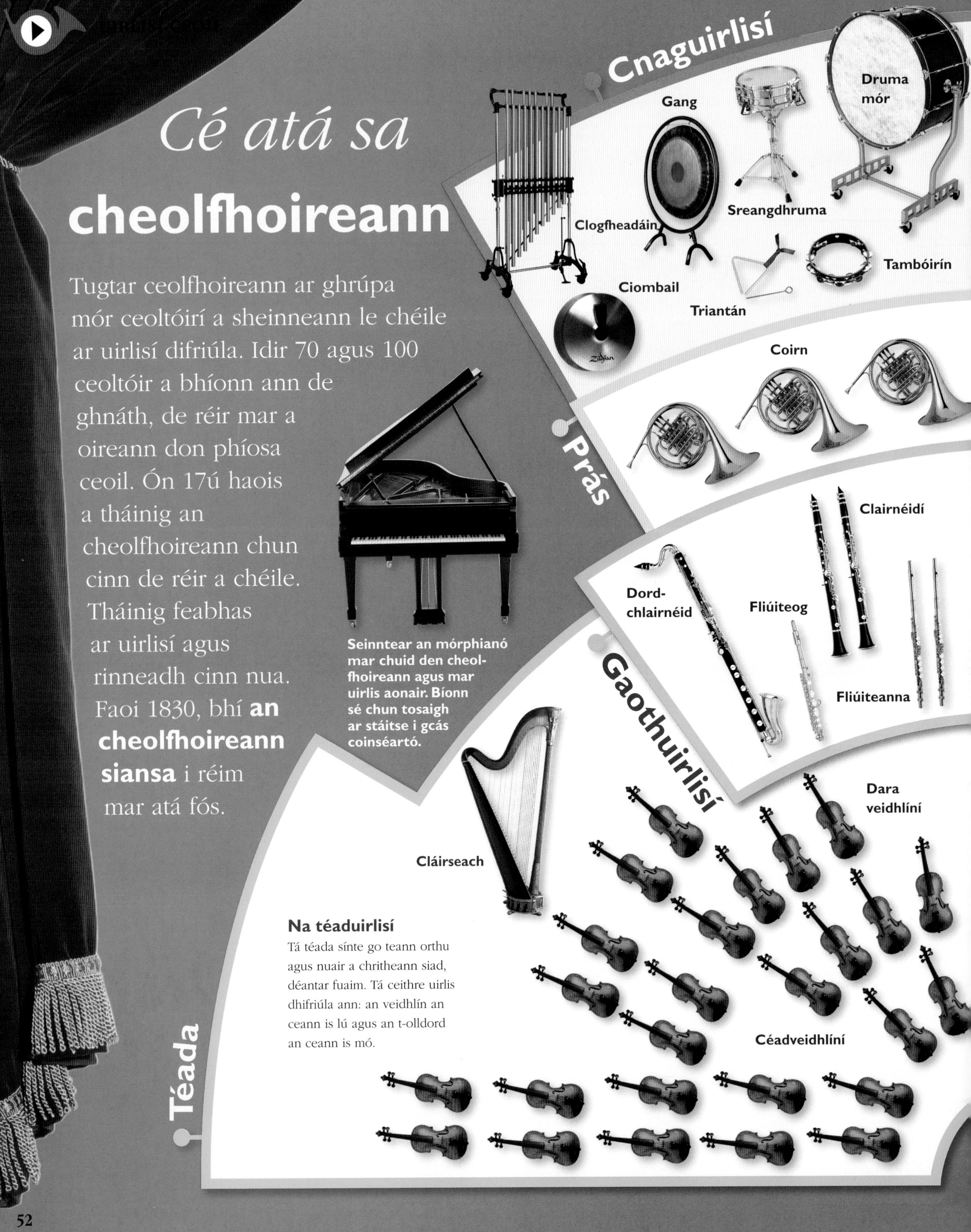

Seinntear an mórphianó mar chuid den cheolfhoireann agus mar uirlis aonair. Bíonn sé chun tosaigh ar stáitse i gcás coinséartó.

Na téaduirlisí

Tá téada sínte go teann orthu agus nuair a chritheann siad, déantar fuaim. Tá ceithre uirlis dhifriúla ann: an veidhlín an ceann is lú agus an t-olldord an ceann is mó.

Na cnaguirlisí

Buailtear cuid de na cnaguirlisí chun fuaim a dhéanamh; caithfear cinn eile a chroitheadh. Is féidir cuid acu a thiúnáil ach tá cuid eile nach féidir.

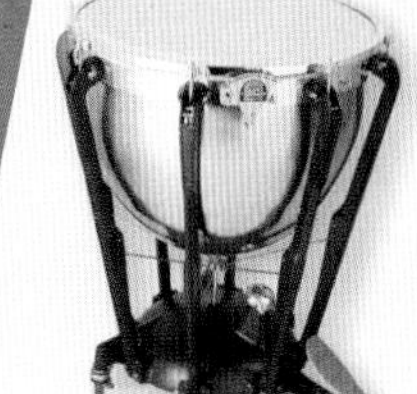

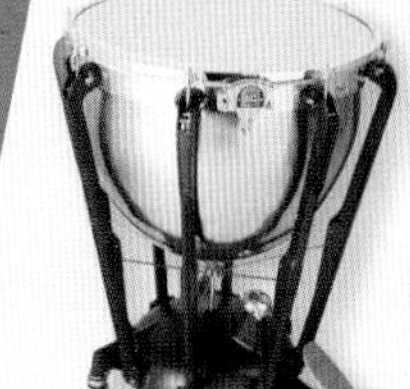

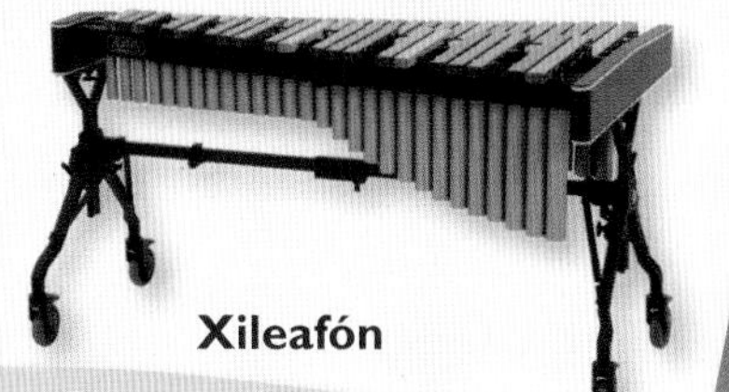

Xileafón

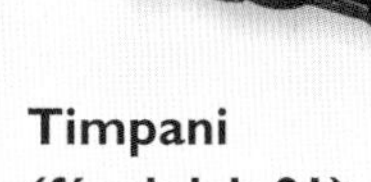

Timpani (féach lch 91)

Cá suíonn na ceoltóirí

Suíonn na ceoltóirí ina leathchiorcal os comhair an stiúrthóra. Bíonn na huirlisí ciúine chun tosaigh agus na cinn arda ar cúl ionas go gcloistear gach fuaim go maith.

Trombóin

Dordtrombón

Tiúba

Trumpa

Na prásuirlisí

Is éard is prásuirlisí ná tiúbanna fada miotail i gcruthanna difriúla. An trumpa a dhéanann na nótaí is airde agus an tiúba a dhéanann na nótaí is ísle.

ÉIST LE TRAIC 15

Éist leis an rithim ticeála sa cheol seo a chum Haydn: Siansa Uimh.101, *ar a dtugtar "An Clog". Déan liosta de na huirlisí difriúla a chloiseann tú.*

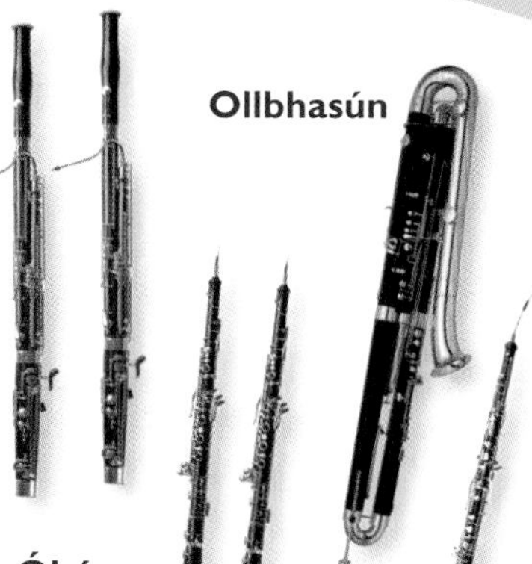

Basúin

Ollbhasún

Óbónna

Corn Sasanach

Na gaothuirlisí

Déantar ceol le gaothuirlisí nuair a chritear aer istigh i dtiúb. Tagann raon mór fuaimeanna astu, ó na nótaí ísle a dhéanann an t-ollbhasún go dtí na nótaí binne ón bhfliúiteog.

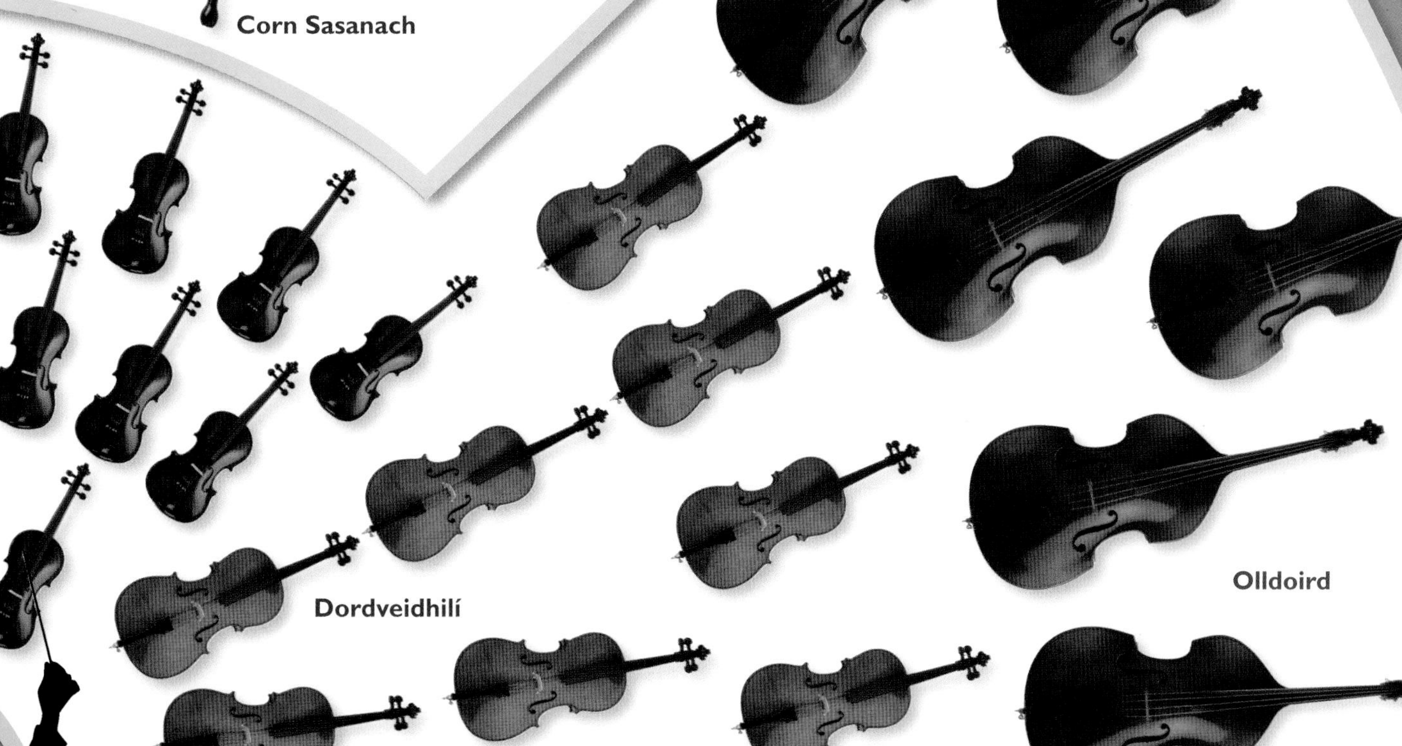

Viólaí

Dordveidhilí

Olldoird

Stiúrthóir

An ré Rómánsach (1815–1910)

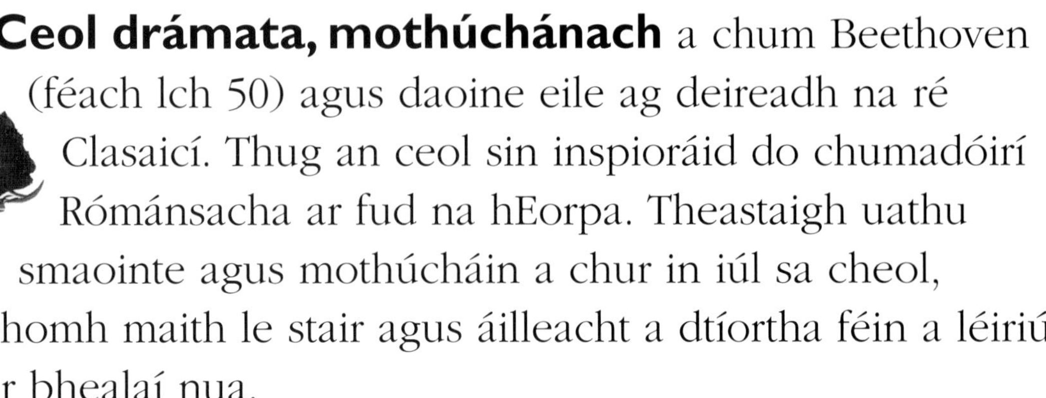

Ceol drámata, mothúchánach a chum Beethoven (féach lch 50) agus daoine eile ag deireadh na ré Clasaicí. Thug an ceol sin inspioráid do chumadóirí Rómánsacha ar fud na hEorpa. Theastaigh uathu smaointe agus mothúcháin a chur in iúl sa cheol, chomh maith le stair agus áilleacht a dtíortha féin a léiriú ar bhealaí nua.

An scéal mar a lean…

Ludwig van Beethoven (1770–1827)

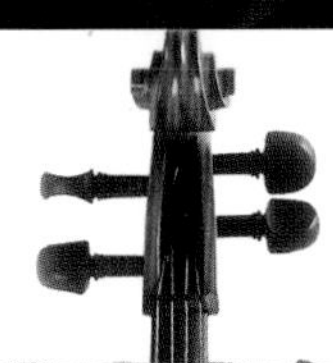

Niccolò PAGANINI (1782–1840)
Ba veidhleadóir den scoth é Paganini, Iodálach a chum ceol aonair don veidhlín go háirithe. Bhí an-samhlaíocht agus dúshlán ina chuid ceoil, rud a spreag cumadóirí Rómánsacha eile. Thuig siad uaidh conas **sárchumas uirlise** a úsáid chun mothú a chur sa cheol.

Scór ceoil a shínigh Paganini, 1829

Louis SPOHR (1784–1859)
Cumadóir agus veidhleadóir ón nGearmáin ab ea Spohr. Bhí an-tionchar aige ar chumadóirí Rómánsacha: d'úsáid sé na struchtúir Chlasaiceacha ach chuir sé **comhcheol níos casta** agus níos doimhne leo. Chum sé amhráin ghrá, coinséartónna agus a lán eile. Bhí sé chomh cáiliúil le Beethoven i gcaitheamh a shaoil féin.

Ag tús an 19ú haois bhí an saol ag athrú go mór. Bhí smaointe eolaíochta i réim, a spreag an Réabhlóid Thionsclaíoch, agus ghlac tíortha Eorpacha seilbh ar impireachtaí i gcéin.

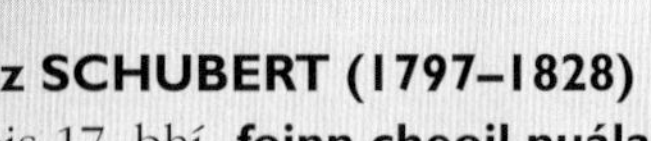

Franz SCHUBERT (1797–1828)
In aois 17, bhí **foinn cheoil nuálacha**, spreagúla á gcumadh ag Schubert. Bhris sé leis an stíl Chlasaiceach agus chum sé ceol mothúchánach a bhain leis an stíl Rómánsach. Bhí 1,000 píosa ceoil cumtha aige nuair a fuair sé bás go hóg in aois 31. Bhí na céadta saothar áille ina measc, a seinntear go forleathan fós. Tá cáil ar leith ar na "Lieder" a chum sé – **dánta Gearmánaise** a chantar le tionlacan pianó.

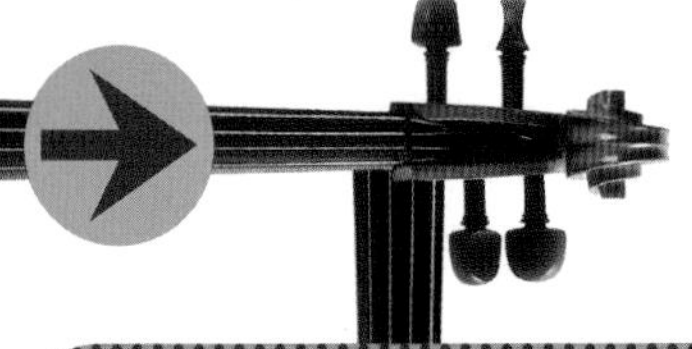

Bhí feabhas mór ar a lán uirlisí ceoil faoi thús an 19ú haois. Bhí forbairt ar an bpianó agus fuaim álainn, théagartha le fáil uaidh. Bhí raon ceoil níos fearr le fáil ó na huirlisí práis freisin, toisc go raibh comhlaí orthu. Bhí deis ag cumadóirí Rómánsacha fuaimeanna nua a chruthú leis na huirlisí seo go léir.

Carl Maria von WEBER (1786–1826)
Chuir ceoldráma le Weber, *Der Freischütz*, tús le traidisiún ceoldrámaí Rómánsacha na Gearmáine. Thaispeáin sé conas ceol tíre agus béaloideas **náisiúnta** a chóiriú mar ábhar do cheoldrámaí.

Fuair ealaíontóirí sa ré Rómánsach inspioráid ó radharcra a dtíre féin. Albert Bierstadt a rinne an pictiúr seo, Amharc Sléibhe Maidin Cheomhar.

Leath an ghluaiseacht Rómánsach ar fud na hEorpa sa 19ú haois...

Rómánsach Luath

Felix Mendelssohn (1809–1847)

Ba cheoltóir í deirfiúr Mendelssohn, Fanny (1805-1847), agus in aois 17, fuair sé inspioráid uaithi dá chéad saothar cáiliúil, *Brionglóid Oíche Fhéile Eoin*. Tá ceol draíochtúil ann.

Frédéric Chopin (1810–1849)

Tugadh '**File an Phianó**' ar Chopin, Polannach agus pianódóir iontach a chum a lán píosaí binne, ceolmhara. Tá an-cháil ar an *Válsa Aon Nóiméid*, atá an-deacair a sheinm san am sin!

Robert Schumann (1810–1856)

Gearmánach ab ea Schumann a raibh an-tionchar ag **litríocht a thíre** ar a chuid ceoil. Bhunaigh sé saothair don phianó ar scéalta agus ar dhánta. Ba phianódóir cáiliúil í a bhean, Clara.

Rómánsach Meáin agus Déanach

Anton Bruckner (1824–1896)

Chum Bruckner, Ostarach, naoi siansa cháiliúla, atá an-fhada agus casta. Tá atmasféar spioradálta iontu – neartaíonn an ceol go mall agus é ag dul i gcion ar an éisteoir.

César Auguste Franck (1822–1890)

Páiste éachtach a bhí ann, a tógadh sa Bheilg. Chuir a athair an-bhrú air cáil agus saibhreas a bhaint amach ina óige. Chum sé siansaí agus ceol orgáin a chothaigh **struchtúir nua** sa cheol.

Franz Liszt (1811–1886)

Bhí clú is cáil ar Liszt ar fud na hEorpa mar phianódóir agus thuill sé saibhreas mór ón gceol. Chum sé na *Rapsóidí Ungáracha*, mar aon le **dánta siansacha** bunaithe ar dhrámaí is ar mhiotais.

Johannes Brahms (1833–1897)

Gearmánach ab ea Brahms a d'fhill ar an gceol **Barócach agus Clasaiceach** a bhí ag Bach agus Beethoven – na laochra móra, dar leis. Chum sé féin sárcheol den iliomad cineál.

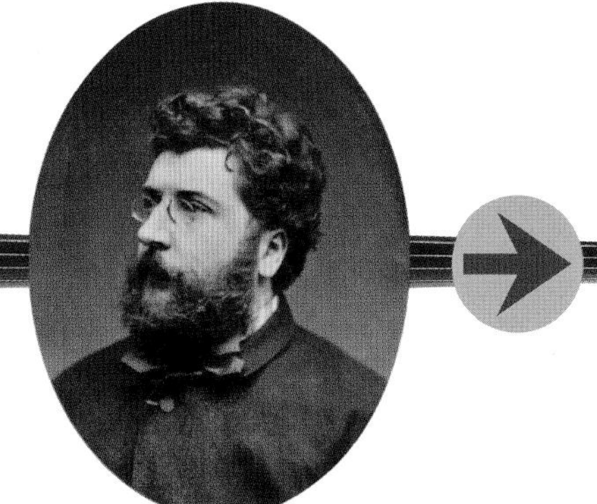

Georges Bizet (1838–1875)

Fuair Bizet bás in aois 36, trí mhí tar éis dá cheoldráma *Carmen* dul ar stáitse i bPáras. Bhí raic faoi scéal *Carmen* ar dtús, go raibh sé ró-réalach. Ach tá an-tóir ag an bpobal air ó shin.

Richard Strauss (1864–1949)

Bhí bua iontach **scéalaíochta** ag Strauss. Go luath ina shaol, chum sé amhráin agus dánta siansacha ar nós *Don Juan*. Ansin chum sé ceoldrámaí móra, ar nós *Der Rosenkavalier* (Ridire an Róis).

Hector Berlioz

"Chun mo chuid ceoil a sheinm i gceart, is éard atá riachtanach do na ceoltóirí ná cruinneas iomlán, paisean agus spiorad dochloíte, mothú bog séimh, agus gruaim an bháis."

Chum Berlioz ceol ar bhealach úrnua, a thug an-inspioráid do chumadóirí Rómánsacha ina dhiaidh. Rinne sé athchóiriú **réabhlóideach** ar an gceolfhoireann, agus chuir sé tús le cineál nua ceoil, ceol tuairisciúil, ina bhfuil scéal á insint le fuaimeanna an cheoil. Ba chumadóir mór é, agus ba stiúrthóir, scríbhneoir agus criticeoir é freisin.

Ceol tuairisciúil

An t-aisteoir Harriet Smithson

Chuir Berlioz cruth úrnua ar an siansa. Chaith sé uaidh an struchtúr Clasaiceach agus chuir sé siansa drámata, mothúchánach ina áit. In 1830, chum sé an *Symphonie Fantastique*, saothar cáiliúil, nuálach. Insíonn an siansa scéal faoi ealaíontóir atá cráite ag brionglóid. Scríobh Berlioz **nótaí cláir** don siansa, inar mhínigh sé an radharc a ghabhann le gach gluaiseacht ceoil ann. Chum sé an *Symphonie* tar éis dó dráma Shakespeare, *Hamlet*, a fheiceáil in 1827, agus titim i ngrá leis an aisteoir a bhí i bpáirt Ophelia, Harriet Smithson. Dhiúltaigh sise casadh le Berlioz ar dtús, ach sé bliana ina dhiaidh sin phós sí é.

Éifeachtaí na ceolfhoirne

Sa *Symphonie Fantastique*, thug Berlioz isteach níos mó uirlisí ná mar a bhíodh sa cheolfhoireann cheana; agus bhain sé úsáid as na huirlisí go léir ar bhealach a léirigh an dráma brionglóideach agus an dianmhothú sa scéal.

Gluaiseacht 1: Aisling – Paisean
An t-ealaíontóir ag cuimhniú ar an ghrá geal.

Seinneann **veidhlíní** agus **fliúit** an *idée fixe* – téama a sheinntear arís is arís eile tríd síos. Ardaíonn agus ciúnaíonn an téama, mar léiriú ar ghrá an ealaíontóra don chailín.

Gluaiseacht 2: Damhsa
An t-ealaíontóir ag an gcóisir.

Válsa beoga á sheinm ag dhá **chláirseach**, mar léiriú ar an gcóisir bhreá, ghalánta.

Sásamh na gcuairteoirí á léiriú ag **cóirnéad** aonair.

Scéal beatha
Hector **Berlioz**

1803: *Rugadh é in La Côte-Saint-André sa Fhrainc. Ba dhochtúir tuaithe a athair agus mhúin sé Berlioz.*

1815: *In aois 12, thug sé faoin gceol: mhúin sé comhcheol dó féin, chum sé píosaí gearra agus d'fhoghlaim sé giotár, fideog agus fliúit. Thaitin léamh leis, go háirithe saothair Virgil (file sa tSean-Róimh) agus Shakespeare (drámadóir Sasanach).*

1821: *In aois 18, cuireadh go Páras é i mbun cúrsa leighis, rud ba ghráin leis. Thugadh sé cuairt ar an Opéra agus ar an Conservatoire agus thosaigh sé ag cumadh.*

1824: *D'éirigh sé as an chúrsa leighis. In 1826 thug sé faoi staidéar cumadóireachta sa Conservatoire, ardscoil cheoil Pháras.*

1831: *Bhuaigh sé scoláireacht Prix de Rome agus chum sé an* Symphonie Fantastique. *Chaith sé dhá bhliain ag staidéar san Iodáil. D'fhill sé ar Pháras agus chum sé tuilleadh saothar ceoil.*

1842–1863: *Thaistil sé ar fud na hEorpa agus na Rúise, ag stiúradh ceoldrámaí agus ceolfhoirne.*

1865: *In aois 62, d'fhoilsigh sé a chuimhní cinn.*

1869: *In aois 66, fuair sé bás i bPáras agus cuireadh i Reilig Montmartre é.*

Faoi thionchar

Christoph von Gluck (1714–1787)
Bhí Berlioz an-tógtha le ceoldrámaí Gluck, a chuala sé i bPáras *(féach lch 46)*.

Ludwig van Beethoven (1770–1827)
Chuir an mothú sa 3ú agus sa 5ú siansa le Beethoven *(féach lch 50)* *tocht ar a chroí.*

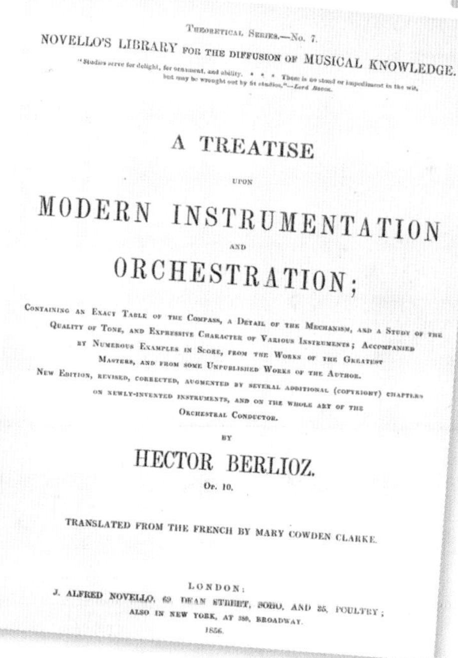
Theoretical Series.—No. 7.
NOVELLO'S LIBRARY FOR THE DIFFUSION OF MUSICAL KNOWLEDGE.
"Studies serve for delight, for ornament, and ability. * * * There is no stond or impediment in the wit, but may be wrought out by fit studies."—*Lord Bacon.*

A TREATISE
UPON
MODERN INSTRUMENTATION
AND
ORCHESTRATION;

Containing an Exact Table of the Compass, a Detail of the Mechanism, and a Study of the Quality of Tone, and Expressive Character of Various Instruments; Accompanied by Numerous Examples in Score, from the Works of the Greatest Masters, and from some Unpublished Works of the Author.
New Edition, revised, corrected, augmented by several additional (copyright) chapters on newly-invented instruments, and on the whole art of the Orchestral Conductor.

BY
HECTOR BERLIOZ.
Op. 10.

TRANSLATED FROM THE FRENCH BY MARY COWDEN CLARKE.

LONDON:
J. ALFRED NOVELLO, 69, DEAN STREET, SOHO, AND 35, POULTRY;
ALSO IN NEW YORK, AT 389, BROADWAY.
1856.

Cartún magúil faoin gceolfhoirniú triaileach a bhí ar siúl ag Berlioz, 1846.

Ceolfhoirniú

Mhúin Berlioz ceol dó féin agus rinne sé staidéar ar shaothar cumadóirí eile. Mar gheall air sin, thuig sé ina intinn féin conas uirlisí a chur ag seinm le chéile. In 1844, d'fhoilsigh sé *Tráchtas ar Ionstraimiú*, inar scríobh sé faoi **raon** agus **cáilíocht** na n-uirlisí sa cheolfhoireann agus conas iad a úsáid chun feabhais. I 1904, rinne Richard Strauss leagan nua den leabhar.

Gluaiseacht 3: Radharc tuaithe

An t-ealaíontóir amuigh faoin tuath ina aonar.

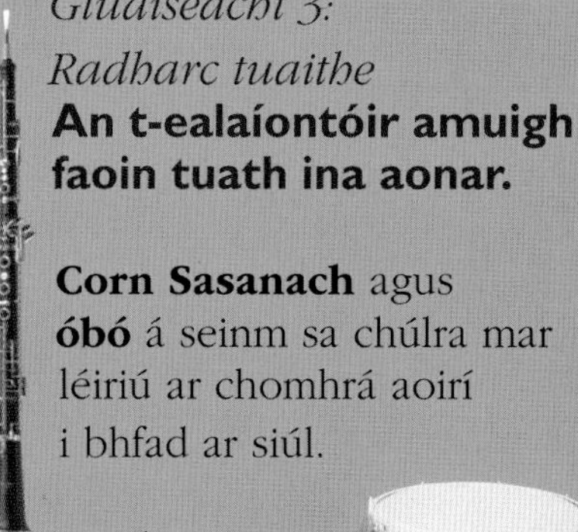

Corn Sasanach agus **óbó** á seinm sa chúlra mar léiriú ar chomhrá aoirí i bhfad ar siúl.

Cruthaíonn ceithre **timpani** stoirm thoirní.

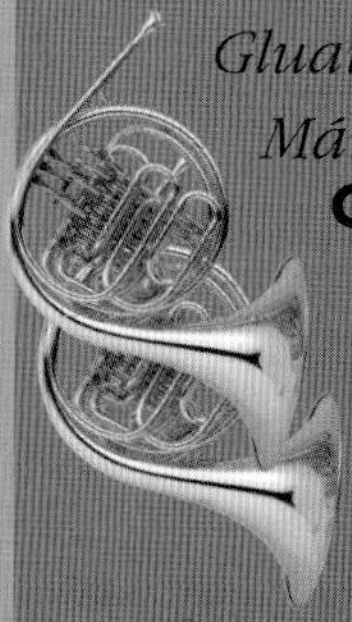

Gluaiseacht 4: Máirseáil chuig an gCroch

Glacann an t-ealaíontóir nimh. Ina bhrionglóid, cuirtear chun báis é as a ghrá geal a mharú.

Timpani agus **coirn** ag greadadh sa cheol máirseála ar a shlí chuig an gcroch.

Seinneann **clairnéid** aonair smaointe deiridh an ealaíontóra, a réabtar le corda ceoil ó na huirlisí eile nuair a thiteann lann an bháis air.

Gluaiseacht 5: Brionglóid faoi Thionól na gCailleach

Brionglóid an ealaíontóra faoina shochraid féin agus cailleacha gránna ag bailiú thart air.

Veidhlíní á seinm le hadhmad an bhogha mar léiriú ar uafás neamhshaolta.

Cuireann **clogfheadáin** clog na sochraide in iúl.

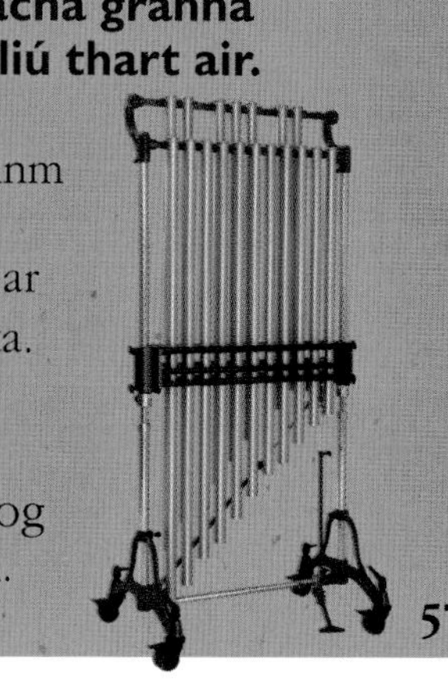

Ceoldrámaí *croíúla*

Seó stáitse is ea ceoldráma – seó **drámata**, **taibhseach**. Tá athrú mór ar a stíl ó cuireadh *Euridice* le Jacopo Peri, an chéad cheann atá fós againn, ar siúl i 1600. Sa ré Rómánsach, bhíodh an stíl eipiciúil agus fantaiseach; sa lá inniu, bíonn sí úrnua agus **triaileach**.

Stíleanna ceoldrámaí Tá a lán stíleanna difriúla ann. Ina measc tá:
Mór-cheoldráma – Stáitsiú ar an mórchóir, téama an-dáiríre, ceol tríd síos.
Ceoldráma bufa – Scéal grinn ina bhfuil plota amaideach agus ceol éadrom.

◀ **Il Guarany, 1870, Antonio Carlos Gomes** Tagann ainm an cheoldráma ó threibh i Meiriceá Theas, na Guaránaigh. Scéal grá atá ann, a thiteann amach fad atá cogadh treibhe ar siúl.

▶ **Bearbóir Sevilla, 1816, Gioachino Rossini** Scéal grá casta atá sa cheoldráma grinn seo. Tá an bearbóir, Figaro, ag cabhrú lena sheanmháistir, an Cunta Almaviva, bean álainn a mhealladh.

▲ **La Traviata, 1853, Giuseppe Verdi** Scéal tragóide faoi Violetta agus a leannán Alfredo. Tá fearg ar athair Alfredo toisc gur striapach de chuid na n-uaisle í Violetta. Scarann sé an bheirt óg ó chéile, agus nuair a fhilleann siad ar a chéile ar deireadh, tá tinneas an bháis ar Violetta.

ÉIST LE TRAIC 16

Seo an t-amhrán cáiliúil óil ón gcéad ghníomh den cheoldráma La Traviata.

▲ **Jenufa, 1902, Leoš Janáček** Is bean óg í Jenufa, atá ag súil le leanbh Steva. Ach tá deartháir Steva, Laca, dúnta i ngrá léi. Níl Jenufa pósta agus nuair a shaolaítear an leanbh, maraíonn a leasmháthair é. Ach ar deireadh, sáraíonn Jenufa agus Laca ar an tragóid le chéile.

▲ **The Vanishing Bridegroom, 1990, Judith Weir** Scéal mistéire i dtrí chuid é seo. Tosaíonn an scéal le hoidhreacht atá imithe amú.

▲ **Porgy and Bess, 1935, George Gershwin**
Is fear déirce é Porgy ó cheantar bocht in South Carolina, SAM. Titeann sé i ngrá le striapach darb ainm di Bess.

▲ **Madam Butterfly, 1904, Giacomo Puccini**
Pósann an Leifteanant Pinkerton cailín géise (siamsóir) Seapánach darb ainm di Butterfly. Fanann sí dílis dó nuair a thréigeann sé í. Ach cuireann sí lámh ina bás féin nuair a thuigeann sí gur phós sé bean eile.

◂ **Montezuma, 1963, Roger Sessions** Ceoldráma faoi Montezuma, ceannaire mór na nAstacach i Meicsiceo, agus conas mar a chloígh na Spáinnigh é sa 16ú haois.

◂ **Ceoldrámaíocht Bhéising, 18ú haois, An tSín** Bíonn ceol, amhráin, damhsa, caint agus gleacaíocht sa cheoldrámaíocht seo.

Scéal beatha
Richard **Wagner**

1813: *Rugadh é in Leipzig sa Ghearmáin, an té ab óige de naonúr clainne. Mhúin sé ceol dó féin.*

1836: *In aois 23, phós sé Minna Planer. Bhíodh siad ag troid le chéile go minic go dtí gur scar siad in 1862.*

1839: *In aois 26, bhí sé i bhfiacha móra agus d'éalaigh sé go Páras. Thuill sé beagán airgid ó iriseoireacht cheoil.*

1842: *D'éirigh go maith lena chéad cheoldráma* Reinzi *in Dresden agus leis an* Ollannach ar Eitilt *in 1843. Ceapadh Wagner ina stiúrthóir ag an gcúirt ríoga in Dresden.*

1849: *In aois 36, ghlac sé páirt in éirí amach Poblachtánach agus bhí air teitheadh ón nGearmáin. Chaith sé 12 bliain ar deoraíocht san Eilbhéis.*

1859: *Chríochnaigh sé eipic cheoil bunaithe ar an scéal grá* Tristan agus Isolde. *Ach níor éirigh leis é a chur ar siúl go dtí 1865.*

1862: *In aois 49, cheadaigh rí "mire" na Baváire dó filleadh abhaile. D'íoc sé fiacha Wagner agus thug sé teach breá dó. Is ann a chuir Wagner críoch lena mhórshaothar,* An Fáinne.

1883: *In aois 70, fuair Wagner bás de ghalar croí. Cuireadh é mar aon lena pheata madra, Russ, i ngairdín a thí in Bayreuth, sa Bhaváir.*

Faoi thionchar

Ludwig van Beethoven (1770–1827)
Dúirt Wagner gurbh é ceol Beethoven a spreag é féin le ceol a chumadh.

Franz Liszt (1811–1886)
Cara mór le Wagner ab ea Liszt. Chuir sé ceol Wagner chun cinn nuair a bhí seisean thíos sa saol. Phós Wagner iníon Liszt in 1870.

Richard **Wagner**

"Cumaim ceol a bhainfidh geit as daoine!"

Ní ceoldrámaí mar a bhí ann cheana a chum Wagner, ach **drámaí ceoil** ina raibh filíocht, drámaíocht, ealaín agus ceol. Ba é an chéad chumadóir é a chruthaigh **gach cuid** dá dhrámaí ceoil – an plota, na carachtair agus na focail ar fad. (De ghnáth, chumadh duine eile focail na n-amhrán.) Bhí a chuid ceoil conspóideach ó thús, agus sa lá inniu féin, is breá le roinnt daoine é agus is fuath le daoine eile é. Ach níl aon amhras faoin tábhacht atá leis.

Lohengrin, *1850, Ceoldráma ina thrí chuid*

Amharclann na Féile in Bayreuth, a osclaíodh in 1876 nuair a léiríodh *An Fáinne* den chéad uair.

Scríbhneoir agus stiúrthóir...

Cumadóir **réabhlóideach** ab ea Wagner mar gur chruthaigh sé a shaothar ina iomláine. Bhí tábhacht le gach cuid, dar leis – an stáitsiú agus na liricí chomh maith leis an gceol. Ní hamháin sin, ach thóg sé **amharclann mhór** a bhí in oiriúint dá dhráma ceoil, *An Fáinne*. Tá an amharclann i mbaile beag i ndeisceart na Gearmáine, Bayreuth, agus is iontach an áit í le ceol Wagner a chloisteáil.

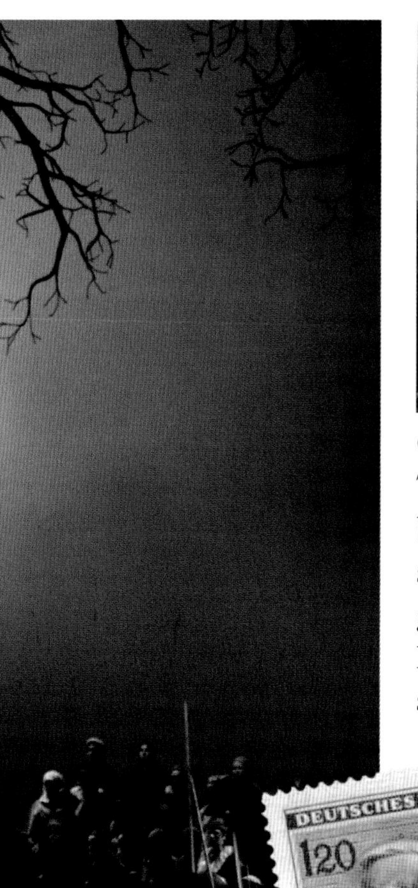

Caisleán Neuschwanstein

Tá ceoldráma Wagner, Lohengrin, bunaithe ar shíscéal grá. Thaitin sé chomh mór leis an rí Ludwig II gur thóg sé caisleán draíochtúil Neuschwanstein ina onóir. Téann na sluaite ar cuairt air gach bliain.

Wagner agus Hitler

Bhí Adolf Hitler an-tógtha ar fad le ceol Wagner. I bhfad tar éis bhás Wagner, agus an páirtí Naitsíoch i gceannas ar an nGearmáin ó 1933 go 1945, d'éisteadh Hitler agus a chuid oifigeach leis na drámaí ceoil arís is arís eile. Léirigh siad sárspiorad na tíre, dar le Hitler. Ach b'in tuairim a chuir go mór leis na conspóidí faoi cheol Wagner.

Mórshaothar Wagner

Chaith Wagner 22 bliain san iomlán ag obair ar *Fáinne na Nibelung*, saothar ceoil a leanann 18 uair an chloig. Tá ceithre dhráma ceoil ann, ar a dtugtar *Ór na Réine, Na Vailcírí, Siegfried,* agus *Clapsholas na nDéithe*. An fáinne sa scéal ná ceann draíochta a rinne Alberich, firín beag nó **nibelung**, leis an ór a ghoid sé ó abhainn na Réine. Fáinne draíochta atá ann, a thugann cumhacht dó an domhan a rialú. Ach tá **carachtair mhiotasacha** eile sa tóir ar an bhfáinne freisin.

Eipic cheoil

Tá a lán téamaí fite le chéile in *An Fáinne*. Tugtar **leitmóitífeanna** orthu agus seasann gach téama do charachtar nó do smaoineamh ar leith. Is éard a fheicimid ar stáitse ná scéalta móra faoi dhéithe, faoi dhaoine agus faoi chréatúir eile. Ach tá smaointe Wagner faoin maith agus faoin olc le feiceáil iontu freisin.

Scór lámhscríofa ó *An Fáinne*, c.1880

ÉIST LE TRAIC 17

Seo píosa ceoil ó thús Ghníomh 3 den dara ceoldráma in Fáinne na Nibelung, An Vailcír. *Tugtar "Na Vailcírí ar Sodar" air. Tabhair faoi deara "an sodar" mar théama nó leitmóitíf, a sheinneann na prásuirlisí ar dtús.*

An mór **phianó**

" Tá an pianó in ann fírinní móra an tsaoil a chur in iúl dúinn, gan ann ach adhmad, miotal, agus aer ar crith." Kenneth Miller – eolaí

Tugtar **"rí na n-uirlisí"** ar an bpianó. Tá raon nótaí níos mó aige ná ag aon uirlis eile – breis is seacht n-ochtach. Tagann an focal "pianó" ó **pianoforte**, a chiallaíonn go seinntear é go bog nó go tréan de réir mar a leagann an ceoltóir a mhéara ar an méarchlár.

Tugann an **bogthroitheán** *fuaim níos boige do na nótaí.*

Leis an **troitheán sostenuto**, *leanann fuaim na nótaí a seinneadh cheana, ach cloistear freisin na nótaí ina ndiaidh.*

Leis an **troitheán buaine**, *leanann fuaim na nótaí tar éis iad a sheinm.*

Fadó sheinntí an mórphianó i gcúirteanna ríoga agus **i dtithe na n-uasal** san Eoraip. Chuirtí pictiúir bhreátha orthu mar mhaisiú.

Mion nó mór?

Déantar an mórphianó i méideanna difriúla. An ceann is lú ná an **mion-mhórphianó**, atá suas le 162 cm ar fad; agus an ceann is mó ná an **mórphianó ceolchoirme**, atá suas le 3 m ar fad. Sea is faide an pianó, sea is faide na téada, rud a chuireann leis an bhfuaim álainn, dhomhain a dhéanann sé.

Stair an mhórphianó

c. 200: *Tháinig a lán uirlisí ón santúr, téaduirlis ón bPeirs (an Iaráin sa lá inniu) a sheinntí le casúir. Bhí an téadchlár nó dulcaiméar casúr ina measc; agus as sin, tháinig an clabhchorda agus an cruitchlár, ar bunaíodh an pianó orthu.*

14ú haois: *An chéad taifead scríofa den chruitchlár – téaduirlis a phioctaí.*

1500–1700: *Bhí an-tóir ar an gclabhchorda agus ar an gcruitchlár san Eoraip.*

c. 1700: *Bhí pianó ag muintir Medici, Iodálaigh an-saibhir. Bartolomeo Cristofori a rinne é, seans.*

18ú haois dhéanach: *Rinne Johann Andreas Stein an pianó ab fhearr fós, "an pianó Víneach" mar a tugadh air.*

1777: *Rinne John Broadwood, Robert Stodart, agus Americus Backers pianó laistigh de chás cruitchláir. B'in an chéad mhórphianó.*

1821: *Chruthaigh Sébastien Érard an "céimscaoileadh dúbailte", a chuir feabhas mór ar an bpianó. Feasta, d'fhéadfaí nótaí a sheinm go han-tapa.*

1843: *Ceadaíodh paitinn don chéad fhráma iarainn do mhórphianó.*

1853: *Bhunaigh Steinway and Sons comhlacht cáiliúil a rinne pianónna.*

Raon an mhórphianó

Breis is seacht n-ochtach

15

8

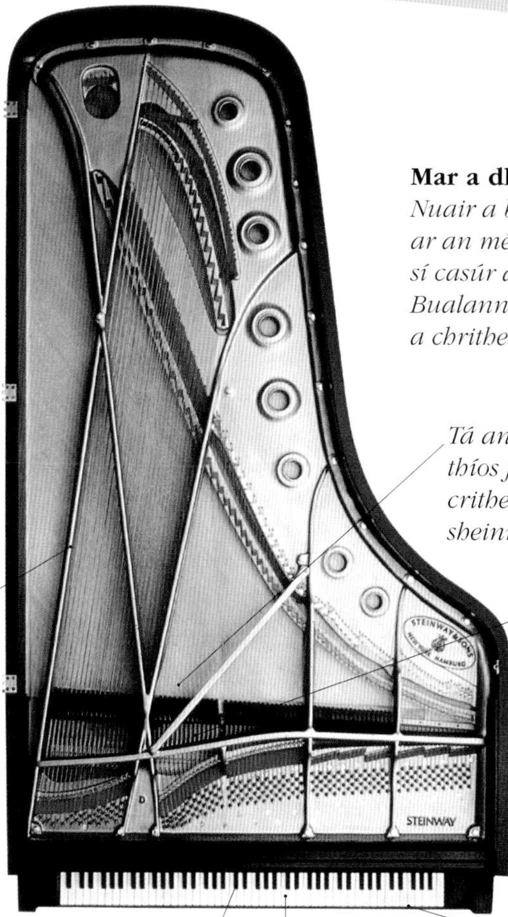

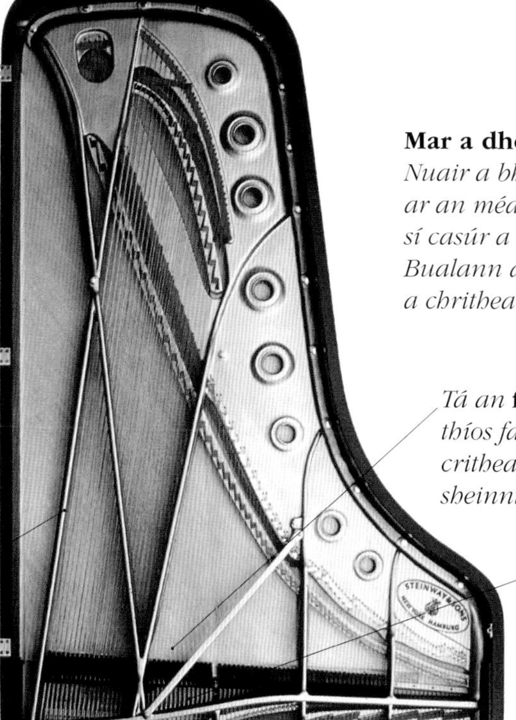

Mar a dhéantar fuaim
Nuair a bhrúitear eochair ar an méarchlár, corraíonn sí casúr a bhfuil feilt air. Buallann an casúr téad, a chritheann *(féach lch 48)**.*

Tá an **fuaimchlár** *thíos faoi na téada agus critheann sé nuair a sheinntear na téada.*

Coimeádann an **fráma iarainn** *teannas sna téada.*

Déantar na **téada** *as sreanga cruach. Tá dhá nó trí shreang ag na nótaí is airde tuin. Tá na téada ísle níos troime mar go bhfuil copar á gclúdach.*

Déantar na **heochracha dubha** *– na nótaí géara (♯) agus maola (♭) – as adhmad éabainn*

Déantar na **heochracha bána** *as eabhar.*

Feicimid méara an cheoltóra ag seinm ar an **méarchlár**.

Tá an patrún céanna ar na heochracha bána agus dubha gach ochtach.

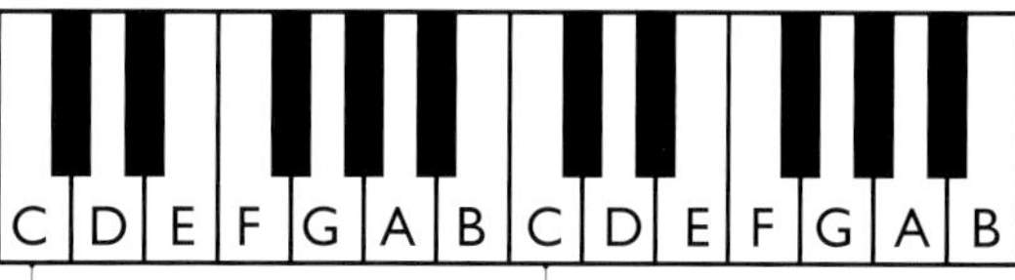

Ochtach

ÉIST LE TRAIC 18

Cloisimid an pianó agus an cheolfhoireann ag tús an phíosa seo le Liszt, Fantaise Ungárach, *atá bunaithe ar cheol tíre.*

Pianódóirí den scoth

Ba phianódóirí iontacha iad a lán de na daoine cáiliúla a chum ceol don phianó – **Wolfgang Amadeus Mozart, Ludwig van Beethoven, Franz Liszt, Frédéric Chopin,** agus **Clara Schumann.** Ach tá athrú mór ar an bpianó le 300 bliain anuas, agus níl fuaimeanna an cheoil díreach mar a chuala siadsan é. I measc na bpáistí éachtacha a bhain cáil idirnáisiúnta amach mar phianódóirí sa lá inniu, tá **Vladimir Ashkenazy** ón Rúis, **Nelson Freire** ón mBrasaíl, agus **Idil Biret** ón Tuirc.

Trí throitheán atá ar phianó i SAM, agus dhá cheann san Eoraip – an ceann bog agus an troitheán buaine.

Duine de na pianódóirí snagcheoil ab fhearr riamh ná **Oscar Peterson** (1925-2007), as Ceanada. Bhí a mhuintir bocht ach mhúin siad an pianó dó agus é cúig bliana d'aois.

Damhsaí *draíochtúla*

San áit a bhfuil ceol, tá damhsa, mar a bhí ó thús ama nuair a buaileadh rithim le cúpla bata. Sa lá inniu, bíonn ceol ar leith ann do **stíleanna éagsúla damhsa** – uirlis nó guth amháin do chuid acu, agus ceolfhoireann iomlán do chuid eile. Tá cultacha agus céimeanna ar leith ag gabháil le gach damhsa freisin, pé acu válsa rómánsúil nó damhsa Gaelach beoga.

▲ **Coppélia**, **1870, Léo Delibes** Cumadóir Francach ab ea Delibes. Scéal grinn faoi bhábóg mheicniúil a insítear sa bhailé *Coppélia*. Tá an bhábóg chomh maith ag damhsa go dtiteann fear óg i ngrá léi.

▶ **Válsa Víneach, 18ú haois** Sa damhsa bálseomra seo, gluaiseann beirt damhsóirí go grástúil agus iad ag casadh arís is arís eile. An ceol válsa is cáiliúla ná *Ar an Danóib Aoibhinn Ghorm* (1866), a chum Johann Strauss Óg. Bhí cónaí air i Vín agus chum sé na céadta válsaí agus polcaí éadroma eile.

▲ **An grá draíochtúil, *El amor brujo*, 1915, Manuel de Falla** Bailé Spáinneach é seo agus tá stíl flamenco ag gabháil leis. Insíonn sé scéal Candela, giofóg óg a bhfuil a fear céile marbh. Nuair a thiteann sí i ngrá le fear eile, tagann taibhse a fir chéile á crá. Déanann sí damhsa iontach cois tine agus imíonn an taibhse sna lasracha.

▲ **Cabúicí, 17ú haois,** Is dráma damhsa ón tSeapáin é cabúicí. Caitheann na damhsóirí éadaí breátha agus bíonn smidiú ildaite orthu. Is fir iad na damhsóirí go léir, fiú i bpáirteanna na mban. Sa lá inniu, is réaltaí móra teilifíse iad na damhsóirí is fearr.

▲ Scátáil fhíorach, **19ú haois,**
Is spórt Oilimpeach í an scátáil fhíorach, agus is damhsa í freisin. Déanann duine nó beirt scátálaithe léimeanna, rothlú agus crochadh in airde leis an gceol.

▲ Damhsa Gaelach, c. 400 RCR Tá damhsaí aonair, damhsaí seite agus damhsaí céilí sa traidisiún Gaelach. Bíonn an ceol bríomhar agus na cosa ag gluaiseacht go tapa. Thosaigh seó Riverdance i 1994 agus chonaic na milliúin daoine ar fud an domhain é.

▲ Billy the Kid, **1938, Aaron Copland** Seo bailé as Meiriceá a insíonn scéal an rapaire Billy the Kid. Tá amhráin tíre agus ceol buachaillí bó ann.

▲ Tangó na hAirgintíne, 19ú haois Damhsa paiseanta is ea an tangó, ina mbíonn greim docht ag na damhsóirí ar a chéile. Sa 20ú haois, chuir Astor Piazzolla snagcheol leis an tangó, rud a d'athraigh é go mór.

ÉIST LE TRAIC 19

Éist leis an rithim láidir sa tangó seo as Meiriceá Theas.

◄ Carnabhal na Brasaíle, 17ú haois, Roimh Cháisc gach bliain, bíonn féile an charnabhail i Rio de Janeiro agus i gcathracha móra eile. Bíonn paráid mhór agus cóisir ar na sráideanna. Gléasann daoine i gcultacha iontacha agus damhsa samba nó soca ar siúl acu.

Scéal beatha
Pyotr Ilyich **Tchaikovsky**

1840: *Rugadh é in Votkinsk sa Rúis, an dara páiste de sheisear clainne. Bhí a mhuintir saibhir.*

1854: *In aois 14, thosaigh sé ag cumadóireacht tar éis dá mháthair bás a fháil go tobann.*

1859: *Cháiligh sé ón Scoil Dlí Impiriúlach agus fuair sé post mar chléireach dlí.*

1863: *In aois 23, d'éirigh sé as a phost agus d'fhreastail sé ar an Ardscoil Cheoil i gCathair Pheadair. Cháiligh sé tar éis ceithre bliana.*

1866: *Thosaigh sé ag múineadh ceoil san Ardscoil nua i Moscó.*

1876: *Fuair sé pátrúnacht ó bhaintreach shaibhir, Madame von Meck. Thug sí £600 sa bhliain dó ar feadh 14 bliain, a chabhraigh leis cumadh go lánaimseartha. Ach níor casadh ar a chéile iad riamh.*

1877: *Chum sé Loch na nEalaí. Ach ansin chlis ar a shláinte intinne agus chuaigh sé go dtí an Eilbhéis agus an Iodáil chun sos a fháil.*

1885: *Bhronn Sár na Rúise gradam air agus bhí cáil ar a chuid ceoil ar fud na hEorpa. Ach chaith sé a lán ama ina aonar faoin tuath sa Rúis.*

1893: *In aois 53, fuair sé bás i gCathair Pheadair. Creidtear gur tháinig galar an chalair air nuair a d'ól sé uisce salach.*

Faoi thionchar

Wolfgang Amadeus Mozart (1756–1791)
Thaitin ceol damhsa go mór le Tchaikovsky, go háirithe na minití agus na damhsaí eile a chum Mozart.

Robert Schumann (1810–1856)
Fuair sé inspioráid ó cheol Schumann - siansaí, ceol do chóracha agus Albam na bPáistí.

Pyotr Ilyich **Tchaikovsky**

"Murach an ceol, is cinnte go rachainn as mo mheabhair."

Bhí Tchaikovsky ar dhuine de na cumadóirí móra Rómánsacha. Is breá le gach duine an **ceol bailé** a chum sé - *Loch na nEalaí, Codladh Céad Bliain,* agus *An Cnóire*. Chum sé siansaí agus coinséartónna iontacha freisin. Nuair a bhí sé 14 bliana d'aois, fuair a mháthair bás agus bhí sé brónach, croíbhriste. Thosaigh sé ag cumadh ceoil chun a chuid mothúchán a chur in iúl.

Ceol bailé Tchaikovsky

Ba bhreá le Tchaikovsky ceol damhsa agus chuir sé go mór leis an meas a bhí ag an bpobal ar cheol bailé. Ach níor glacadh le gach bailé a chum sé láithreach...

Codladh Céad Bliain

Deirtear gurb é seo an bailé is fearr a chum Tchaikovsky. Ach fuair sé bás sular thuig sé chomh mór a thaitin sé leis an bpobal. Tá an ceol thar barr agus cuireann sé **mothú** láidir leis an scéal. Tá dhá mhórthéama sa cheol: téama nimhneach, crua don drochshióg, Carabosse, agus téama bog, séimh don tSíóg Liathchorcra (atá sa phictiúr).

Loch na nEalaí

Níor éirigh go maith le *Loch na nEalaí*, scéal grá agus draíochta, nuair a cuireadh ar stáitse é ar dtús. Chreid daoine go raibh an damhsa ródheacair. Is fíor go bhfuil sé **an-deacair**, ach sa lá inniu, is breá le damhsóirí é. An té atá ábalta don damhsa seo, tá sí ábalta do gach ceann eile!

An Cnóire

In 1892, theip glan ar an gcéad léiriú den bhailé seo. Ach sa lá inniu, is **aoibhinn le daoine** é, idir óg is aosta. Tá an scéal suite um Nollaig agus cuirtear ar siúl é ar fud an domhain mar chuid de cheiliúradh na féile. Tá an ceol cloiste ag na sluaite eile nach bhfaca an damhsa riamh – tugtar *The Nutcracker Suite* ar rogha Tchaikovsky den cheol is fearr uaidh.

ÉIST LE TRAIC 20

Sliocht ó Loch na nEalaí *atá ar an traic seo. Ceol don damhsa beirte nó Pas de Deux atá ann. Tá an Prionsa Siegfried i ngrá le Banríon na nEalaí, Odette, ach tá Asarlaí an Oilc, Von Rothbart, ag iarraidh stop a a chur leo. Léimeann siad beirt isteach sa loch chun éalú uaidh agus déantar sprideanna díobh.*

Albam na bPáistí

Thiomnaigh Tchaikovsky an t-albam do mhac a dheirféar, a raibh sé an-cheanúil air. Píosaí ceoil phianó do pháistí atá ann: ina measc tá *Maidin Gheimhridh*, *Máthair* agus *Sochraid na Bábóige*.

An ceol agus an duine

Duine ciúin, cúthaileach ab ea Tchaikovsky. Bhí sé an-chrua air féin, agus scrios sé píosaí ceoil áirithe sular thaispeáin sé d'aon duine eile iad. Bhí sé **gruama** ann féin agus chum sé ceol fíorbhrónach. Ach lena chois sin, chum sé ceol atá chomh bríomhar,/ gealgháireach is atá ann.

Ceol *náisiúnta*

Sa cheol náisiúnta, rinne cumadóirí ceiliúradh ar **fhéiniúlacht** a dtíortha féin, ar nós na seanscéalta agus an radharcra. Chuir siad rithimí agus foinn a bhí sa cheol **tíre** cheana in oiriúint dá saothair nua. Tá ceol den sórt seo ann ón 19ú haois i leith.

ÉIST LE TRAIC 21

Seo sliocht ón gceol a chum Edvard Grieg don dráma Peer Gynt. *Samhlaigh duit féin damhsa troll i Halla Rí an tSléibhe, agus an ceol ag luasú i rith an damhsa.*

Pictiúr agus liricí ón amhrán Oh Susanna, *le Stephen Foster*

Náisiúnachas na Stát Aontaithe

Chum **Stephen Collins Foster** amhráin tíre faoi shaol an phobail sa 19ú haois. Fuair **Amy Beach** inspioráid ó cheol tíre a sinsear a tháinig ón Eoraip agus bhain **Louis Moreau Gottschalk** leas as rithimí agus comhcheol ón traidisiún Afra-Chriólach. Chum **John Philip Sousa** ceolta mórcháiliúla do bhannaí máirseála, ina measc *The Stars and Stripes Forever.*

Náisiúnachas na Breataine

Fuair cumadóirí na Breataine inspioráid dá saothair cheolfhoirne ó amhráin thraidisiúnta na tíre, ón radharcra aoibhinn faoin tuath, ó cheol na dTúdarach agus ó impiriúlachas ré Victoria. Na cumadóirí ba cháiliúla ná **Edward Elgar, Gustav Holst, Frederick Delius, Ralph Vaughan Williams, John Ireland, agus Arnold Bax.**

Bíonn féile ceolchoirmeacha, na Proms, ar siúl i Londain gach samhradh. An oíche dheireanach, ceiliúrtar ceol na Breataine agus cantar Land of Hope and Glory, *le ceol máirseála Edward Elgar,* Pomp and Circumstance.

Náisiúnachas Mheiriceá Láir agus Theas

I dtús an 20ú haois, rinne **Carlos Chávez** athbheochan ar cheol tíre agus ar uirlisí traidisiúnta Mheicsiceo. Rinne **Heitor Villa-Lobos** (féach lch 82) an cion céanna do cheol na Brasaíle. Bhain **Alberto Ginastera** leas as rithimí láidre na hAirgintíne, sa cheol a chum sé faoi shaol na ngauchos faoin tuath.

Xochipilli, *dia na bealaíne agus teideal an cheoil a chum Chávez in onóir chultúr na nAstacach.*

Sraith Peer Gynt, *a chum Edvard Grieg in 1875, á léiriú i 2006*

Náisiúnachas Chríoch Lochlann

Tá stíl eachtrúil de chuid na hIorua sa cheol a chum **Edvard Grieg** faoin teideal *Sraith Peer Gynt*. San Fhionlainn, chum **Jean Sibelius** tondánta bunaithe ar mhiotais agus ar cheol dúchais a thíre. I dtús an 20ú haois sa Danmhairg, bhí teannas agus nuálacht sna siansaí tonúla a chum **Carl Nielsen**.

Beatha ar son an tSáir, *1836, Mikhail Glinka*

Náisiúnachas na Rúise

Bhí ceol tíre dá cuid féin ag an Rúis i bhfad siar, ach i dtús an 19ú haois, thagadh ceol clasaiceach na tíre ón Eoraip. Ansin chóirigh Mikhail Glinka foinn Rúiseacha dá cheoldráma *Beatha ar son an tSáir*. Lean an **"Cúigear Cumasach"** (féach lch 70), mar aon le **Alexander Scriabin** agus **Sergei Rachmaninov**, ag baint úsáide as ceolta tíre, téamaí béaloidis agus foinn bhríomhara.

Náisiúnachas na Fraince

Na cumadóirí móra sa Fhrainc sa 19ú agus go luath sa 20ú haois ná **Camille Saint-Saëns, Gabriel Fauré, Paul Dukas, Erik Satie, Maurice Ravel,** agus **Francis Poulenc**. Bhí an-tionchar ag an obair thrialach a rinne siad le comhcheol, le cóiriú uirlisí agus le téamaí fantaiseacha. Ceann de na píosaí clasaiceacha is cáiliúla ná *An Eala* ó *Carnabhal na nAinmhithe* le Saint-Saëns.

Tá Printíseach an Asarlaí, *le Paul Dukas, 1897, bunaithe ar amhrán faoi scuab dhraíochta.*

Náisiúnachas na Spáinne

Fuair cumadóirí na Spáinne inspioráid ón bpobal, ó dhamhsaí náisiúnta ar nós flamenco (féach lch 27) agus ó chomhcheol an ghiotáir Spáinnigh. Chruthaigh **Isaac Albéniz, Enrique Granados, Manuel de Falla**, agus **Joaquín Rodrigo** (féach lch 98) stíl Rómánsach ar leith a bhain le ceol na Spáinne.

Seo pictiúr le Francisco de Goya, Tarbhchomhrac sa Sráidbhaile, *c. 1812-14, a spreag Goyescas, ceoldráma agus sraith phianó le hEnrique Granados.*

In Vltava, *thug Smetana léiriú ar abhainn an Vltava i bPoblacht na Seice.*

Náisiúnachas Oirthear na hEorpa

Cumadóirí móra Seiceacha ab ea **Bedrich Smetana, Antonín Dvořák** (féach lch 69) agus **Leos Janácek**, a léirigh an tírdhreach agus teanga na Seicise ina saothar. San Ungáir, bhain **Béla Bartók** agus **Zoltán Kodály** triail as rithimí agus téamaí an cheoil tíre a chóiriú, mar a rinne **George Enescu sa Rúmáin**.

Scéal beatha
An Cúigear *Cumasach*

1855: *In aois 18, chas Mily Balakirev leis an gcumadóir cáiliúil Mikhail Glinka i gCathair Pheadair agus fuair sé an-inspioráid uaidh.*

1856: *Chuir Balakirev aithne ar César Cui agus Modest Mussorgsky, a bhí in arm na Rúise. Thug sé orthu níos mó ama a chaitheamh le ceol.*

1857: *Fuair Glinka bás. Ghlac Balakirev a áit mar cheannródaí ar an gceol Rúiseach.*

1858: *D'éirigh Mussorgsky as an arm agus dhírigh sé go hiomlán ar shaol an cheoil.*

1861: *Chas Balakirev le Nikolai Rimsky-Korsakov, ceoltóir óg a bhí i gcabhlach na Rúise.*

1862: *Chuir Balakirev aithne ar Alexander Borodin, ollamh le ceimic. Faoi stiúir Balakirev, thosaigh Borodin agus Rimsky-Korsakov ag cumadh siansaí. In aois 25, bhunaigh Balakirev Saorscoil Cheoil Chathair Pheadair. Thosaigh sé ag dul ar cuairt ar réigiún Cugais i ndeisceart na Rúise, áit ar chuala sé ceol tíre a thug an-inspioráid dó.*

1863: *Thug Balakirev spreagadh do Borodin díriú níos mó ar an gceol.*

1860idí déanacha: *D'éirigh achrainn i measc an ghrúpa toisc go raibh ró-smacht á imirt ag Balakirev orthu. Scar siad ó chéile.*

Faoi thionchar

Mikhail Glinka (1804–1857)
Tugtar "Athair an Cheoil Rúisigh" ar Glinka. Mhol sé filleadh ar thobar ceoil na tíre féin.

Traidisiúin na Rúise
Thug finscéalta, amhráin agus damhsaí tíre na Rúise spreagadh iontach don chúigear cumadóirí.

An Cúigear *Cumasach*

I lár an 19ú haois, bhí gluaiseacht náisiúnach ag borradh ar fud na Rúise. Theastaigh ó ealaíontóirí agus ó chumadóirí na tíre **féiniúlacht** Rúiseach a chothú, seachas aithris a dhéanamh ar stíleanna Iarthar na hEorpa. Grúpa cumadóirí ab ea an "Cúigear Cumasach", a chaith dua croí is anama le **ceol Rúiseach** a chruthú.

An cúigear abú

Tháinig an cúigear cumadóirí le chéile agus é mar aidhm acu féiniúlacht cheoil na Rúise a fhorbairt. Chaith siad a lán ama ag caint is ag plé a gcuid saothar ceoil agus mhol siad dá chéile conas feabhas a chur orthu.

Mily Balakirev (1837–1910) a bhí mar cheannaire ar an ngrúpa. Bhíodh sé de shíor ag gríosú na ndaoine eile, ach bhíodh an-dua air a chuid píosaí féin a chríochnú.

Modest Mussorgsky (1839–1881) Bhí sé tugtha don ól agus bhí a shaol trí chéile dá bharr. Tá a chuid ceoil i bhfad níos tíriúla ná ceol na ndaoine eile sa ghrúpa.

Alexander Borodin (1833–1887) Ceimiceoir a bhí ann a chum ceol ina chuid ama féin. Bhí stíl Rómánsach aige agus tá cáil air as ceol córúil atá breá bríomhar.

César Cui (1835–1918) Chum sé ceoldrámaí agus a lán amhrán do pháistí. Chuaigh scéalta béaloidis agus ceol tíre na Rúise i gcion go mór ar a shaothar.

Nikolai Rimsky-Korsakov (1844–1908) Bhí ceol tíre agus téamaí Rúiseacha in úsáid aige, ach bhí an-tuiscint aige ar stíl an Iarthair freisin.

Siamsóirí Rúiseacha ag damhsa le ceol Mussorgsky, *Oíche ar an Sliabh Lom,* faoi chailleacha agus deamhain a thagann le chéile don tSabóid Dhubh. Tá béicíl aisteach, uaigneach fite sa cheol.

ÉIST LE TRAIC 22

Seo an píosa ar a dtugtar Eitilt na Bumbóige ó Scéal an tSáir Saltan. *Rinne an Eala bumbóg den phrionsa ionas go mbeadh sé in ann eitilt chuig a athair i gcéin.*

Scéal an tSáir Saltan

Bhí Rimsky-Korsakov an-tógtha le ceoldrámaí. Ceann de na cinn a chum sé ná *Scéal an tSáir Saltan* (sa phictiúr thuas), scéal grá agus draíochta faoin bPrionsa Gvidon a caitheadh san fharraige agus é ina leanbh. Tagann eala i gcabhair air ar oileán i gcéin. Sa saothar seo atá an ceol is cáiliúla le Rimsky-Korsakov, *Eitilt na Bumbóige.*

An Prionsa Igor Chaith Borodin 18 bliain ag obair ar an gceoldráma seo, a chríochnaigh Rimsky-Korsakov. Sa scéal, fuadaíonn na Polaiveitsigh an prionsa Igor agus tugann siad leo é go dtí campa sa ghaineamhlach. Tá an-cháil ar na damhsaí Polaiveitseacha sa cheoldráma, atá lán de léimeanna fuinniúla.

Scéal beatha
Antonín **Dvořák**

1841: *Rugadh é i sráidbhaile sa Bhoihéim, atá i bPoblacht na Seice inniu. Ba bhúistéir, óstóir agus ceoltóir siotair é a athair.*

1857: *In aois 16, thosaigh sé ar scoil cheoil i bPrág. As sin, chuaigh sé sa Cheolfhoireann Náisiúnta Ceoldrámaí. Sheinn sé an vióla do stiúrthóirí móra ar nós Bedrich Smetana, Franz Liszt agus Richard Wagner.*

1874: *In aois 33, bhuaigh sé Duais Cheoil Stát na hOstaire. Bhí Johannes Brahms ina mholtóir ar a shaothar agus d'fhás caradas mór eatarthu.*

1876: *Bhí an-éileamh ag foilsitheoirí ceoil ar a shaothar agus scaip a cháil go forleathan.*

1878: *Foilsíodh an chéad tsraith Damhsaí Slavónacha don phianó.*

1892: *In aois 51, ceapadh é ina Stiúrthóir ar Ardscoil Cheoil Nua Eabhrac, SAM.*

1895: *Bhí cumha air i ndiaidh a thíre féin agus tar éis trí bliana ina chónaí sna Stáit Aontaithe, d'fhill sé ar an mBoihéim.*

1901: *D'éirigh go hiontach lena cheoldráma Rusalka. Ceapadh é ina stiúrthóir ar Ardscoil Cheoil Phrág.*

1904: *Fuair sé bás in aois 63.*

Faoi thionchar

Johannes Brahms (1833–1897)
Ba chairde móra iad Dvořák agus Brahms, agus bhí ardmheas acu beirt ar cheol an duine eile.

Richard Wagner (1813–1883)
Ócáid mhór inspioráide i saol Dvořák ab ea an uair gur sheinn sé ceol Wagner faoi stiúir an chumadóra é féin.

Antonín Dvořák

Mar aon leis an gceol, ba bhreá le Dvořák innill traenach, longa farraige móire agus pórú colúr.

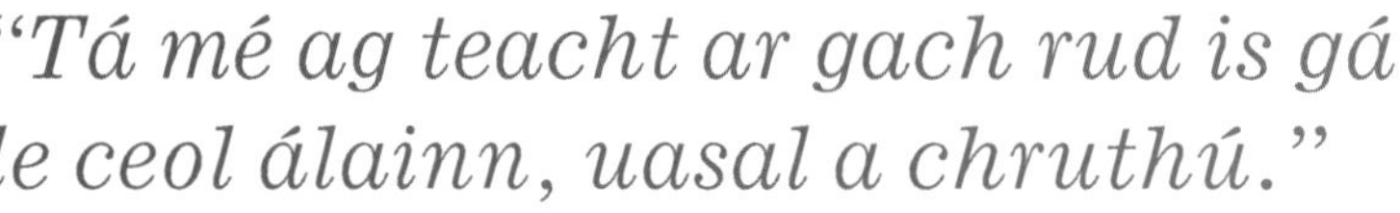

"Tá mé ag teacht ar gach rud is gá le ceol álainn, uasal a chruthú."

Chum Dvořák ceol aoibhinn, bríomhar a thug an-ardú meanma do dhaoine sa ré Rómánsach. Bhí sé ina mháistir ar thraidisiún siansaí na Gearmáine, agus ba bhreá leis ceol dúchais a thíre féin, **an Bhoihéim** (atá i bPoblacht na Seice inniu). Chruthaigh sé ceol den scoth nuair a thug sé an dá stíl le chéile.

Fréamhaithe sa Bhoihéim

Bhí tír dhúchais Dvořák, an Bhoihéim, faoi smacht na hOstaire sa 19ú haois. Ba bhreá leis an bpobal **saoirse a dtíre féin**, dar le le Dvořák. B'in a léirigh sé nuair a thug sé amhráin agus damhsaí an phobail, ar nós **an pholca**, sa cheol.

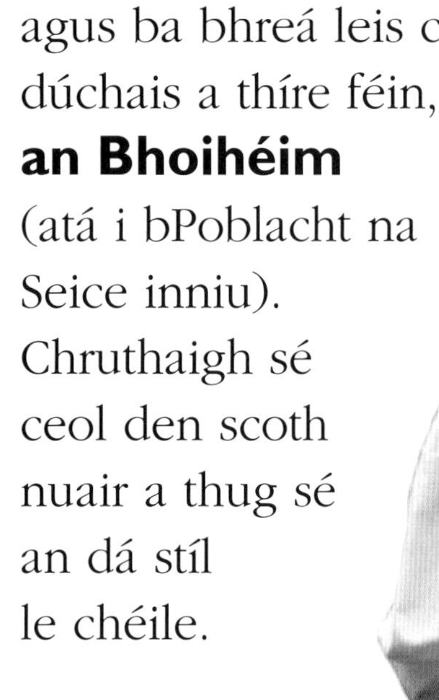

Damhsóirí tíre na Seice

Carnegie Hall, Nua Eabhrac, SAM

An spásaire Neil Armstrong, a thug an siansa *Ón Domhan Nua* go dtí an ghealach.

Snagcheol spreagúil

Níor chaith Dvořák ach trí bliana i SAM, ach thuig sé go luath an tábhacht a bhí le **ceol Meiriceánach Afracach** i dtraidisiúin na tíre. Labhair sé leis an *New York Herald* in 1893 faoi na foinn cheoil sin, agus ar sé, "Tá mé ag teacht ar gach rud is gá le ceol álainn, uasal a chruthú". Bhí mac léinn ag Dvořák a raibh tionchar aige ar Duke Ellington, duine de na snagcheoltóirí móra.

Duke Ellington (féach lch 94)

Ón Domhan Nua

Nuair a thosaigh Dvořák ag teagasc i SAM, tháinig sé ar **cheol tíre** na Meiriceánach Bundúchasach, agus ar spioradálaigh Mheiriceánacha Afracacha. Is ann a chum sé a mhór-shaothar, *Siansa Uimh.9 in E Beag* ar a dtugtar *Ón Domhan Nua*. **Moladh go spéir** é nuair a léiríodh é in Carnegie Hall in 1893. Tá cumasc aoibhinn sa siansa seo idir ceol de bhunadh Meiriceánach agus rithimí Boihéimeacha.

ÉIST LE TRAIC 23

Seo cóiriú do thrumpa aonair ar an bpríomhthéama ón 2ú Gluaiseacht den siansa Ón Domhan Nua.

An mhurúch bheag

Ba é mian croí Dvořák ceoldrámaí den scoth a chumadh. Ach níor éirigh go maith ach le *Rusalka*, ceann amháin de na **10 gceoldráma** a scríobh sé. Tá an-tóir air go dtí an lá inniu. Tá sé bunaithe ar an síscéal *An Mhurúch Bheag* le Hans Christian Andersen.

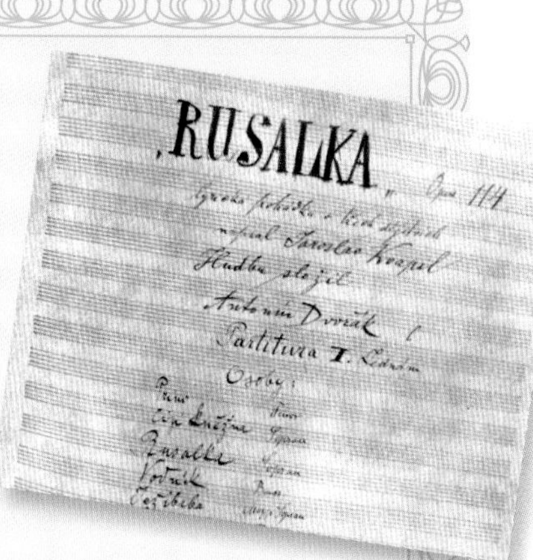

Stiúrthóirí *den scoth*

Sa cheolfhoireann, cinntíonn an stiúrthóir go bhfuil gach ceoltóir ag seinm mar is gá agus ag coimeád an ama. Cabhraíonn sé leo an mothú ceart a chur sa cheol, pé acu brón nó áthas é. Cleachtaíonn sé an píosa ceoil leo agus ansin stiúraíonn sé an cheolchoirm. Tá a stíl féin ag gach mórstiúrthóir.

▲ **Hans von Bulow, 1830–1894, Gearmánach** Pianódóir agus stiúrthóir a bhí ann. Chuir a stíl cheannasach eagla ar roinnt daoine. Spreag sé spéis i gceol Wagner.

▲ **Gustav Mahler, 1860–1911, Ostarach** Tá cáil ar Mahler as na siansaí móra lán de mhothú a chum sé. Ach lena linn féin, ba mhó a cháil mar stiúrthóir, i Vín, i bPrág, agus ina lán cathracha eile.

▲ **Herbert von Karajan, 1908–1989, Ostarach** Deirtear gurbh é an stiúrthóir ab fhearr riamh é. Chaith sé 35 bliain i gceannas ar Cheolfhoireann Fhiolarmónach Bheirlín. Rinne sé 800 taifeadadh ceoil ar na mórshaothair chlasaiceacha go léir agus díoladh 200 milliún ceirnín leis.

▲ **Pablo Casals, 1876–1973, Spáinneach** Ceoltóir iontach ar an dordveidhil a bhí ann. Nuair a tháinig an deachtóir Franco i réim i 1938, d'fhág sé a thír féin go deo.

◀ **Georg Solti, 1912–1997, Ungárach-Briotanach** I 1955, bhunaigh sé Ceolfhoireann na Síochána, agus ceoltóirí ó gach cuid den domhan páirteach ann. Thaispeáin siad, mar a dúirt Solti, "conas mar is féidir leis an gceol daoine ón iliomad cultúr a thabhairt le chéile."

ÉIST LE TRAIC 24

Éist leis an gceol drámata seo. Ansin féach sa scáthán agus samhlaigh gur tusa an stiúrthóir. Éist leis an gceol arís agus déan gluaiseachtaí láimhe agus gothaí le do shúile is do bhéal chun na ceoltóirí a stiúradh.

▲ **Simon Rattle,** 1955–, **Sasanach**
Tá mórcháil air mar stiúrthóir ceolfhoirne in Birmingham agus ansin i mBeirlín. Spreagann sé daoine óga chun ceoil agus tá a lán duaiseanna buaite aige.

▲ **Myung-Whun Chung,** 1953–, **Cóiréach** Rugadh é i Súl, sa Chóiré Theas. Is pianódóir é, a stiúraigh ceolfhoirne an-cháiliúla, agus Ceolfhoireann Fhiolarmónach Nua Eabhrac ina measc.

▲ **Marin Alsop,** 1956–, **Meiriceánach**
Ba í an chéad bhean í a ceapadh mar stiúrthóir ar cheolfhoireann mhór sna Stáit Aontaithe, nuair a ghlac sí ceannas ar Cheolfhoireann Shiansach Baltimore i 2007.

▶ **Gustavo Dudamel,** 1981–, **Veiniséalach** Bhí muintir Dudamel bocht ach d'fhoghlaim sé ceol sa chóras oideachais, El Sistema, a thugann deis do 250,000 páiste boch i Veiniséala ceol a fhoghlaim. Tá stíl stiúrthóireachta an-fhuinniúil aige. Inniu tá sé ina stiúrthóir ceolfhoirne i Los Angeles.

Conas ceol a stiúradh

Seasann an stiúrthóir agus an baitín ina lámh. Ardaíonn sé agus íslíonn sé go tapa é – agus tosaíonn an ceol.

Oibríonn sé an baitín suas is anuas ina lámh dheis de réir bhuillí an cheoil, rud a thugann treoir ama do na ceoltóirí.

Lena lámh chlé, taispeánann sé conas an ceol a sheinm – go bog, séimh nó go tréan, láidir.

Cuireann sé strainceanna nó gothaí eile ar a aghaidh, chun mothú nó stíl an cheoil a thaispeáint. Nótaí gearra, soiléire a theastaíonn ón stiúrthóir seo.

Tá bonn an bhaitín trom...

...agus é déanta as adhmad

An trumpa *abú*

ÉIST LE TRAIC 25

Éist leis an gceol seo do thrumpa aonair agus samhlaigh gur buachaill bó tú atá ar mhuin capaill in iarthar Mheiriceá.

"Tá an trumpa ag glaoch orainn arís eile..."
John F. Kennedy – Uachtarán SAM

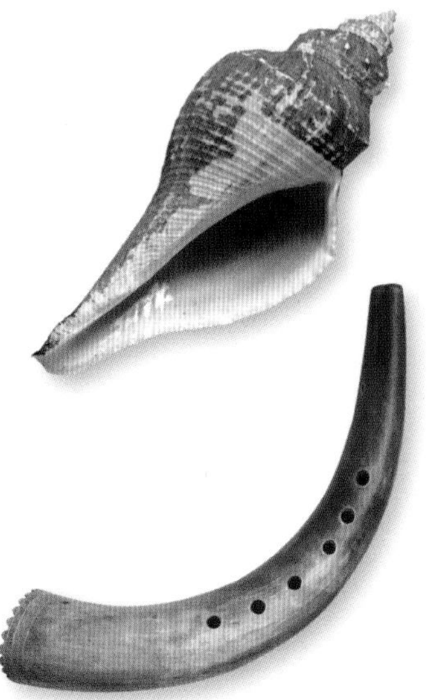

Ó thús ama, bhí daoine **ag séideadh aeir** in earraí éagsúla chun ceol a dhéanamh. As sliogáin agus as adharca ainmhithe a rinneadh trumpaí den chéad uair. Meastar go bhfuil trumpaí práis ann le **3,500 bliain** – is iad na prásuirlisí is sine ar fad iad, más ea. Ach ní raibh comhlaí iontu go dtí 1815.

Stair an trumpa

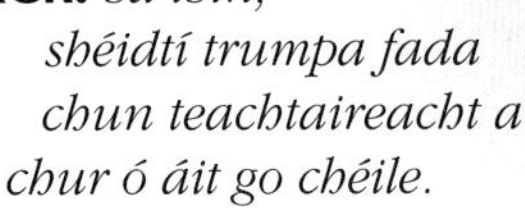

c. 1500 RCR: *Sa tSín, shéidtí trumpa fada chun teachtaireacht a chur ó áit go chéile.*

1323 RCR: *Fuarthas trumpaí óir is airgid (ar clé) i dtuama Tutankhamun, faró cáiliúil san Éigipt.*

600 RCR–600 CR: *Nuair a thagadh arm na Róimhe (agus airm eile ó shin) ar pháirc an chatha, shéidtí trumpa pléascach, a chuireadh fonn troda ar na saighdiúirí agus eagla a gcroí ar na naimhde.*

15ú haois: *Rinneadh trumpaí i gcruth "s", agus ansin rinneadh trumpaí "fillte" agus "sliodtrumpaí".*

Chun trumpa a sheinm, coimeádann an ceoltóir a bheola teann; ansin déanann sé dordán leo agus é ag séideadh isteach sa bhéalóg. Critheann an t-aer ar a shlí síos an trumpa agus tagann sé amach ón gclog. Tiúb mhiotail is ea an trumpa.

Nuair a dhúntar na **comhlaí**, *cuirtear fad leis an tiúb agus athraíonn na nótaí dá réir sin.*

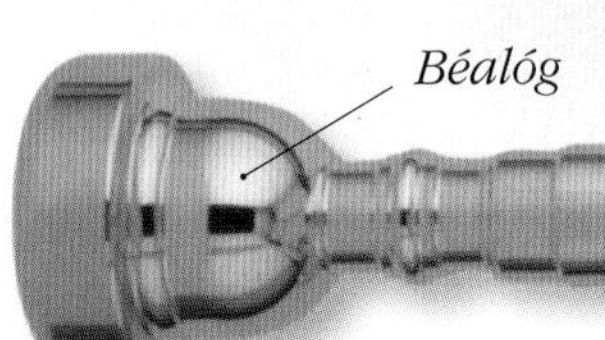

Béalóg

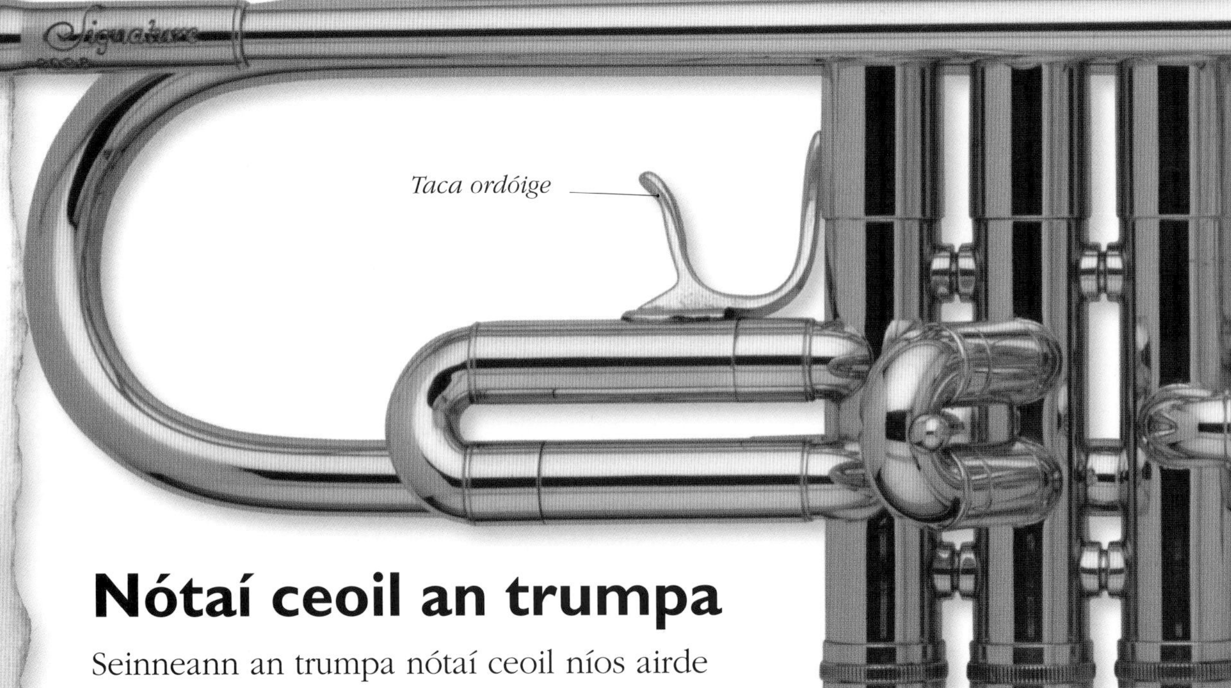

Taca ordóige

18ú haois: *Bhí an-tóir ar an trumpa sa tréimhse seo. Chum athair Mozart, Leopold. ceol don trumpa.*

Raon an trumpa

Breis agus trí ochtach

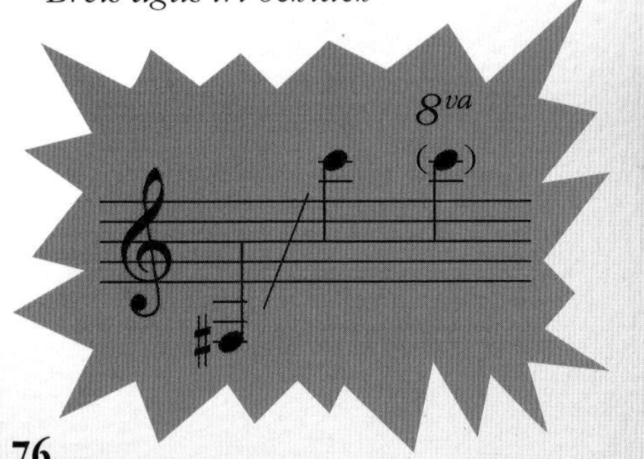

Nótaí ceoil an trumpa

Seinneann an trumpa nótaí ceoil níos airde ná aon phrásuirlis eile. Tá trumpaí difriúla ann: an ceann is coitianta ná an B beag.

Tá stíleanna agus teicnící dá gcuid féin ag trumpadóirí snagcheoil. Ceann acu ná "cleitirtheangú" - rollálann an ceoltóir a theanga le linn dó séideadh, chun fuaim dranntáin a dhéanamh.

An trumpadóir Hakan Hardenberger ag seinm le ceolfhoireann ón tSualainn ag na Proms, mórfhéile chlasaiceach.

Trumpadóirí den scoth

Faoi thús an 19ú haois, bhí an trumpa i réim mar uirlis cheolfhoirne. I measc na dtrumpadóirí cáiliúla lenár linn féin bhí an Francach **Maurice André** agus an Meiriceánach **Adolph "Bud" Herseth**. Bhí Herseth ag seinm le Ceolfhoireann Shiansach Chicago ó 1948 go dtí 2001, agus bhí tionchar mór aige ar an tslí a seinntear an trumpa sa cheol clasaiceach. Tá baint láidir ag an trumpa le snagcheol freisin, agus ba thrumpadóirí iontacha iad **Louis Armstrong, Chet Baker, Miles Davis, Wynton Marsalis, Arturo Sandoval, Guy Barker,** agus **James Morrison.**

Bell

*Seo an **méarchrúca**, a chabhraíonn leis an trumpadóir an uirlis a choimeád socair. Ansin is féidir leis brú síos ar na comhlaí le lámh amháin, agus maothadóirí a úsáid leis an lámh eile.*

Maisíochtaí ceoil

Is féidir "**maothadóirí**" a chur ar chlog an trumpa chun an fhuaim a dhéanamh níos boige. Ceann coitianta ná maothadóir Harman, a dhéanann fuaim cosúil le guth an duine. Fadó, d'úsáidtí hata mar mhaothadóir!

Papa Celestine agus a hata ceoil

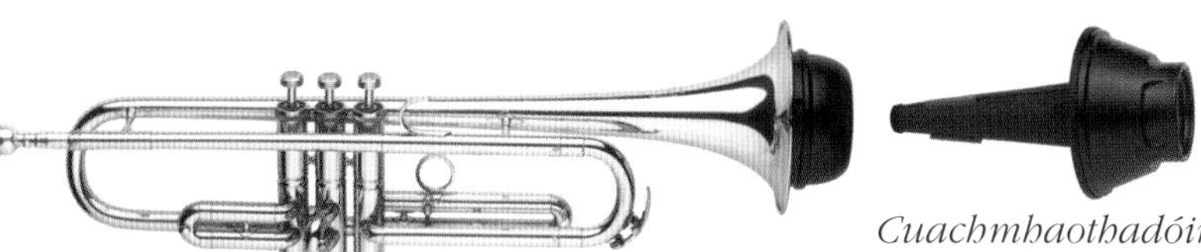

Cuachmhaothadóir

Maothadóir Harman

Maothadóir díreach

An prás *go pras*

Is éard is prásuirlisí ná tiúbanna fada folmha a séidtear iontu. Tá béalóg déanta as miotal ar chuid acu. Sa 19ú haois, cuireadh **comhlaí** iontu, chun go bhféadfaí raon níos mó nótaí a sheinm.

Conas séideadh?

Trumpa – Déanann an trumpadóir dordán lena bheola agus é ag séideadh. Critheann an t-aer istigh san uirlis.

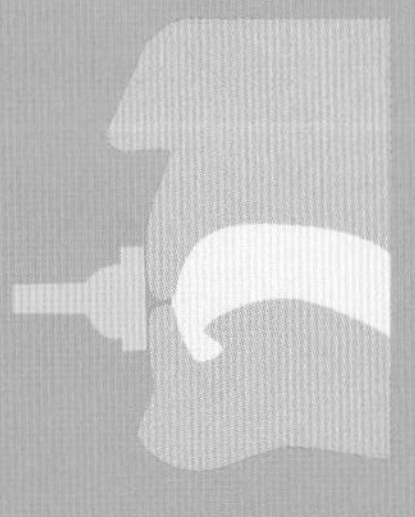

Seo sliogán tríotóin á sheinm ar Oileán Tanna san Aigéan Ciúin Theas. Gearradh bior an tsliogáin chun corn a dhéanamh as.

◀ **Sliogáin,** c. 4000 RCR, **ar fud an domhain** As sliogáin a dhéantaí coirn shimplí fadó. Féach mar a maisíodh an ceann seo le seoda agus le hairgead. Ní féidir ach nóta amháin a sheinm ar chorn sliogáin de ghnáth.

▶ **Shofar,** c. 2000 RCR, **An Meánoirthear** Uirlis ársa is ea an shofar, a sheinneann pobail Ghiúdacha ag searmanais chreidimh.

Bíonn Alpchorn ar a laghad 4 m ar fhad.

▲ **Alpchorn,** 16ú haois, **An Eilvéis** Corn mór fada is ea Alpchorn, a ghreantar as píosa amháin adhmaid. Fadó bhaintí úsáid as chun scéala a chur trasna gleannta sléibhe.

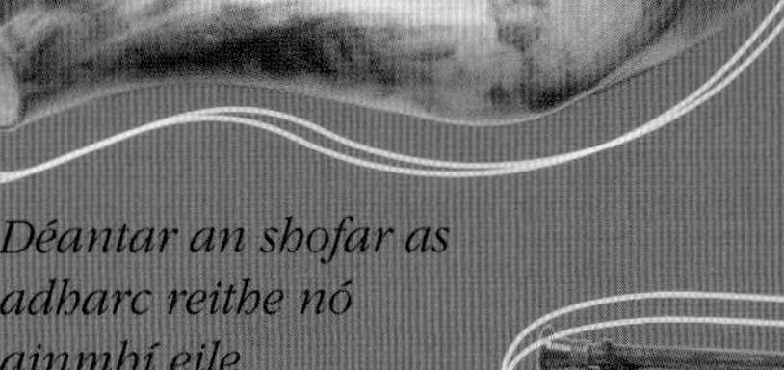

▼ **Naifír,** 1ú haois RCR, **An Afraic Thuaidh** Séidtear blosc fada amháin ar an naifír ag deireadh Ramadan, nuair a dhéanann Muslamaigh troscadh. Tá an naifír 3 m ar fhad, ach déantar as píosaí práis éa gus is féidir iad a bhaint ó chéile.

Déantar an shofar as adharc reithe nó ainmhí eile.

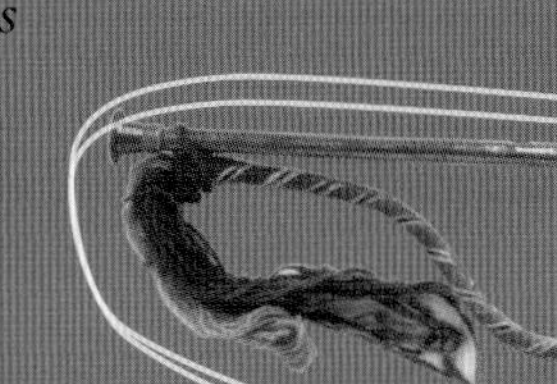

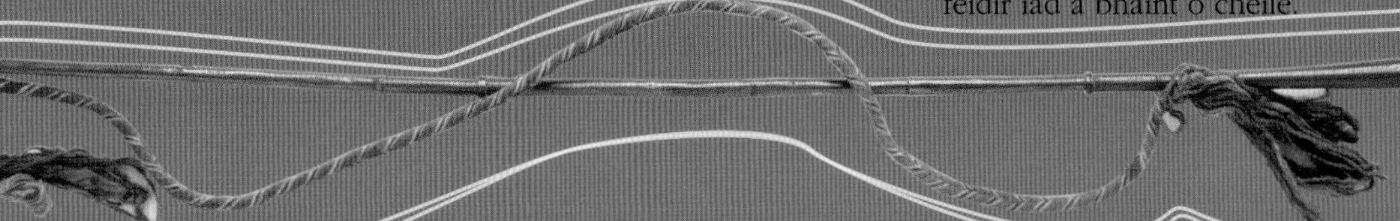

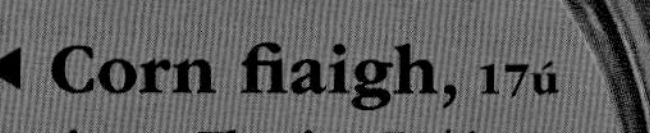

◄ **Corn fiaigh, 17ú haois, an Fhrainc** Fadó sheinntí an corn seo nuair a bhíodh daoine ag fiach. Tiúb lúbtha atá ann, thart ar 1.5 m ar fhad.

ÉIST LE TRAIC 26

Seo píosa bríomhar á sheinm ag ceoltóirí práis. Anois déan trombón duit féin. Faigh dhá thiúb fhada cairtchláir, ceann acu níos tanaí ná an ceann eile. Ceangail ina chéile iad le banda rubair, an ceann tanaí ag sleamhnú suas is anuas nuair atá do bheola ag déanamh dordáin ar bharr an chinn mhóir.

◄ **Súsafón, 1898, SAM** Ainmníodh an uirlis seo as John Philip Sousa, máistir bannaí sa 19ú haois i Meiriceá. Sórt tiúba atá ann, agus seinntear é i mbannaí máirseála. Iompraíonn an ceoltóir é ar a ghuailne agus an clog in airde, chun go mbeidh fuaim láidir na na huirlise le cloisteáil ag na ceoltóirí eile go léir atá sa bhanna.

▲ **Trombón, 15ú haois, An Eoraip** Seinneann an ceoltóir nótaí ar an trombón nuair a bhogann sé an sleamhnán isteach is amach. Athraíonn fad na tiúibe agus tuinairde an nóta dá réir sin.

Sleamhnán

▲ **Corn péiste, 1590, An Fhrainc** Féach an cruth péiste atá ar an uirlis seo. Déanann sí fuaim dhomhain. Tá béalóg phráis uirthi ach déantar an chuid eile den uirlis as adhmad. Agus tá méarphoill uirthi mar a bhíonn ar ghaothuirlisí.

Tá basúca ina lámh ag Bob Burns, fear grinn agus ceoltóir cumasach práis.

◄ **Basúca, c. 1910, SAM** Rinne fear grinn raidió, Bob Burns, an chéad bhasúca as sean-phíobáin agus píosaí eile. Tá sórt sleamhnáin air mar atá ar thrombón, a athraíonn tuinairde na nótaí.

Scéal beatha
Claude **Debussy**

1862: *Rugadh é gar do Pháras, sa Fhrainc. Bhí siopa ag a athair agus mhúin a mháthair é sa bhaile.*

1874: *In aois 10, d'fhreastail sé ar an Ardscoil Cheoil i bPáras*

1884: *In aois 22, bronnadh scoláireacht cheoil air, an Grand Prix de Rome, agus chaith sé dhá bhliain ag staidéar sa Róimh.*

1889: *Chuala sé gamalan (féach lch 28) á sheinm ag Taispeántas Pháirais. Thuig sé an chumhacht a bhí ag uirlis aonair ach oiread le ceolfhoireann, rud a chuaigh i gcion ar a chuid ceoil féin.*

1894: *In aois 32, chum sé Prélude à "L'après-midi d'un faune", an chéad mhórshaothar uaidh.*

1902: *In aois 40, léiríodh an t-aon cheoldráma a chríochnaigh sé, Pelléas agus Mélisande. Bhí cúig ghníomh ann, agus idircheolta á nascadh le chéile.*

1908: *Phós sé Emma Bardac – an dara pósadh aige – agus chum sé Cúinne na bPáistí dá n-iníon, Claude-Emma.*

1913: *Léiríodh an saothar ceolfhoirne deireanach leis, bailé nó dán damhsa darb ainm Jeux (Cluichí). Bhí comhcheolta an-aisteacha ann.*

1918: *Fuair sé bás in aois 56, tar éis seal fada tinnis.*

Faoi thionchar

Frédéric Chopin (1810–1849)
Chum Chopin saothair phianó a bhí paiseanta agus casta, sa stíl Rómánsach Dhéanach.

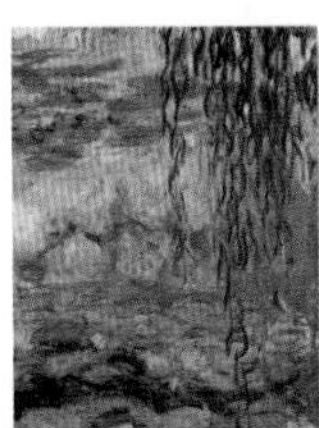

Ealaíontóirí Impriseanacha na Fraince
Bhí Claude Monet agus péintéirí eile ag iarraidh "imprisean", nó íomhá aon nóiméid, a phéinteáil seachas pictiúr réalaíoch.

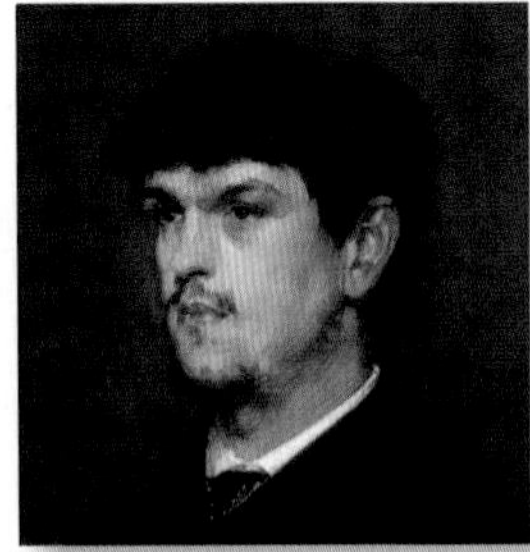

Claude **Debussy**

"Ní gá go gcuirfeadh an ceol daoine ag machnamh... Ba leor iad a chur ag éisteacht."

Claude Debussy lena iníon, Claude-Emma

Chou-Chou agus sraith *Cúinne na bPáistí*

Chou-Chou a bhí mar ainm ceana ag Debussy ar a iníon agus spreag sí go leor dá shaothair cheoil. I 1908, chum sé sraith **sé phíosa don phianó** faoin teideal *Cúinne na bPáistí*. Tá na píosaí éadrom agus spraíúil ach níl siad éasca a sheinm. Sa léiriú a thugann siad ar dhamhsa, ar shúgradh agus ar chodladh, braithimid **iontas** agus soineantacht na hóige.

Ag **deireadh an 19ú haois**, chuir an cumadóir Francach Claude Debussy casadh nua sa cheol clasaiceach. **"Impriseanach"** a thugtar air toisc go bhfágann a chuid ceoil imprisean nó **mothú brionglóideach** ag an éisteoir. D'úsáid sé comhcheolta a fhanann ar foluain san aer, nach mór, mar aon le nótaí éadroma ceoil a ritheann chugainn ina sruthanna geala, glioscarnacha.

Saothar ealaíne le Leon Bakst bunaithe ar cheol Debussy, *Prélude à "L'après-midi d'un faune"*.

Réamhcheolta

In 1894, d'éirigh conspóid i saol an cheoil nuair a léiríodh *Prélude à "L'après-midi d'un faune" (An fánas san iarnóin)*. Is éard is *prélude* nó réamhcheol ann ná ceol uirlise a chuireann tús le saothar fada, ach níor chum Debussy an dá phíosa eile a bhí le teacht ina dhiaidh seo. Fuair sé a inspioráid ó dhán faoi fhánas, créatúr miotaseolaíoch, atá ag seinm ar na painphíoba. Léiríonn Debussy smaointe brionglóideacha an fhánais le **fonn fliúite**. Tá an ceol **séimh**, seolta, gan trumpaí ná trombóin sa cheolfhoireann.

Feisteas éadaí an fhánais don bhailé *"Le faune"*

Debussy ag seinm dá chairde

Comhcheol úrnua

Bhí a stíl cheoil féin ag Debussy ó thús. Rinne sé staidéar ar cheol clasaiceach in Ardscoil Phárais, ach níor ghlac sé leis na **rialacha traidisiúnta** a d'fhoghlaim sé agus bhí a chuid múinteoirí an-mhíshásta leis. Pianódóir an-chumasach a bhí ann, a chuir na héisteoirí **faoi dhraíocht** agus é ag seinm. Chum sé a lán ceoil don phianó, ar nós an *Suite bergamasque*, ina bhfuil atmasféar mealltach agus fuaimeanna seolta, fileata. Glacann sé an-scil ón bpianódóir an méid sin a chruthú. Thug Debussy faoin gcumadóireacht ar bhealach úrnua, **trialach** – mar shampla, d'úsáid sé cordaí ceoil chun mothú a chur in iúl. Bhí an-tionchar aige ar cheol an 20ú haois.

ÉIST LE TRAIC 27

Seo cóiriú don chláirseach ar an tríú gluaiseacht sa Suite bergamasque *(1890)*, Clair de lune *(solas na gealaí)*.

Scéal beatha

Heitor **Villa-Lobos**

1887: *Rugadh é in Rio de Janeiro sa Bhrasaíl. Spreag a athair é le giotár, clairnéid agus dordveidhil a fhoghlaim.*

1899: *Fuair a athair bás, agus in aois a 12 bhí ar Heitor airgead a thuilleamh dá mhuintir. Théadh sé ar fud na cathrach, ag seinm i gcaiféanna agus in amharclanna.*

1905: *In aois 18, rinne Heitor turas intíre sa Bhrasaíl, chun ceol an phobail a bhailiú.*

1906–1907: *Sheinn sé le bannaí sráide in Rio fad a bhí seal staidéir ar siúl aige san Institiúid Náisiúnta Ceoil.*

1912: *In aois 25, rinne sé turas eile intíre chun teacht ar cheol na hAmasóine. Phós sé an pianódóir Lucilia Guimarães.*

1923: *Fuair sé deis dul go Páras i mbun staidéir cheoil. Thug sé taispeántais de cheol na Brasaíle ar fud na hEorpa, a spreag an-spéis i measc an lucht éisteachta.*

1930: *In aois 43, d'fhill sé ar an mBrasaíl. I 1932, fuair sé post ón rialtas nua náisiúnach ina stiúrthóir ar oideachas ceoil na tíre.*

1945: *Bhunaigh sé Acadamh Ceoil na Brasaíle agus toghadh é ina Uachtarán air.*

1959: *Chuaigh a shláinte i léig sna blianta déanacha agus fuair sé bás sa bhaile in Rio in aois 72.*

Faoi thionchar

Ballets Russes
Thug an comhlacht damhsa cáiliúil ón Rúis cuairt ar an mBrasaíl i 1917 agus chuala Villa-Lobos ceol Igor Stravinsky.

Arthur Rubinstein (1887–1982)
Cara saoil leis ab ea an pianódóir cumasach.

Heitor Villa-Lobos

"Ní in acadaimh a d'fhoghlaim mé ceol, ach ó éin na dufaire sa Bhrasaíl."

Tá cáil ar Heitor Villa-Lobos as **ceol dúchais na Brasaíle** agus **rithimí Laidineacha** a thabhairt sa cheol clasaiceach. Is é an cumadóir is mó le rá ó Mheiriceá Theas é. Duine spleodrach, gealgháireach a bhí ann agus bhí an-chion go deo ag muintir a thíre air. Leasaigh sé an córas oideachais cheoil agus chuir sé oidhreacht iontach na Brasaíle chun cinn.

Chaith Villa-Lobos mórán blianta ag taisteal i ndúichí intíre na Brasaíle agus é i mbun staidéir ar cheol na ndaoine. Níos déanaí ina shaol, d'insíodh sé **scéalta móra** faoina chuid eachtraí iontais in áiteanna iargúlta. Dúirt sé gur ghaibh canablaigh é agus go raibh air éalú uathu.

Is minic trácht ar an úrapúrú, éinín ceolmhar, i bhfinscéalta na Brasaíle

Foraois bháistí dhiamhair na hAmasóine

Meas mór de réir a chéile

Níor ghlac muintir Rio de Janeiro le ceol Villa-Lobos ar dtús. Nuair a léiríodh *Prole do Bebê* i mí Iúil 1922, rinne an lucht éisteachta magadh faoi. Arsa Villa-Lobos féin, "Tá mé rómhaith dóibh go fóill." Ach moladh an píosa go mór níos déanaí: "…an chéad mhórshaothar **nua-aoiseach** ón mBrasaíl," a dúradh.

Chum Heitor Villa-Lobos breis is **1,500 saothar**. Tá coinséartónna, siansaí, agus ceol aireagail ina measc, mar aon le ceol bailé, ceol scannáin agus mórán eile. D'úsáid sé foirmeacha Barócacha, fiú. Ach deir roinnt criticeoirí gur chum sé an iomarca agus gurbh fhearr dó níos mó ama a chaitheamh ag cur snasa ar a shaothar.

Úrapúrú

Chum Villa-Lobos an saothar ceolfhoirne *Úrapúrú* i 1916. Fuair sé a inspioráid ó scéalta béaloidis na Brasaíle faoin úrapúrú, éinín a mhaireann **i bhforaois bháistí na hAmasóine**. Dreoilín atá ann agus tá cáil mhór ar a cheol aoibhinn, casta. Tráchtar go minic air i scéalta an phobail dhúchais, na Guaránaigh. Bhí uirlisí neamhghnácha in úsáid ag Villa-Lobos, an **veidhlíneafón** ina measc, agus déanann an ceol aithris ar fhuaimeanna diamhara na dufaire.

Heitor Villa-Lobos ar nóta bainc ón mBrasaíl.

Radharc ón scannán *Green Mansions*, ina raibh Audrey Hepburn. Chum Villa-Lobos cuid de cheol an scannáin.

Bród an náisiúin

Mar stiúrthóir ar chlár oideachais cheoil na Brasaíle, chruthaigh Villa-Lobos **córas nua** chun ceol a theagasc do pháistí na tíre. D'eagraigh sé a lán ceolchoirmeacha agus chum sé ceol náisiúnta, tírghrách a cuireadh ar siúl don phobal. I 1935, ghlac 30,000 amhránaí páirt ina chór, mar aon le 1,000 ceoltóir uirlise. Tá bród ar mhuintir a thíre as a chuid oibre go dtí an lá inniu.

Mion-cheoldrámaí *meidhreacha*

Ceoldrámaí gearra, éadroma atá i gceist le mion-cheoldrámaí. I lár an 19ú haois a cuireadh tús leo sa Fhrainc, agus sa lá inniu féin, is breá leis an bpobal na plotaí grinn, an ceol éadrom, agus an chaint bharrúil atá iontu.

Rinneadh taifead sna 1920idí ar na Pirates of Penzance ar an lipéad cáiliúil His Master's Voiceí.

▸ Oirféas sa Domhan Thíos, 1858, Jacques Offenbach

Sa seanscéal Gréagach, tá Eoraidícé, bean chéile Oirféis, i ngrá le haoire óg. Ach is dia é an t-aoire agus tugann sé go tír na marbh í. Ansin caithfidh Oirféas í a thabhairt slán. Rinne Offenbach scéal grinn de, ina bhfuil fonn ceoil sodair, píosa a aithníonn gach duine faoi ainm an "Can-can".

Léiriú 2009 ar Oirféas sa Domhan Thíos *ag Féile Aix en Provence sa Fhrainc.*

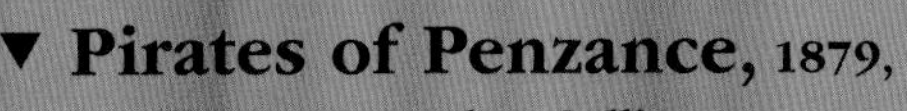

▾ Pirates of Penzance, 1879, W. S. Gilbert agus Arthur Sullivan

Is foghlaí mara é Frederic agus tá a chairde ag ceiliúradh nuair a thugtar ardú céime dó. Ach ba mhaith le Frederic post ceart a fháil ar bord loinge – nuair a bhí sé óg, d'iarr sé dul ag obair mar phíolóta mara agus ní mar phíoráid, nó foghlaí, mara.

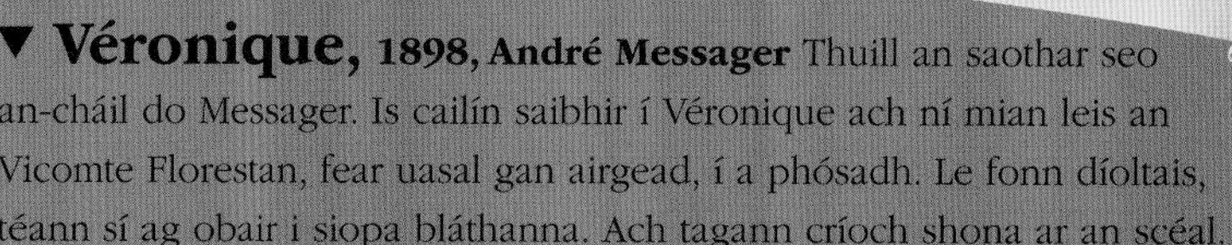

▲ **Die Fledermaus, 1874, Johann Strauss Óg** Damhsa ag cóisir, seal i bpríosún agus míthuiscint maidir le daoine a aithint thar a chéile – tagann siad go léir sa scéal díoltais éadrom seo. Is é an Dr. Falke atá ag iarraidh díoltais, toisc gur imríodh cleas air agus go raibh air siúl trí lár an bhaile gléasta ina sciathán leathair – *die Fledermaus* i nGearmáinis.

▼ **Véronique, 1898, André Messager** Thuill an saothar seo an-cháil do Messager. Is cailín saibhir í Véronique ach ní mian leis an Vicomte Florestan, fear uasal gan airgead, í a phósadh. Le fonn díoltais, téann sí ag obair i siopa bláthanna. Ach tagann críoch shona ar an scéal.

◀ **Frau Luna, 1899, Paul Lincke** Cumadóir Gearmánach ba ea Lincke. Baineann scéal Frau Luna (Bean na Gealaí) le turas go dtí an ghealach i mbalún te. Tá an ceol beoga, anamúil.

◀ **Naughty Marietta, 1910, Victor Herbert** Is bean uasal í Marietta a theitheann ón mbaile sa Fhrainc agus a théann go New Orleans, SAM. Ligeann sí uirthi gur duine eile í, titeann sí i ngrá, aithníonn bithiúnach cé hí féin, ach ar ámharaí an tsaoil, faigheann sí mian a croí ar deireadh.

An Bhaintreach Mheidhreach *á léiriú i Sydney, san Astráil.*

▶ **An Bhaintreach Mheidhreach, 1905, Franz Lehar** Is bean an-saibhir Hanna Glawari, an bhaintreach sa scéal. Ach tá eagla ar mhuintir Pontevedro go bhfágfar gan airgead iad má thiteann sí i ngrá le fear ó thír eile. Tá an Barún Mirko Zeta, fear cleamhnais, ag iarraidh grágheal áitiúil a fháil di. Cé a roghnóidh sí?

*Nua*cheol
(1900–)

Sa 20ú haois, rinneadh a lán athruithe móra, **trialacha** ar an gceol, agus tháinig stíleanna de gach sórt ar an saol. Dúshlán na gceoltóirí inniu ná **fuaimeanna nua** spreagúla a chruthú de shíor.

Scéal beatha

Arnold **Schoenberg**

1874: *Rugadh é sa cheantar Giúdach i Vín, san Ostair. Bhí siopa beag bróg ag a athair.*

1883: *In aois a naoi, bhí sé ag foghlaim veidhlín agus ag cumadh.*

1891: *In aois 17, fuair sé post i mbanc chun cabhrú lena mháthair agus chun íoc as ranganna ceoil.*

1894: *Thosaigh sé ag seinm le ceolfhoireann Polyhymnia. Casadh Alexander von Zemlinsky, cumadóir agus stiúrthóir, air. D'fhág sé an banc in 1895 agus fuair sé post stiúrthóra.*

1898: *In aois 24, d'iompaigh sé ó Ghiúdachas go Protastúnachas.*

1904: *Bhí Alban Berg agus Anton Webern mar dhaltaí ceoil aige i scoil nua-aimseartha Schwarzwald. Chum siadsan ceol le córas 12 ton.*

1912: *Thosaigh sé ag stiúradh agus ag léachtóireacht ar fud na hEorpa agus na Rúise. D'éirigh go maith le Pierrot Lunaire i mBeirlín.*

1918: *Bhunaigh sé Cumann um Sheinm Príobháideach Ceoil chun ceol nua-aoiseach a chothú.*

1933: *In aois 59, d'fhág sé an Ghearmáin mar gheall ar an rialtas Naitsíoch frith-Ghiúdach. Rinneadh ollamh de in Ollscoil California. I 1941, fuair sé saoránacht SAM.*

1951: *Fuair sé bás in aois 77, gan a cheoldráma 12 ton Maois agus Aaron a chríochnú. Tá a leacht cuimhneacháin sa Lár-Reilig i Vín.*

Faoi thionchar

Gustav Mahler (1860–1911) *Bhí ceolfhoireann mhór ag Mahler ina chuid siansaí déanacha. Bhí an ceol an-drámata agus lán de chodarsnacht.*

Ealaín eispriseanach *Bhí ealaíontóirí thús an 20ú haois ag cruthú ealaíne a bhí teibí, agus a chuir mothú in iúl le dathanna agus le cruthanna láidre.*

Murnau-Garten II, *1910, Wassily Kandinsky*

Arnold Schoenberg

"... caithfidh tú creidiúint i d'inspioráid féin agus a bheith lánchinnte go bhfuil an ceart agat i do chuid fantaisíochta."

Sally Burgess sa phríomhpháirt in *Pierrot Lunaire* sa bhliain 2006

Draíocht na gealaí

Méaldráma is ea *Pierrot Lunaire*, a bhunaigh Schoenberg ar 21 dán a chum an file Francach Albert Giraud in 1884. Chóirigh sé na dánta mar amhráin Ghearmáinise, a chanann soprán (an guth is airde ag bean). Gléasann sí in éide bobaide (bean ghrinn) mar atá anseo – a haghaidh bán agus a culaith dubh is bán. Bíonn cúig uirlis á tionlacan, agus tagann na focail uaithi i stíl aisteach, bhrionglóideach, mar mheascán cainte is ceoil ar a dtugtar **sprechstimme**.

Ag tús an 20ú haois, thug Schoenberg ceol clasaiceach an Iarthair **ar threo iomlán nua**. Bhí ceol múinte aige dó féin agus ba chuma leis cad ba mhaith leis an bpobal a chloisteáil. Ina áit sin, chruthaigh sé teicnící nua a chuirfeadh **mothúcháin** agus drámaíocht ina chuid ceoil. Bhí saol crua aige á dhéanamh sin agus fuair a lán daoine locht ar a shaothar lena linn féin. Ach thug sé an-inspioráid do chumadóirí eile ina dhiaidh.

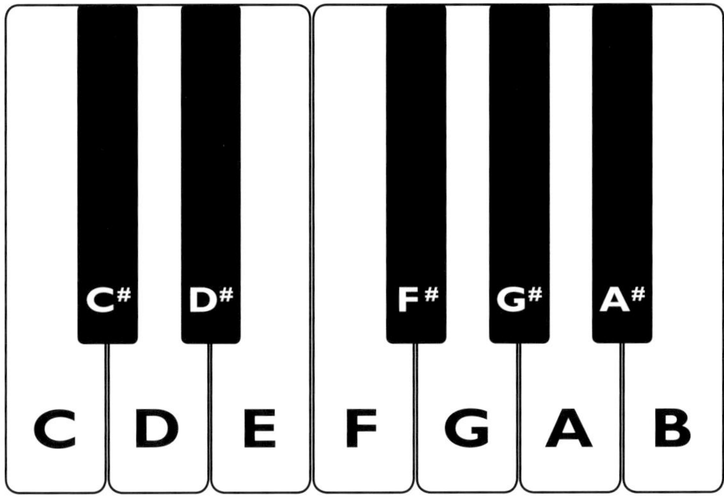

12 nóta (eochair) an ochtaigh ar an méarchlár

Ceol aisteach, aduain

Roimh *Pierrot Lunaire*, bhíodh gach píosa ceoil i ngléas áirithe amháin agus ton an cheoil ag brath ar an gcéad nóta den scála ceoil, de ghnáth. Chruthaigh Schoenberg córas **neamhthonúil**, a fhágann mothú aisteach, míshocair ag an éisteoir. Oireann sin go maith don bhobaide diamhair faoi sholas na gealaí. I 1920, chum Schoenberg córas ceoil a d'úsáid **12 nóta an ochtaigh**, agus an luach céanna ag gach ceann, in áit 8 nóta mar a bhí sa ghnáthscála.

Tá cros ar gach nóta chun a thaispeáint gur **sprechstimme** – meascán cainte is ceoil – atá in úsáid.

Mothú á nochtadh i bpictiúir

Ó 1907 i leith, bhí Schoenberg ag iarraidh a chuid mothúchán agus smaointe a nochtadh i bpictiúir, mar a rinne ealaíontóirí eile ag an am. Ach thuig sé ar deireadh gurbh fhearr a d'éirigh leis é féin a chur in iúl tríd an gceol.

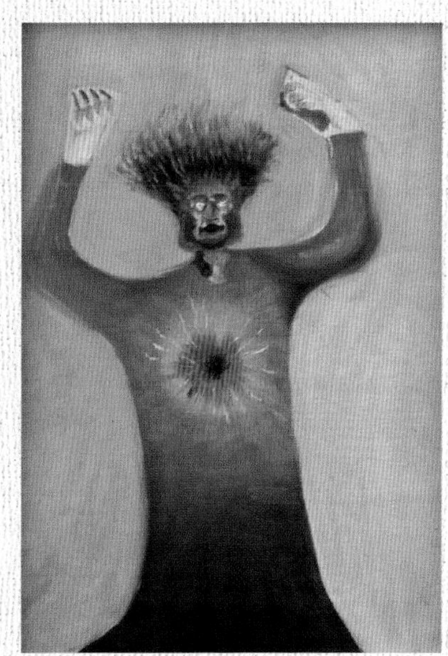

Fuath, *gan dáta, le Arnold Schoenberg*

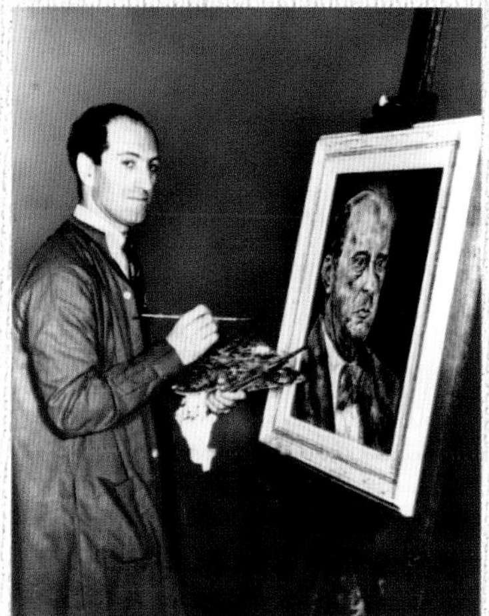

Gershwin ag péinteáil Schoenberg, 1936

Cara mór le Schoenberg ab ea an cumadóir George Gershwin (féach lch 59), agus d'imrídís leadóg lena chéile go minic in California.

Tionól ollmhór

Cuireadh *Gurrelieder*, a chiallaíonn Amhráin Gurre, ar siúl ar dtús i 1913. Cantáid atá ann do cheolfhoireann ollmhór mar aon le ceithre chór, cúigear ceoltóir aonair agus reacaire. Tá sé bunaithe ar dhánta le Jens Peter Jacobsen, Danmhargach, agus léiríonn sé **finscéal tragóide** ó na meánaoiseanna atá suite ag Caisleán Gurre sa Danmhairg. Thosaigh Schoenberg á chumadh agus é óg, paiseanta, ach faoin am ar chríochnaigh sé é, bhí aibíocht stíle aige.

Túsleathanach Gurrelieder

Jens Peter Jacobsen (1847–1885)

Ag cnagadh **drumaí**

Sa 20ú haois, bhain ceoltóirí fuaimeanna nua as **cnaguirlisí**. Chuir siad rithimí ag obair ar bhealaí trialacha sa cheol clasaiceach agus i gceol an phobail araon. Ach tá cineál amháin cnaguirlisí, na drumaí, in úsáid ar fud an domhain ó thús ama, agus iad ar gach méid agus déanamh. Tugtar **meimbreanafóin** orthu. Baintear fuaim astu nuair a bhuailtear an craiceann atá sínte ar fhráma an druma le rud eile, mar shampla, maide cruinn nó barr na méar.

Cad as fuaim an druma?

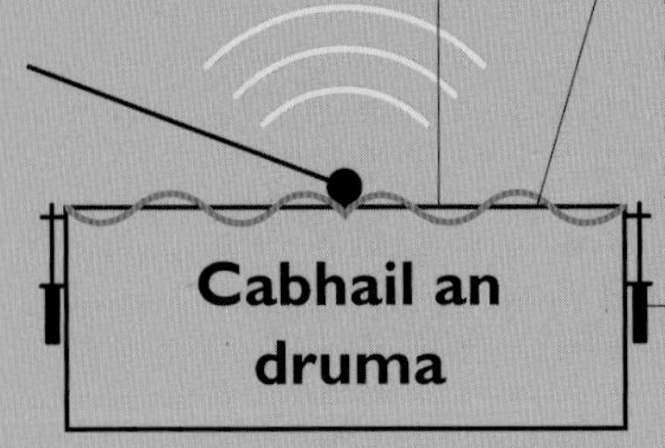

Craiceann – Síntear craiceann ainmhí ar chabhail an druma.

Crith – Nuair a bhuailtear an craiceann, critheann sé agus déantar fuaim.

Cabhail an druma

Pionnaí – Scaoiltear nó teanntar an craiceann leo, agus athraíonn an fhuaim.

◀ **Foireann drumaí, 1930idí, SAM**
Chun iad seo go léir a sheinm, bíonn buailteoirí nó scuaba ina lámha ag an drumadóir, agus oibríonn sé a chosa ar na troitheáin don druma mór agus do na ciombail.

Ciombal troitheáin

Tam crochta

Tam urláir

Sreangdhruma

Scuab *Mailléad* *Maide*

Druma mór

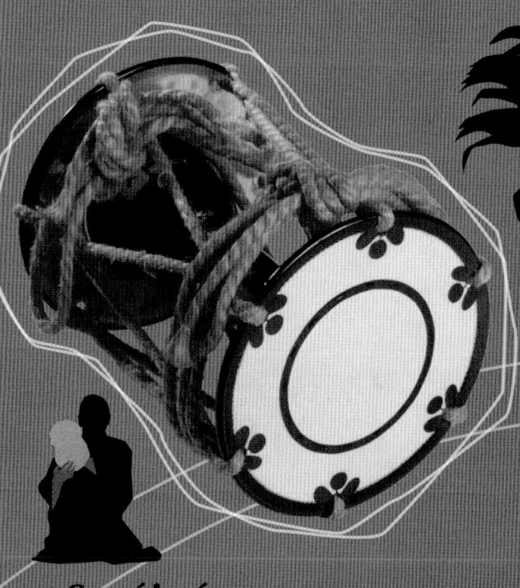

▲Susúimí,
c. 7ú haois, an tSeapáin Tá sreanga ceangailte le dhá cheann an druma seo, a scaoiltear nó a theanntar chun tuinairde na nótaí a athrú. Cniogann an ceoltóir an druma lena lámha.

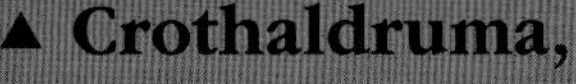

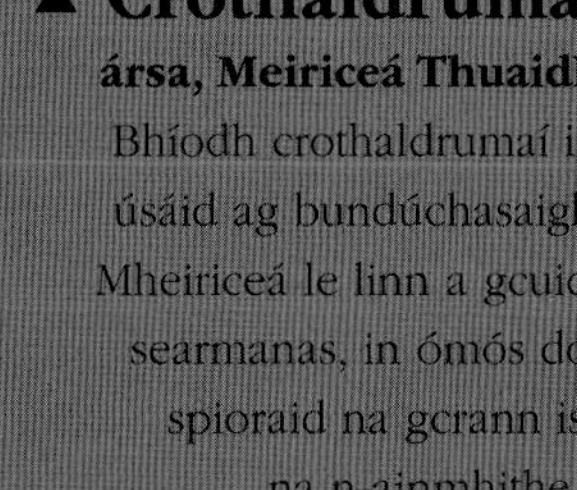

▲ Crothaldruma,
ársa, Meiriceá Thuaidh Bhíodh crothaldrumaí in úsáid ag bundúchasaigh Mheiriceá le linn a gcuid searmanas, in ómós do spioraid na gcrann is na n-ainmhithe.

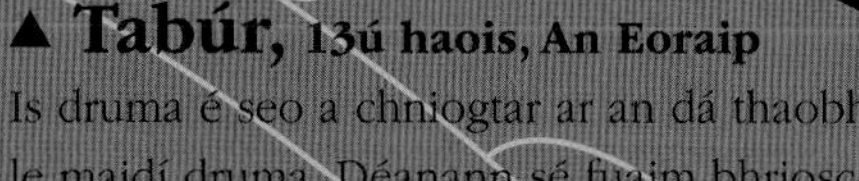

▲ Tabúr, 13ú haois, An Eoraip
Is druma é seo a chniogtar ar an dá thaobh le maidí druma. Déanann sé fuaim bhriosc rat-a-tat, den sórt is maith le bannaí míleata.

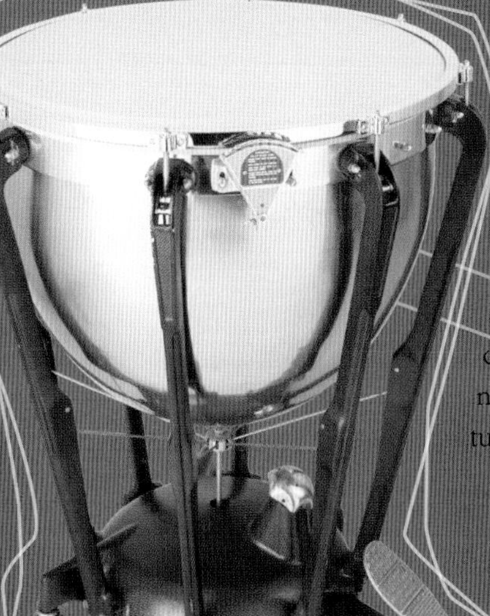

◄ Timpani, 13ú haois, An Meánoirthear Ainm eile orthu seo ná citealdrumaí. Is cnaguirlisí don cheolfhoireann iad. Nuair a bhrúitear an troitheán coise, déantar an [meimbrean] scaoilte nó teann, rud a athraíonn tuinairde na nótaí.

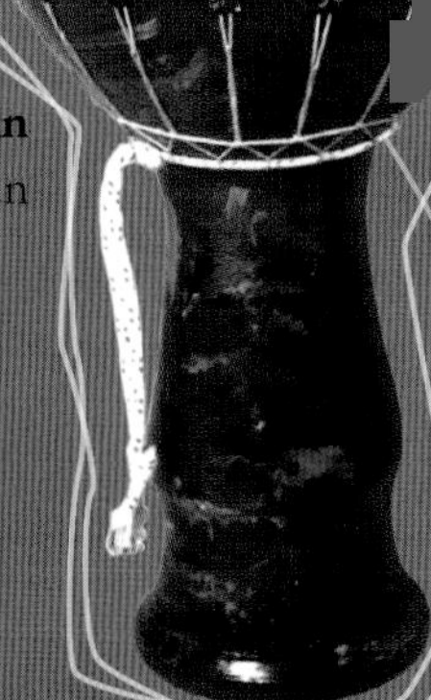

► Darbúca, ársa, An Meánoirthear Seinntear an darbúca leis na lámha. De réir traidisiúin, déantar ceol tionlacain do dhamhsóirí boilg leis.

▼ Druma millíní, ní fios an dáta, An Áise Is iad na millíní na rudaí beaga laistigh a dhéanann an torann. San Áis, bíonn na drumaí á gcroitheadh ag díoltóirí sráide.

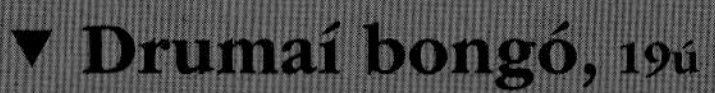

▼ Drumaí bongó, 19ú haois, Cúba Péire drumaí iad seo agus ceann amháin níos mó ná an ceann eile. Seinntear iad i gceol bríomhar Mheiriceá Theas, ar nós salsa.

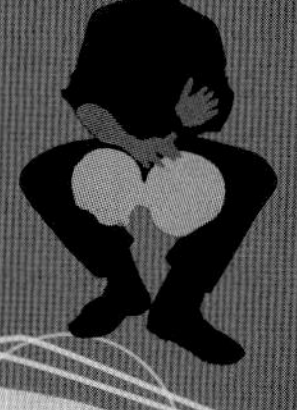

▲ Druma cruach, 1930idí, Oileán na Tríonóide Baintear nótaí difriúla as coda difriúla den druma miotail seo, ionas gur féidir fonn ceoil a sheinm air.

ÉIST LE TRAIC 28

Seo ceol Cairibeach á sheinm ar dhrumaí cruach. Rinneadh drumaí den sórt seo as sean-channaí ar dtús. Déan ceann duit féin le canna folamh. Roinn an canna i dtrí chuid le marcóir. Ansin, cuir log i ngach cuid le casúr beag. Buail le spúnóg adhmaid é chun an fhuaim a thriail. Bíodh tuinairde ar leith i ngach cuid.

Na gormacha

Conas mar a tharla?

Tháinig **na gormacha** ó cheol tíre na sclábhaithe de shliocht Afracach i ndeisceart na Stát Aontaithe. Bíonn na hamhráin lán de mhothúchán, agus **téamaí brónacha** iontu mar aon le fonn simplí ceoil. Sa 20ú haois, bhí tionchar mór ag na gormacha ar cheol an phobail ar fud an domhain.

Trádáil sclábhaithe trasna an Atlantaigh

Ón 16ú go dtí an 19ú haois, fuadaíodh na milliúin daoine ón Afraic agus tugadh trasna an Atlantaigh iad ina sclábhaithe. Cuireadh ag obair iad ar phlandálacha sna hIndiacha Thiar agus i Stáit Aontaithe Mheiriceá.

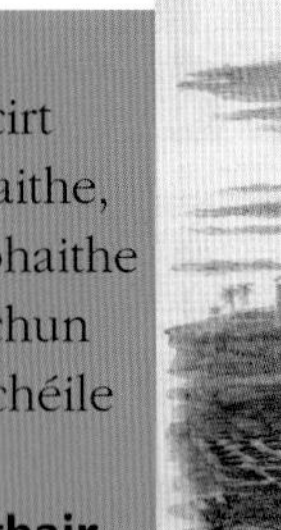

Sclábhaithe ag obair ar phlandáil siúcra sna hIndiacha Thiar.

I stáit an deiscirt sna Stáit Aontaithe, chanadh sclábhaithe **liú-amhráin** chun cumarsáid le chéile sna goirt agus **amhráin saothair** chun am a choimeád san obair. Stíl mhacallach na hAfraice a bhíodh acu - chanadh duine amháin líne cheoil agus leanadh na daoine eile í.

Chanadh sclábhaithe **amhráin spioradálacha**, a chuireadh in iúl an méid a d'fhulaing siad agus an dóchas go slánófaí iad. Bhí rithimí Afracacha agus téamaí Críostaí sna hamhráin. Chanaidís an líne chéanna cheoil arís is arís eile, mar aon le crónán, le bualadh bos agus le hathruithe luais.

In 1862, thug **Forógra na Fuascailte** a saoirse do sclábhaithe uile an deiscirt ó 1 Eanáir, 1863. Scaip an pobal go dtí cathracha an tuaiscirt agus ar fud SAM, agus thug siad leo a gcuid ceoil.

Sclábhaithe saortha ag dul ar fud SAM in 1863.

Clúdach bhileog cheoil an Laughing Song

An chéad taifeadadh Meiriceánach Afracach ná *Laughing Song* le George W. Johnson, a rinneadh in 1895. Tugadh "ceol cine" air. Bhí cinedheighilt ann ag an am, agus taifeadadh ceol na ndaoine gorma don phobal sin amháin.

W. C. Handy (1873–1958)

I 1903, bhí an ceoltóir W. C. Handy ag stáisiún traenach i Mississippi nuair a chuala sé fear ag canadh agus scian á scríobadh aige ar a ghiotár. Chuaigh an fhuaim sin – ar a dtugtar "sleamhnú giotáir" – i gcion ar Handy agus chum sé ceol **gormacha tíre** den chéad uair.

Ma Rainey (1886–1939)

Bhí Ma Rainey páirteach i ngrúpa ceoltóirí taistil a chuaigh ó chathair go cathair i SAM. Tugtar "máthair na ngormacha" uirthi. Sna 1920idí, thaifid sí féin agus mná eile ceol na **ngormacha clasaiceacha**.

Le himeacht ama, tháinig stíleanna réigiúnacha chun cinn sna gormacha, agus an giotár leictreach mar phríomhuirlis seachas an giotár fuaimiúil...

Gormacha tíre

Gormacha na Deilte

Tugadh "athair ghormacha na Deilte" ar **Charles Patton** (1891-1934). B'as ceantar an-bhocht ar dheilt an Mississippi dó. Sheinneadh sé go tréan ar an ngiotár agus é ag canadh go garbh faoi chruatan an tsaoil.

Gormacha Texas

Bhí stíl shéimh, luascach ag **Blind Lemon Jefferson** (1893-1929). Thuill sé cáil sna 1920idí mar "athair ghormacha Texas". Bhí guth géar aige agus sheinneadh sé aonréid (solo) giotáir, ar a dtugtar "líocha", le linn a chuid amhrán.

Gormacha Memphis

I mbanna crúscaí, sheinneadh na ceoltóirí le huirlisí de chuid an bhaile: tobán níocháin don dord, crúiscín, agus buidéal fuisce, mar aon le bainseó, orgán béil nó giotár.

Gormacha Piedmont

Téada an ghiotáir a phiocadh ar shlí ar leith atá suntasach faoi ghormacha Piedmont, nó gormacha an Chósta Thoir. Bhí rithimí an eagcheoil (ragtime) sa stíl a chleacht **Blind Boy Fuller** (1907-1941).

Gormacha Louisiana

Le stíl réidhchúiseach a sheinneadh **Lightnin' Slim** (1913-1974) gormacha Louisiana. Ach gabhann atmasféar dorcha, bagarthach le rithimí simplí an ghiotáir.

Gormacha New Orleans

Rithimí beoga, gealgháireacha i stíl na Cairibe a sheinneadh **Professor Longhair** (1918-1980) agus a thuill cáil do ghormacha New Orleans. Pianó nó corn is coitianta seachas giotár nó orgán béil.

Gormacha leictreacha

Gormacha Chicago

Sna 1950idí, mhéadaigh **McKinley Morganfield** (1915-1983) fuaim a ghiotáir chun neart a chur le gormacha na Deilte. Bíonn drumaí, dord, pianó, agus sacsafón á seinm sa stíl seo, mar aon leis an ngiotár agus an t-orgán béil.

Racghormacha

Bhí Howlin' Wolf mar leasainm ar **Chester Arthur Burnett** (1910-1976) toisc go raibh sé mór, láidir agus guth cumhachach aige. Sa ghormrac, bhí rithimí búgaí agus stíl rac is roll fite le seinm thrí chorda ar an ngiotár.

Gormacha sól

Sna 1960idí a tháinig ceol sól chun cinn. Cumasc atá ann idir R&G (rithim agus gormacha), ceol soiscéalach agus gormacha traidisiúnta. Ceoltóir dall ab ea **Ray Charles** (1930-2004), a thuill cáil ar fud an domhain.

Scéal beatha
Duke **Ellington**

1899: *Rugadh Edward Kennedy Ellington i gceantar meánaicmeach Meiriceánach Afracach in Washington D.C., SAM.*

1906: *In aois a seacht, thosaigh sé ar cheachtanna pianó.*

1914: *In aois 14, bhí dhá phíosa cumtha aige, Soda Fountain Rag agus What You Gonna Do When the Bed Breaks Down. Thug a chairde Duke air mar go mbíodh sé béasach, dea-ghléasta i gcónaí.*

1917: *Bhunaigh sé a chéad ghrúpa, The Duke's Serenaders, in aois 18. Sheinnidís i hallaí damhsa ar $5. Faoi 1923, bhí siad ag seinm i i gclubanna i Nua Eabhrac, faoin ainm The Washingtonians.*

1927: *Sheinn Ellington agus a bhanna do phobal éisteachta idirnáisiúnta ag an Cotton Club i Nua Eabhrac.*

1930idí: *D'fhág siad an Cotton Club i 1931 agus rinne siad turas ar fud SAM agus na hEorpa. Bhí siad in ard a réime mar bhanna luasc-cheoil sna 1930idí.*

1940idí–1950idí: *Bhain siad amach buaic na cruthaíochta go luath sna 1940idí. D'fhan siad i dtiún le hathruithe sa snagcheol agus bhí pobal éisteachta nua acu faoi 1956.*

1960idí: *Sheinn banna Ellington le ceoltóirí móra ar nós John Coltrane, Ella Fitzgerald, Louis Armstrong, agus Frank Sinatra (féach lch 102)*

1974: *In aois 75, fuair sé bás d'ailse. Chuaigh 12,000 duine ar a shochraid.*

Faoi thionchar

Harvey Brooks (1899–1968)
Pianódóir eagcheoil ab ea é, a casadh ar Duke Ellington nuair a bhí sé an-óg. Thaispeáin Brooks teicnící pianó dó a thug saoirse agus inspioráid dó.

James "Bubber" Miley (1903–1932)
Trumpadóir a bhí ann a chuaigh i gcion ar bhanna Ellington. Thriail sé stíleanna nua-aimseartha a bhí te, bruite (agus gan iad "rómhilis").

Duke Ellington

"Bím ag iarraidh tréithe agus meon agus meanma mo phobail a chur in iúl."

Duke Ellington i Nua Eabhrac, SAM, i 1973

Bhí Duke Ellington dathúil, dea-ghléasta agus grástúil, agus bhí **tionchar ollmhór** aige ar shaol an cheoil i Meiriceá. Pianódóir iontach a bhí ann, ach bhí na **bannaí móra** i réim, agus dá réir sin, dhírigh sé ar cheol den scoth a chumadh dóibh. Lean sé **ag seinm snagcheoil** ar feadh breis is caoga bliain, agus thar aon rud eile, d'éirigh leis tionchar a imirt ar gach faisean nua sa cheol, ó ré an luasc-cheoil go dtí réabhlóid shóisialta na 1960idí.

Bhí Duke Ellington chomh dathúil, **córach**, gur ghlac sé féin is a bhanna páirt i scannáin sna 1930idí. Ceann díobh ná *Black and Tan*, faoi streachailt an chine ghoirm i saol an cheoil.

Duke Ellington agus a bhanna mór ceolfhoirne i 1942.

Seinnliosta mór fada Dá mba mhaith leat an ceol ar fad a chum Duke Ellington a sheinm, thógfadh sé tamall an-fhada ort! Chum sé breis is **1,500 amhrán**, mar aon le mórán ceol scannán, agus "sraitheanna" snagcheoil a lean uair an chloig an ceann. Theastódh banna mór agus ceoltóirí cumasacha freisin. D'fhostaigh Duke Ellington **scoth na gceoltóirí** lena linn féin: ina measc, bhí an sacsafónaí Johnny Hodges, an trombónaí Joe "Tricky Sam" Nanton, agus an trumpadóir Cootie Williams. B'fhiú go mór éisteacht le sárcheol Ellington, gan amhras, mar shampla *It Don't Mean a Thing If It Aint Got That Swing agus Solitude.*

An Cotton Club

I 1927, fostaíodh banna Duke Ellington mar bhanna tí sa Cotton Club – an club oíche ba cháiliúla i **Harlem**, ceantar na ndaoine gorma i Nua Eabhrac. Ní bhíodh cead ach ag daoine geala dul ar cuairt ar an gclub, áfach. Níorbh fhada gur iarr Ellington go gcuirfí deireadh leis an gcosc leatromach úd. Agus ó tharla go raibh **lucht leanúna mór** aige, d'éirigh leis.

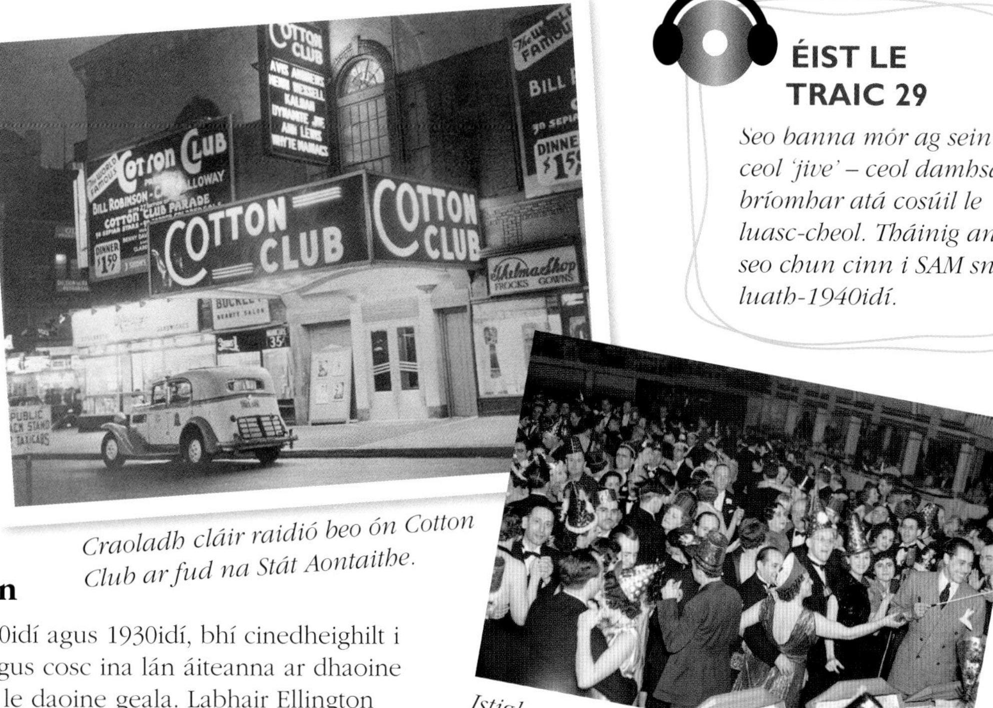

Craoladh cláir raidió beo ón Cotton Club ar fud na Stát Aontaithe.

Istigh sa Cotton Club, 1937

ÉIST LE TRAIC 29

Seo banna mór ag seinm ceol 'jive' – ceol damhsa bríomhar atá cosúil le luasc-cheol. Tháinig an stíl seo chun cinn i SAM sna luath-1940idí.

Bhí an-rath ar fad ar Ellington.

Cumhacht an cheoil Sna 1920idí agus 1930idí, bhí cinedheighilt i réim fós i SAM, agus cosc ina lán áiteanna ar dhaoine gorma meascadh le daoine geala. Labhair Ellington amach faoin leatrom seo ina chuid ceoil. Ceannródaí cróga ab ea é sa seasamh polaitiúil úd a ghlac sé.

Fios snagcheoil

Bhí Duke Ellington i réim le linn **"Ré an tSnagcheoil"** nuair a tháinig stíleanna difriúla chun cinn. Thug an snagcheol i Meiriceá traidisiúin ón Afraic agus ón Eoraip le chéile, tráth a raibh saoirse faighte ag an gcéad ghlúin de cheoltóirí gorma an ceol sin a chur i láthair an phobail mhóir. Duine acu ná **Scott Joplin**, a chum *The Entertainer*.

Ceol búgaí
Ceol bunaithe ar an bpianó – stíl ghormacha ar féidir damhsa léi!

An pianódóir Mary Lou Williams ag seinm ceol búgaí.

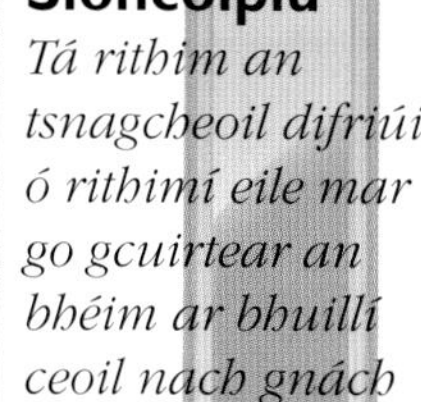
Arma Milch ag stiúradh bhanna snagcheoil na mban, "Queens of Syncopation", i 1929.

Sioncóipiú
Tá rithim an tsnagcheoil difriúil ó rithimí eile mar go gcuirtear an bhéim ar bhuillí ceoil nach gnách an bhéim orthu.

Na gormacha
Sna gormacha, a chuaigh i gcion ar an snagcheol, léirítear an mothú go lom láidir. Bíonn scálaí agus cordaí ar leith sa cheol *(féach lch 92).*

Ray Charles

Eagcheol
Bhí rithim aimhréidh (shionchóipithe) ag an eagcheol. Bhí sé i réim idir 1897 agus 1918, roimh an snagcheol.

An pianódóir eagcheoil Eubie Blake (1883-1983) leis an amhránaí Noble Sissle (1889-1975)

Luasc-cheol
Stíl snagcheoil a chuireann fonn damhsa ar gach duine, toisc an "groove", nó rithim, a ghabhann leis. Sna 1930idí a sheinneadh na bannaí móra é.

An sacsafóin *scléipiúil*

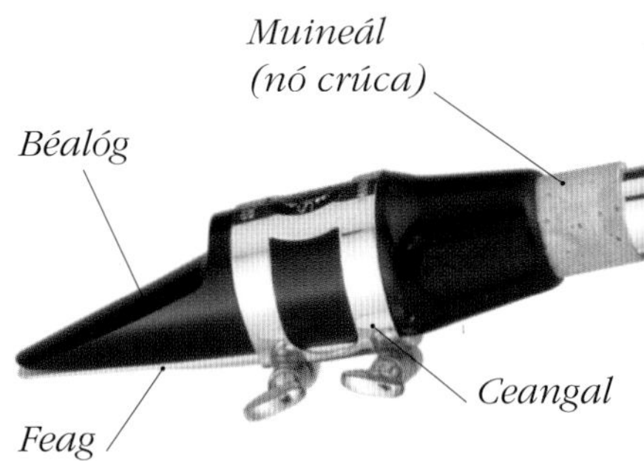

"Ná seinn an sacsafón. Lig dó tusa a sheinm."
Charlie Parker

Ceapadh an sacsafón breis is **150 bliain** ó shin i bPáras, mar uirlis do bhannaí míleata agus do cheolfhoirne. Is gaothuirlis an-suntasach é, a dhéantar as prás de ghnáth. Ach níor bhain mórán cumadóirí ceolfhoirne leas aisti. Ina áit sin, ghlac **bannaí luasc-cheoil** agus **snagcheoil** leis go fonnmhar. Tá an-tóir air mar uirlis aonair agus sa lá inniu, cloistear é cloistear é á úsáid i ngach stíl cheoil.

Stair an tsacsafóin

Luath-1840idí: *Adolphe Sax ab ainm don déantóir uirlise ón mBeilg a cheap an chéad sacsafón i bPáras. Thug sé le chéile feag agus béalóg clairnéide mar aon le heochracha ón óbó agus ón bhfliúit, agus an chabhail phráis a bhí ar ofaicléid, uirlis phráis eile lena linn. Bhí an sacsafón in ann fuaim a theilgean mar a dhéanann corn, ach bhí solúbthacht na ngaothuirlisí aige ag an am céanna.*

1844: *Chuir an cumadóir Hector Berlioz (féach lch 56) dord-sacsafón Sax á sheinm i gceann dá cheolchoirmeacha.*

1846: *Fuair Sax paitinn a thug cead dó sacsafóin a dhéanamh, agus 14 leagan difriúil den chéad cheann san áireamh.*

1850: *Seinneadh an sacsafón go forleathan i mbannaí míleata na Fraince.*

1866: *Tháinig deireadh le paitinn Sax. Rinne déantóirí eile leasú ar an uirlis agus eochracha breise acu uirthi.*

1920: *Baineadh an-úsáid as an dord-sacsafón i dtaifeadadh snagcheoil na tréimhse seo.*

1940idí i leith: *Aithníodh an sacsafón go mór le luasc-cheol agus le ceol na mbannaí móra.*

Raon an tsacsafóin

Dhá ochtach go leith

Scoth na sacsafónaithe

Tháinig a lán sárcheoltóirí sacsafóin chun cinn sa snagcheol. Sacsafónaí teanóir ab ea **John Coltrane**, agus ba chumadóir agus cinnire banna é freisin a chuaigh i gcion go mór ar snagcheol na 1960idí agus na 1979idí. Fuair **Stan Getz** a leasainm "The Sound" ón bhfuaim theolaí, shéimh a chruthaigh sé. Ba pháiste éachtach as New Orleans é **Sidney Bechet**. Bhí an-tionchar freisin ag **Charlie Parker** agus ag **Courtney Pine** ón mBreatain.

John Coltrane (1926–1967)

Beag agus mór

Dhear Adolphe Sax 14 sacsafón dhifriúla, a roinn sé ina **seacht** gcineál: sopráinín, soprán, alt, teanór, baratón, dord, agus olldord. D'oir na cinn i ngléas F agus C do cheolfhoireann agus na cinn in E beag agus in B beag do bhanna ceoil. Tá na **heochracha céanna** san áit chéanna ar gach cineál sacsafóin, agus nuair atá tú in ann ceann amháin a sheinm, tá tú in ann iad ar fad a sheinm!

ÉIST LE TRAIC 30

Alt-sacsafón aonair atá anseo, agus ceol gormacha breá réidhchúiseach á sheinm. Éist leis an sioncóipiú nuair a sheinntear nóta ar an seachbhuille, rud a chuireann go mór leis an stíl cheoil.

Eochracha agus cnaipí don lámh chlé

Cuing an chloig

Clog

Coimeádann an ceoltóir an fheag ar a bheol íochtair agus séideann sé trasna uirthi isteach sa bhéalóg. Ag an am céanna, méaraíonn sé na heochracha a chlúdaíonn na 20-23 tonpholl atá fad an tsacsafóin.

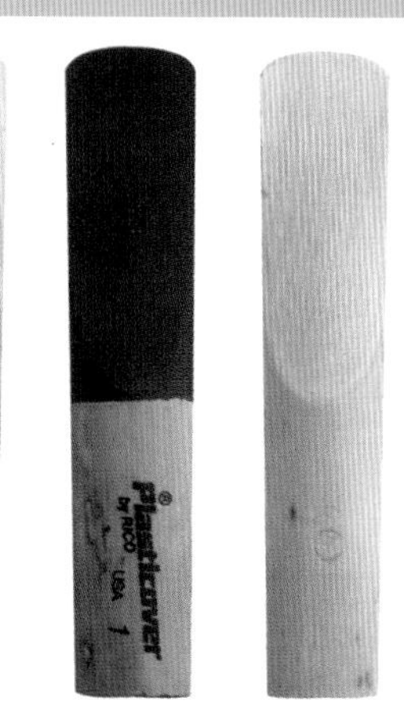

As planda nádúrtha cána a dhéantar **an fheag** de ghnáth. Cuirtear sa bhéalóg í agus nuair a shéideann an ceoltóir, critheann an fheag. Fliuchtar í chun go gcrithfidh sí go maith. Tá feagacha plaisteacha ann freisin ach ní maith le mórán ceoltóirí iad.

Príomh-chabhail (Tá cruth S ar gach sacsafón seachas an soprán beag)

Séideán gaoithe

Chun an sacsafón a sheinm, caithfidh tú do bheola agus matáin d'aghaidhe a oibriú ar bhealaí éagsúla. Tugtar "beolsuíomh" ar an teicníc seo. Nuair atá sí ar eolas go maith agat, is féidir a lán **maisíochtaí fuaime** a fhoghlaim: tríleach, cuarcheangal, cleitirtheangú, drantán, agus lúbadh nótaí. Teicníc eile ná cruth do scornaigh a athrú chun nóta ceoil a shroichint atá ochtach níos airde ná an ceann atá á sheinm agat.

Taca ordóige chun an uirlis a choimeád socair

Eochracha agus cnaipí don lámh dheis

Tá 20-23 tonpholl ar an uirlis, agus dhá pholl ardréime san áireamh.

Tá caipíní pillín ar na tonphoill

Bogha

Scéal beatha

Joaquín **Rodrigo**

1901: *Rugadh é in Valencia, sa Spáinn, an té is óige de dheichniúr.*

1904: *In aois 3, chaill sé a radharc nuair a tháinig galar na diftéire air.*

1924: *In aois 23, cuireadh a chéad saothar ceolfhoirne, Juglares, ar siúl in Valencia.*

1927: *D'fhreastail sé ar an École Normale de Musique i bPáras faoi stiúir an chumadóra Paul Dukas. Casadh cumadóirí eile air, agus Manuel de Falla ina measc.*

1933: *Phós sé an pianódóir Turcach, Victoria Kambi.*

1935: *Chum Rodrigo an Sonada de adiós don phianó, i gcuimhne ar a mhúinteoir Paul Dukas, a fuair bás an bhliain sin.*

1939: *D'fhill sé ar an Spáinn agus chuir sé faoi i Maidrid.*

1940: *An chéad léiriú ar Concierto de Aranjuez, in Barcelona sa Spáinn. Thuill Rodrigo cáil ar fud an domhain dá bharr.*

1941: *Rugadh iníon leis, Cecilia, ar 27 Eanáir, an t-aon pháiste leis a rugadh beo.*

1963: *In aois 62, bhronn rialtas na Fraince an Légion d'Honneur air, agus fuair sé mórán duaiseanna eile sa Spáinn agus i dtíortha eile.*

1999: *In aois 98, fuair Rodrigo bás i Maidrid. Cuireadh é i dtuama a mhuintire i reilig Aranjeuz.*

Faoi thionchar

Igor Stravinsky (1882–1971)
Cumadóir Rúiseach ab ea é, a tháinig ar thuiscintí nua don 20ú haois ar rithimí agus ar fhoinn cheoil.

Cultúr na Spáinne
Thug cultúr a thíre dhúchais – stair, ceol, agus filíocht – an-inspioráid do Rodrigo, mar a chloistear ina shaothar.

Joaquín Rodrigo

"Tobar na inspioráide ná a bheith ag obair go crua."

Rodrigo ag seinm ar an bpianó sa bhaile i Maidrid, 1975.

Mhair an cumadóir Spáinneach Joaquín Rodrigo ó thús go deireadh an 20ú haois, nach mór. Chum sé na céadta píosaí ceoil don cheolfhoireann, don phianó agus le canadh. Ach tá cáil air go háirithe don **cheol giotáir** a chum sé (cé nár sheinn sé féin ar an ngiotár in aon chor). Fuair Rodrigo galar na diftéire in aois a trí bliana. Bhí sé dall dá bharr, agus chum sé a chuid saothar in **braille**, teanga scríofa na ndall.

Is minic inniu a sheinntear ***an giotár clasaiceach*** *mar uirlis cheolfhoirne. Bíonn an-scil go deo ag na ceoltóirí.*

Giotár ceolchoirme

Go luath sa 20ú haois, ní raibh tóir ar an ngiotár mar uirlis chlasaiceach. D'éirigh le Rodrigo an meon sin a athrú. Chum sé saothair don ghiotár ceolchoirme, le tionlacan ceolfhoirne, a chuir an uirlis ar aon chéim leis an bpianó nó an veidhlín. Tháinig an giotár **i réim** arís dá bharr.

Concierto de Aranjuez

An saothar is cáiliúla le Rodrigo ná ***Concierto de Aranjuez***, do ghiotár agus ceolfhoireann. Tá an ceol álainn, uaigneach: ghlac Rodrigo inspioráid na háilleachta ó gháirdíní Phálás Aranjuez agus mothú an bhróin ó bhás a chéad linbh sa bhroinn. Cloisimid **grá** agus **dúil** go tréan sa cheol, mar aon leis an **imní** a bhí ar Rodrigo ag an am sin go bhfaigheadh a bhean chéile Victoria bás freisin. Rinne a lán ceoltóirí eile cóiriú ar an *Concierto*, ina measc an snagcheoltóir mór le rá, Miles Davis.

Pálás Ríoga Aranjuez, gar do Maidrid

Giotáraithe Spáinneacha agus Iodálacha sa 19ú haois, ar nós Fernando Sor (1778-1839), a leath cáil na huirlise ar fud na hEorpa.

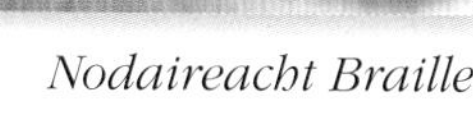

Nodaireacht Braille

Giotár Spáinneach

Andrés Segovia (1893–1987)

Giotáraí clasaiceach iontach ón Spáinn ba ea Segovia. Scríobh Rodrigo píosa do ghiotár agus ceolfhoireann dó, *Fantasia para un Gentilhombre* (Fantaise do dhuine uasal). Ba é Segovia an **duine uasal** sa teideal agus sheinn sé an píosa den chéad uair i 1958. Is breá le daoine ar fud an domhain an ceol seo.

Ag scríobh ceoil

Ina sheomra oibre sa bhaile, bhí pianó agus gléas braille ag Rodrigo. Scríobhadh sé an ceol i **mbraille** ar dtús; ansin deireadh sé gach nóta os ard, ceann ar cheann, lena bhean chéile, Victoria. Scríobhadh sise an ceol amach ar pháipéar ceoil. Pianódóir ab ea í féin agus phléidís a shaothar le chéile.

Rodrigo agus a bhean Victoria ag obair le chéile ag an bpianó.

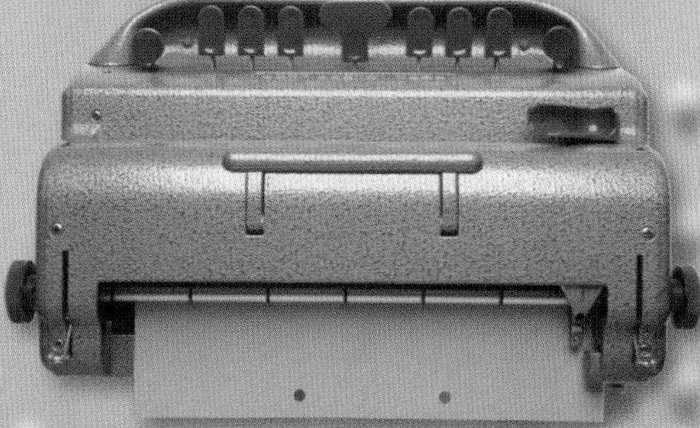

Inneall ***braille***

Lena méara a léann daoine dalla braille. Úsáidtear **sé phonc ardaithe** ann, agus iad i bpatrún difriúil do gach litir. Scríobhtar nótaí ceoil leis na poncanna céanna.

Seo an litir D ar Dall i mbraille.

Seo an nóta ceoil C freisin.

Taifeadadh fuaime

Sa phictiúr seo, tá madra, "Nipper", ag éisteacht le gramafón. Trádmharc a bhí ann ag an lipéad ceoil, His Master's Voice.

In 1877, rinne Thomas Edison an chéad taifeadadh ar an nguth daonna ar a ghléas nua, an **fónagraf sorcóra**. As sin a tháinig iontais thaifeadta de gach sórt, ó cheirníní **gramafóin** go dtí teicneolaíocht den cheathrú glúin (4G) sa lá inniu. Le teacht an raidió, bhí deiseanna móra ann do cheoltóirí, díreach mar atá anois agus **íoslódálacha digiteacha ceoil** ar fáil.

Seo fónagraf de chuid Edison. Tá scragall stáin fillte ann. Fágann gach fuaim a lorg féin ar an stán.

▶ John McCormack, 1884–1945, Éireannach
Bhí guth álainn teanóir ag John McCormack, a chanadh amhráin chlasaiceacha agus amhráin an phobail araon. Rinne sé a chéad taifeadadh i 1904, ar **fhónagraf sorcóra**. Thaifid sé stór mór don Victor Talking Machine Company.

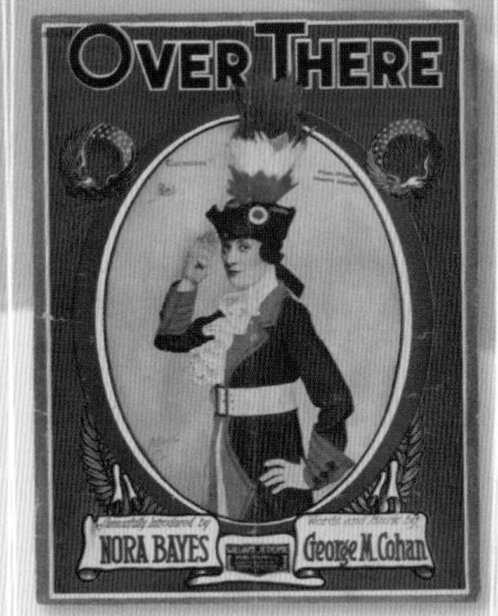

Bileog cheoil Over There, *a scríobh George M. Cohan.*

◀ Nora Bayes, 1880–1928, Meiriceánach Bhí Nora Bayes go mór i mbéal an phobail le linn an Chéad Chogadh Domhanda. Chanadh sí amhráin a thugadh **ardú croí do na saighdiúirí**, agus d'éirigh go hiontach le *Over There*, a cumadh i 1917. Thaifid sí ar cheirníní fónagrafacha.

▼ Bing Crosby, 1903–1977, Meiriceánach
Thaifid Bing Crosby na céadta amhrán agus díoladh na milliúin díobh – ina measc, **an ceirnín ba mhó díolacháin** riamh, *White Christmas*. Tugadh "crooner" nó dúdaireacht ar an stíl shéimh a bhí aige, agus é ag canadh suas leis an gcineál micreafóin nua a cheap Bell Labs i 1926.

Micreafón den stíl nua

▼ Benny Goodman, 1909–1986, Meiriceánach
Ar an gclairnéid a sheinneadh Benny Goodman lena bhanna ceoil. Bhí stíl snagcheoil acu a chuireadh fonn damhsa ar dhaoine. Thosaigh sé ag taifeadadh sna 1920idí agus ghlacadh sé páirt rialta sa **chlár raidió**, *Let's Dance*.

◀ Smokey Robinson,

1940–, Meiriceánach
I 1960, thaifid Smokey Robinson and the Miracles buaic-shingil, *Shop Around*. An lipéad ceoil a thaifid é ná **Motown Records**, a bhunaigh Berry Gordy, Meiriceánach Afracach, chun ceoltóirí agus stíl cheoil a cultúir féin a chur chun cinn.

Smokey Robinson agus Esther Gordy Edwards (deirfiúr Berry) ag oifig Motown Records i 1967.

▼ Jimi Hendrix, 1942–1970, Meiriceánach

Tá cáil an domhain ar Jimi Hendrix mar racghiotáraí agus mar léiritheoir ceoil. Chuir sé tús le bealaí nua taifeadta sa stiúideo agus é ag triail maisíochtaí éagsúla ceoil ar ghléasra nua a linne. Thaifid a bhanna, The Jimi Hendrix Experience, a chéad albam ar cheirnín vinile 12 orlach i 1967. Track Records a d'eisigh é – an chéad **fhadcheirnín (LP) riamh**.

▲ Patsy Cline, 1932–1963, Meiriceánach

Thosaigh an **Grand Ole Opry radio show** ag craoladh ceoil tuaithe as Nashville, SAM, i 1925. Chloistí na ceoltóirí móra tuaithe ar an gclár, agus Patsy Cline ina measc.

▶ Slim Dusty, 1927–2003,

Astrálach Chanadh Slim Dusty na hamhráin tuaithe a chum sé faoi ghnáthshaol na nAstrálach san iargúil. Ceann de na cinn ba cháiliúla ná *Waltzing Matilda*. **Craoladh é ón spástointeálaí** Columbia agus é ar a chúrsa spéire thar an Astráil i 1981.

◀ Utada Hikaru,

1983–, Seapánach-Meiriceánach Sa lá inniu, is gnách le daoine a rogha ceoil a íoslódáil ón idirlíon. An **íoslódáil dhleathach is mó riamh** ná seacht milliún cóip de *Flavour of Life* leis an gceoltóir Utada Hikaru i 2007.

Scéal beatha
Frank **Sinatra**

1915: *Rugadh é in Hoboken, New Jersey, SAM. Ba dhornálaí, úinéir tábhairne agus fear dóiteáin é a athair, agus ba pholaiteoir í a mháthair. Bhí súil acu go mbeadh Sinatra ina innealtóir.*

1935: *In aois 20, bhunaigh sé banna, The Hoboken Four. Ansin thosaigh sé ag canadh i gclubanna.*

1939: *Phós sé Nancy Barbato agus bhí beirt iníonacha acu, Nancy (amhránaí), agus Christina, agus mac amháin, Frank Jr.*

1940: *Chuaigh sé i mbanna mór Tommy Dorsey mar phríomhamhránaí.*

1942: *In aois 27, thaifid sé a chéad traic aonair. Bhí an pobal craiceáilte ina dhiadh!*

1945: *Mórpháirt scannáin aige leis an aisteoir Gene Kelly in Anchors Away.*

1953: *In aois 38, agus a cháil ag dul i léig, shínigh sé conradh taifeadta le Capitol records. Bhuaigh sé duais Oscar dá pháirt sa scannán From Here to Eternity.*

1967: *Bhí sé ar bharr na gcairteanna athuair, agus dísréad á chanadh aige lena iníon Nancy.*

1971: *In aois 56, d'fhógair sé go raibh sé ag éirí as. Ach ní scaoilfeadh a lucht leanúna leis (agus ní raibh fonn scoir air féin dáiríre!).*

1998: *In aois 83, fuair sé bás de thaom croí i Los Angeles.*

Faoi thionchar

Bing Crosby (1903–1977)
Deirtear gur chinn Sinatra a bheith ina amhránaí nuair a chuala sé Bing Crosby ar an raidió.

Billie Holiday (1915–1959)
Sna 1940idí, chuala Sinatra an sárcheoltóir Holiday ag canadh i gclubanna agus thuig sé uaithi conas mothú a chur ina ghlór.

Frank Sinatra

"An rud is mó a rinne mé i gcaitheamh mo shaoil ná m'aird a choimeád ar gach nóta is gach focal a chan mé... Tá teipthe orm mura gcloiseann gach éisteoir an méid sin."

Chan Sinatra ar stáitsí Las Vegas ar feadh breis is 40 bliain.

In Los Angeles, 1943, bhí Sinatra ina réalta cheoil ag déagóirí.

Na bobby-soxers...

Go luath sna 1950idí, tugadh bobby-soxers ar na déagóirí a lean Sinatra mar go gcaitheadh siad púdalsciortaí (a bhí lán, luascach) agus stocaí **rolláilte síos**. Bhíodh damhsaí ar siúl i hallaí scoile, áit a raibh urláir shnasta adhmaid, agus bhíodh ar na daltaí a mbróga a bhaint agus damhsa ina gcuid stocaí.

... agus an Rat Pack

Níos déanaí sna 1950idí agus 1960idí, bhí Sinatra ina cheannaire ar an Rat Pack, dream cairde mór-ólacháin, a raibh **Dean Martin** agus **Sammy Davis Jr.** ina measc. Chanaidís ag ceolchoirmeacha a chéile gan choinne – ar fhógra ceolchoirme do Dean Martin, abair, bhíodh "Maybe Frank, Maybe Sammy" scríofa faoi bhun a ainm.

Sár-réalta shiamsaíochta ba ea Frank Sinatra, sula raibh a leithéid eile ann, nach mór. Lean a réim mar amhránaí, mar aisteoir agus mar léiritheoir scannán ar feadh 60 bliain. Seasfaidh a chuid amhrán **go buan**, go háirithe cinn ar nós *New York, New York* agus *My Way*. Bhuaigh sé 11 Grammy, trí Golden Globe, dhá Oscar agus iliomad duaiseanna eile.

Ag déanamh ceoil

Sna 1950idí, bhí **micreafóin** in úsáid go forleathan. Thug sin deis do Sinatra canadh go bog agus lán a chroí á chur san amhrán aige, amhail is gur scéal a bhí ann. Chaitheadh sé an-dua leis an gceol: shnámhadh sé faoi uisce chun go gcoimeádfadh a scamhóga níos mó aeir; agus d'fhoghlaim sé **analú i leataobh** chun nóta a chanadh seal an-fhada. Chuaigh snagcheol agus luasc-cheol i gcion ar a stíl, ach bhí fuaim ar leith dá chuid féin aige.

Ghléasadh Sinatra go galánta - féach a charbhat agus an ciarsúr dearg i bpóca a sheaicéid dinnéir.

Thug Sinatra púdal bán do Marilyn. Thug sí Maf mar ainm air.

Saol an ghrá

Ceithre huaire a pósadh Sinatra. Bhíodh an-chuid cainte faoi shaol an ghrá aige, agus bhí a chuid amhrán lán de théama an ghrá. B'aisteoirí agus **ceiliúráin** iad cuid de na mná a phós sé nó a luadh leis: Ava Gardner, Mia Farrow agus Marilyn Monroe.

Bhí Sinatra ar dhuine de na ceoltóirí aonair ba mhó a raibh tóir riamh air. Taifeadadh é breis is 1,800 uair, agus é páirteach i 70 albam agus na céadta singil. Tá tóir an domhain air fós.

Amhráin cháiliúla:
Moon River
Come Fly with Me
The Lady is a Tramp
Let it Snow, Let it Snow, Let it Snow
Fly me to the Moon

Scannáin cháiliúla:
From here to Eternity
Guys and Dolls
Meet me in Las Vegas
High Society

I 1994, bronnadh Gradam Saoil ar Sinatra. Ar oíche na hócáide, chan Sinatra agus **Bono**, príomhamhránaí U2, an t-amhrán *I've Got You Under My Skin* ón albam Duets.

Mórthaifeadadh na nóchaidí

I 1993 agus i 1994, d'eisigh Sinatra dhá albam nua. Dísréid ar fad a bhí orthu, le hamhránaithe cáiliúla a bhain le stíleanna difriúla: stíl bossa nova na Brasaíle mar aon le **Antônio Carlos Jobim**, stíl luasc-cheoil **Tony Bennett**, bailéad rómánsúil an Spáinnigh **Julio Iglesias**, agus sól Cúbach **Jon Secada**. Bhuaigh *Duets II* an Grammy don albam ab fhearr.

Ceolsiamsaí *spleodracha*

Is éard is ceolsiamsa ann ná dráma ina bhfuil ceol, aisteoireacht, amhráin, agus damhsa. Tháinig an stíl seo ó na **mion-cheoldrámaí** a bhí i réim ag deireadh an 19ú haois. Ó lár an 20ú haois i leith, bhí níos mó ábhar machnaimh sna plotaí, áfach. I gcathracha áirithe, tá ceantair cháiliúla ina gcuirtear ceolsiamsaí ar stáitse, ar nós **Broadway** i Nua Eabhrac, SAM, agus an **West End** i Londain.

▲ **Pansori, ón 17ú haois, An Chóiré** Dráma ceoil atá ann, faoi scéal grá nó aoir. Insíonn an t-amhránaí an scéal le hamhráin, le caint stílithe agus le gothaí drámata, agus buaileann an drumadóir an rithim cheoil. Uaireanta, leanann pansori suas le hocht n-uaire an chloig.

▲ **Anything Goes, 1934, ceol agus liricí le Cole Porter** Ceolsiamsa grinn atá ann agus é suite ar long cúrsála. Tá Billy Crocker i bhfolach ar an long, ach caitheann sé an turas ag iarraidh ógbhean shaibhir, Hope Harcourt, a mhealladh. I measc na bpaisinéirí eile tá bithiúnach agus tiarna Sasanach. Tá an-cháil ar na hamhráin *Anything Goes* agus *You're the Top*.

▼ **Ceoldráma na dTrí Pingini, 1928, ceol le Kurt Weill agus liricí le Bertolt Brecht** Bunaíodh é ar *The Beggar's Opera* le John Gay. Baineann an scéal le grúpa bochtán, agus le ceisteanna móra faoi shaibhreas agus faoi mhoráltacht. Bhí an-tóir ar an amhrán *Bailéad Mackie Messer*.

▼ **Peadar agus an Mac Tíre, 1936, Sergei Prokofiev** Seo scéal do pháistí, faoi bhuachaill a théann amach sa ghort agus a chasann le héinín, le lacha, le cat agus le mac tíre contúirteach. Seinntear uirlis cheoil ar leith do gach carachtar.

▼ **The Sound of Music, 1959, ceol le Richard Rodgers agus liricí le hOscar Hammerstein** Is bean rialta óg san Ostair í Maria. Glacann sí post múinteora le muintir von Trapp. Spreagann sí fonn ceoil sna páistí – agus titeann sí i ngrá lena n-athair.

▲ **West Side Story, 1957, ceol le Leonard Bernstein agus liricí le Stephen Sondheim** Tá *West Side Story* bunaithe ar *Romeo and Juliet*, tragóid ghrá le Shakespeare, agus é suite i Nua Eabhrac. Tá Tony i ngrá le Maria, ach is naimhde móra iad an dá phobal óna dtagann siad.

◀ **Les Misérables, 1980, ceol le Claude-Michel Schönberg, leabhróg le hAlain Boublil, agus liricí le Herbert Kretzmer** Ceolsiamsa brónach is ea é, atá bunaithe ar úrscéal le Victor Hugo. Tá sé suite sa Fhrainc le linn réabhlóide. An chiall le *Les Misérables* ná Na hAinniseoirí. Léiríodh breis is 10,000 uair é i Londain agus tá an-rath air ar fud an domhain.

▼ **Nanta, 1997** Ceolsiamsa grinn ón gCóiré atá ann, suite i gcistin ina bhfuil féasta mór á réiteach. Léirítear an scéal le buillí druma, le gleacaíocht, agus le draíocht, gan ach cúpla focal cainte ann.

▲ **Phantom of the Opera, 1986, ceol le hAndrew Lloyd Webber, liricí le Charles Hart agus Richard Stilgoe** Is amhránaí óg í Christine a ghlacann an phríomhpháirt i gceoldráma nuair a scanraítear an té a bhí ceaptha a bheith sa pháirt. Fuair Christine ceachtanna ceoil ó thaibhse na háite. Tá sí i ngrá le fear óg, ach tá an taibhse ag iarraidh í a choimeád dó féin agus fuadaíonn sé leis í go dtína phluais. Tá *Phantom* ar an gceolsiamsa is mó lucht féachana riamh.

Scéal beatha
Elvis **Presley**

1935: *Rugadh é i Mississippi, SAM. Bhí a mhuintir bocht. Páiste aonair a bhí ann, tar éis gur rugadh a leathchúpla marbh.*

1948: *In aois 13, d'aistrigh sé go Memphis, Tennessee. Daoine gorma ba mhó a bhí sa cheantar.*

1954: *In aois 19, fuair sé conradh le Sun Records i Memphis. Bhí an-tóir ar a chéad singil, That's All Right.*

1956: *In aois 21, agus a ainm in airde go forleathan, bhí mórpháirt aige ina chéad scannán, Love Me Tender.*

1958: *In aois 23, bhí dualgas air dhá bhliain seirbhíse a thabhairt san arm.*

1960–1968: *Bhí sé ina réalta in an-chuid scannán. Rinne sé 33 cinn san iomlán.*

1967: *In aois 32, phós sé Priscilla Beaulieu, a leannán le blianta. Rugadh páiste amháin dóibh, Lisa-Marie, i 1968.*

1969: *Sár-réalta idirnáisiúnta a bhí ann. Rinne sé 57 seó stáitse in aon mhí amháin i Las Vegas.*

1969–1973: *I mbuaic a réime, bhí sé aclaí, fuinniúil ar stáitse. Ghléasadh sé le clóca nó culaith karate. Chuir sé obair mharfach sna ceolchoirmeacha - thug sé breis is 1,000 díobh sna 1970idí.*

1973–1977: *Agus é i mbun seónna stáitse de shíor, bhí sé ag éirí tugtha do dhrugaí dleathacha mar thaca.*

Faoi thionchar

Arthur Crudup (1905–1974)
Amhránaí gormacha agus giotáraí ba ea é. Chum sé cuid de na hamhráin a chan Elvis.

Rufus Thomas (1917–2001)
Ceannródaí i gceol an phobail i Meiriceá. Bhí an-rath air mar cheoltóir agus mar fhear siamsaíochta.

Elvis Presley

"Más ceol é, corróidh sé thú i do chroí istigh agus síos go dtí do bharraicíní."

Is beag is gá Elvis Presley a chur in aithne. Tugadh **"Rí an Rac is Roll"** air, nó go deimhin **"An Rí"**. Duine de na ceoltóirí ba shuntasaí riamh i gcultúr an phobail a bhí ann. Bhí scata mór amhrán leis ag barr na gcairteanna, ina measc *Heartbreak Hotel, Love Me Tender, Jailhouse Rock, Hound Dog,* agus a lán lán eile.

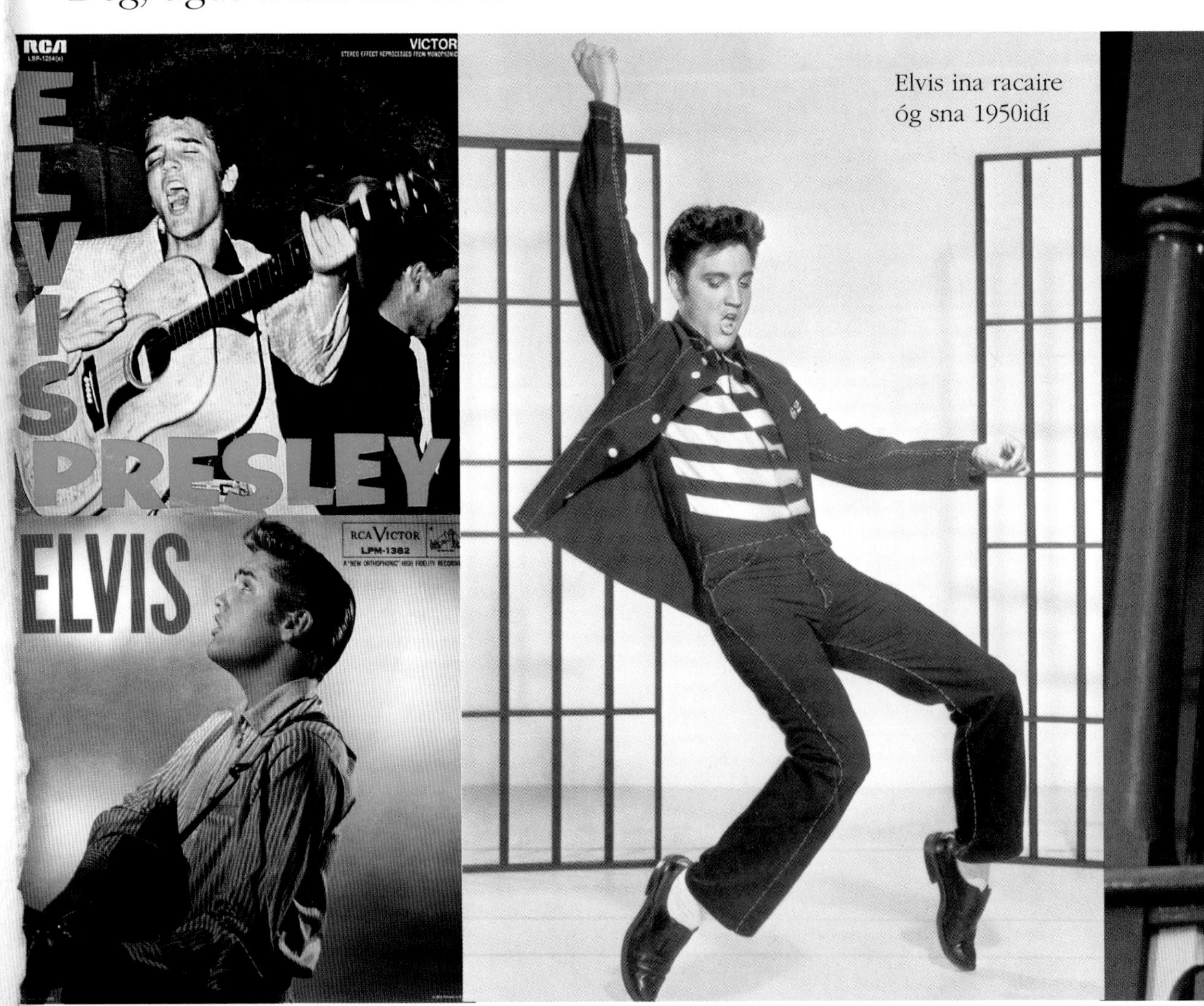

Elvis ina racaire óg sna 1950idí

Gothaí agus geaitsí Elvis

B'aoibhinn le lucht leanúna Elvis a ghlór, agus b'aoibhinn leo freisin a gheáitsí ar stáitse. Nuair a **chroitheadh** sé a chosa is nuair a **chasadh** sé a chromáin, théidís as a gciall ar fad. Bhí daoine a lochtaigh é sna 1950idí as dul thar fóir. Ach bhí sé dathúil, mealltach, agus lán grinn, agus bhí an-spleodar ina chuid seónna.

Breis is billiún ceirnín díolta!

Bhí Elvis an-tógtha leis an gceol rithim is gormacha a chuala sé ina cheantar féin, mar aon le popcheol agus ceol tuaithe a linne. Théadh sé chuig séipéil Mheiriceánacha Afracacha agus chuaigh an ceol soiscéalach i gcion go mór air. Ina stíl féin, thug sé ceol na ndaoine gorma agus ceol na ndaoine geala le chéile, rud a bhí réabhlóideach ag an am. D'éirigh thar barr leis ó thús, agus sna blianta ó shin, díoladh breis is billiún ceirnín – an díol is mó riamh ag aon cheoltóir aonair.

Seo gléasadh "An Rí" ar Elvis sna 1970idí, ina chulaith karate seodmhar.

Elvis ina réalta scannán sna 1960idí

Elvis

- Meastar go bhfuil breis is 80,000 duine a thuilleann a bheatha ag déanamh aithrise ar Elvis. Ní dhéantar an oiread aithrise or aon cheoltóir eile.
- Fuair Elvis a chéad ghiotár ar a lá breithe agus é 12 bliain d'aois.
- Dath gruaige fionnrua a bhí ar Elvis ó nádúr. Chuir sé dath dubh air do pháirt scannáin i 1956 agus lean sé leis an nós sin.
- Bhain Elvis amach crios dubh karate.
- D'fhéach 1.5 milliún duine ar cheolchoirm Elvis, *Aloha from Hawaii*, i bhfad níos mó ná na 600 milliún a d'fhéach ar an gcéad tuirlingt ar an ngealach.
- I 1960, nuair a d'fhág Elvis an t-arm, bhí meáchan 76 kg aige. Nuair a fuair sé bás, i 1977, bhí sé os cionn 120 kg meáchain.
- Thaifid Elvis breis is 600 amhrán ar fad, ach níor scríobh sé ach 10 gcinn, i bpáirt nó ina n-iomlán.
- Bhí níos mó ná 12 kg meáchain i gcuid de chultacha stáitse Elvis.

Bás roimh am

Ba bhocht an bás a fuair Elvis i 1977. Labhair sé amach in aghaidh drugaí agus alcóil a shaol ar fad. Ach nuair a tháinig crá agus stró codlata air, chuaigh sé le drugaí dleathacha mar thaca. B'in cúis mhór leis an taom croí a bhuail é. Bhí daoine ar fud an domhain suaite ag a bhás agus tháinig 80,000 duine go Memphis dá shochraid. Rinneadh iarracht a chorp a ghoid tamall níos déanaí, ach theip air.

Graceland

Graceland is ainm do theach mór Elvis i Memphis. I ngáirdín an tí a cuireadh é agus is **áit oilithreachta** é Graceland dá lucht leanúna. Leathmhilliún duine a théann ar cuairt ann gach bliain.

Scéal beatha
Na **Beatles**

1957: *In aois 16, bhunaigh John Lennon banna The Quarrymen, mar aon le cairde scoile leis. Ach d'fhág cúpla duine an banna de réir a chéile, agus tháinig Paul McCartney ann in aois a 15, agus George Harrison in aois a 14. Giotár a sheinn siad beirt.*

1960: *Thug siad The Beatles orthu féin agus sheinn siad rac is roll.*

1962: *Ghlac Brian Epstein stiúir orthu mar bhainisteoir. Lean sé leis sin go dtí go bhfuair sé bás i 1967. Tháinig Ringo Starr in áit an chéad drumadóra Pete Best nuair a rinne siad an chéad taifeadadh ag Abbey Road Studios i Londain. Léirigh George Martin an chéad bhuaic-shingil leo,* Love Me Do.

1963: *D'eisigh na Beatles an chéad albam,* Please Please Me.

1964: *Ar a gcéad turas i SAM, bhí Beatlemania rompu i ngach áit.*

1970: *D'fhág Paul McCartney an banna, "ar chúiseanna pearsanta, gnó agus ceoil". Bhí deireadh leis na Beatles.*

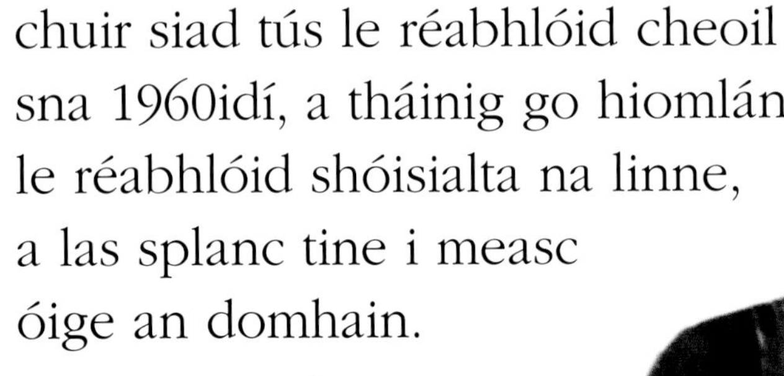

Faoi thionchar

Everly Brothers
Ceoltóirí rac is roll faoi anáil cheol tuaithe ba ea Don (1937-) agus Phil (1939-). Bhí stíl ar leith chomhcheoil acu.

Buddy Holly (1936–1959)
Ceannródaí rac is roll ab ea Holly, a fuair inspioráid ó Elvis Presley.

In ómós do bhanna Holly, The Crickets, a roghnaigh na Beatles a n-ainm féin.

ÉIST LE TRAIC 31

Lig ort go bhfuil giotár agat agus déan geáitsí in am leis an gceol rac is roll seo. Crom go híseal agus tú ag plancadh is ag piocadh go tréan ar an ngiotár. Ciceáil do chos agus léim san aer.

Na Beatles

"Gan choinne a thagann amhrán go minic... bímid ag scríobh, ag plé, ag útamáil – ansin de gheit, bam, seo againn an rud iomlán."
Paul McCartney

Banna buachaillí ab ea na Beatles, ceann de na cinn ba thúisce, agus is iad an **grúpa rac is roll** is mó díolacháin fós. B'as Learpholl i Sasana dóibh go léir: John Lennon, Paul McCartney, George Harrison, agus Ringo Starr. Tugadh an **Fab Four** orthu, agus chuir siad tús le réabhlóid cheoil sna 1960idí, a tháinig go hiomlán le réabhlóid shóisialta na linne, a las splanc tine i measc óige an domhain.

Beatlemania

Spreag na Beatles **taomanna mire** i measc déagóirí, go háirithe sna chéad bhlianta. Bhíodh slua mór cailíní ag plódú thart orthu i ngach áit, agus uaireanta bhí ar na Beatles na cosa a bhreith leo faoi dheifir!

Na Beatles agus a mná céile mar aon leis an Maharishi Mahesh Yogi san India, 1968.

Samhradh an ghrá

Bhí ceol na Beatles go mór i réim le linn "Samhradh an Ghrá", 1967, nuair a bhí **cultúr hipí** ag scaipeadh ar fud an domhain. "Flower power", maireachtáil in aontíos, agus saoirse grá a bhí mar idéil ag na hipithe. D'eisigh na Beatles amhráin agus albaim a nocht na mianta sin, ina measc *Strawberry Fields Forever* agus *Sgt. Pepper's Lonely Hearts Club Band*, chomh maith leis an seó teilifíse, *Magical Mystery Tour*. Ach an t-amhrán ba mhó a chuir **spiorad** an ama in iúl ná *All You Need Is Love*.

Bhí stíl bharrúil, fhuinniúil ag an mbanna, agus comhcheol binn, beoga ina gcuid amhrán.

Cumhacht na comhoibre

B'iontach go deo na **cumadóirí amhrán** iad John Lennon agus Paul McCartney. Idir 1962 agus 1969, scríobh siad thart ar 180 amhrán eatarthu. Duine amháin a scríobhadh formhór an amhráin go minic, ach bhídís ag cur is ag cúiteamh le chéile agus ag roinnt a gcuid smaointe ó amhrán go chéile. Bhíodh an-iomaíocht idir an bheirt acu, ach thugadh siad **inspioráid** dá chéile freisin. Measann a lán daoine gur éirigh thar barr leis na Beatles mar go dtáinig an bheirt ríchumasach seo le chéile sa bhanna.

Diosclíosta

I 1963, chuaigh an chéad albam ó na Beatles, Please Please Me, díreach go barr na gcairteanna. Idir sin agus 1970, shroich beagnach gach singil agus albam Uimhir 1 freisin. Bhí cuid díobh seo thíos a sháraigh ar gach mór-ráchairt go dtí sin:

1963 *She Loves You*
1963 *I Want To Hold Your Hand*
1964 *A Hard Day's Night*
1965 *Ticket To Ride*
1965 *Help!*
1965 *We Can Work It Out*
1966 *Eleanor Rigby*
1966 *Paperback Writer*
1967 *All You Need Is Love*
1967 *Hello Goodbye*
1968 *Hey Jude*
1969 *Get Back*

An Fomhuireán Buí

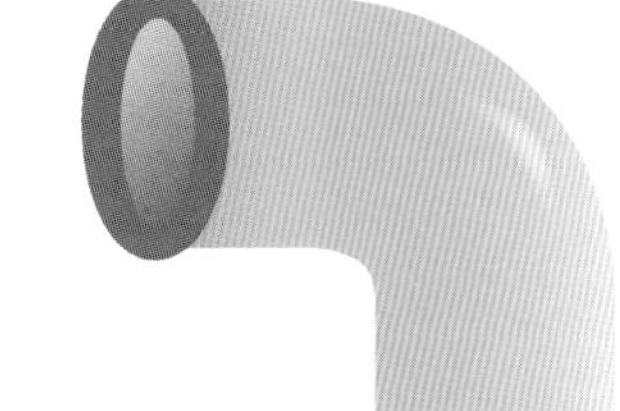

I 1968, d'eisigh na Beatles scannán beochana ceoil faoin teideal *Yellow Submarine*. Is fuath leis na Blue Meanies gach sórt ceoil agus glacann siad seilbh ar Pepperland, parrthas ceoil faoin uisce. Ach éalaíonn Old Fred uathu san fhomhuireán buí. Tagann na Beatles i gcabhair air ar thuras **an-aisteach** ar ais go Pepperland chun an grá agus an ceol a shlánú.

Ceol *reigé*

Tháinig **ceol reigé** chun cinn in Iamáice sna 1960idí nuair a meascadh stíleanna ceoil **Meiriceánacha** agus **Afracacha** le chéile. Bhí an tír saor ón mBreatain den chéad uair, bhí cuisle an cheoil damhsa ag bualadh go tréan, agus chuaigh an stíl nua ar fud an domhain.

Conas mar a tharla?

Lord Flea agus na Calypsonians

Thosaigh **meantó**, meascán de cheol tíre Eorpach agus Afracach, mar cheol damhsa sna 1940idí. Taideadadh é in Iamáice i 1951.

Ní raibh an t-airgead ag daoine íoc as ceol beo, agus nuair a bhíodh cóisir ar siúl acu, thagadh **ceirneoir (DJ)** taistil ann le córas fuaime - callairí móra, deic ceirníní agus aimplitheoir cumhachtach. Bhí DJs ar nós Clement Dodd (anseo thuas) agus Duke Reid ann a chasadh ceirníní agus a chuireadh rímeanna gutha dá gcuid féin leis an gceol.

CÓRAIS FUAIME

The Skatalites

Faoi thús na 1960idí, bhí cumasc idir ceol meantó, R&G Iamáice, agus rifí snagcheoil. Sa stíl **ska** seo, cuireadh béim ar an dord agus ar na seachbhuillí.

SKA

I 1962, bhain Iamáice amach a saoirse ó rialtas na Breataine, ach lean corraíl sna ceantair bhochta ina raibh fadhbanna móra sóisialta. Theastaigh a nguth féin ón dream óg a bhí thíos leis. Ghléas siad ina "mods" agus chan siad amhráin ska ar a dtugtar **"ceol bligeardaithe sráide"**.

I 1966, tháinig ceol sól agus ska le chéile. As sin a tháinig **rocksteady**, ceol níos moille, a raibh uirlisí leictreacha agus comhcheol séimh leis. Thrácht na focail ar chorraíl shóisialta na linne.

ROCKSTEADY

Is minic gruaig shúgánach ar Rastafáraigh. Ní chíorann siad a gcuid gruaige ná ní ghearrann siad í.

Gluaiseacht láidir in Iamáice ó na 1930idí is ea Rastafáraí. Creideamh agus slí bheatha atá ann a cheiliúrann oidhreacht Afracach an phobail. Sna 1960idí, spreag sé liricí na n-amhrán a chan ceoltóirí reigé ar an sean-nós.

RASTAFÁRAÍ

Patois nó teanga sráide Iamáice a bhí sna liricí reigé – meascán de Bhéarla Crióil, Afracais, Spáinnis agus béarlagair Rasta.

Sna 1960idí déanacha, bhí feabhas ar stiúideonna ceoil in Iamáice, a d'éascaigh an t-athrú ó cheol rocksteady go reigé. Sa **reigé**, bhí drumadóireacht láimhe a thug rithim chuisle an chroí dó, mar aon le cordaí giotáir ar an seach-bhuille darb ainm **sceainc**, agus liricí i bpatois Iamáice.

REIGÉ

ÉIST LE TRAIC 32

Bí ag damhsa leis an amhrán bríomhar reigé seo. Seas agus do chosa 30 cm ó chéile, crom do ghlúine beagán, scaoil do chorp, agus ansin lúb do chromáin i gcruth S – ag éirí ar dheis, ag titim ar chlé agus mar sin de.

Ó dheireadh na 1960idí, fuair ceoltóirí in Iamáice agus i dtíortha eile inspioráid ó cheol reigé…

Ceoltóirí Iamáice

Bob Marley (1945–1981)

Ba é Marley, príomh-amhránaí The Wailers (ar bun i 1964), a thuill **cáil idirnáisiúnta** don cheol reigé agus don ghluaiseacht Rastafárach.

Abyssinians (ar bun i 1968)

Seo banna reigé ar an sean-nós, a raibh comhcheol an-dlúth acu. **Iomann Rastafárach** ab ea a chéad amhrán, *Satta Massagana*. Tá cuid de na focail i dteanga ársa na hAetóipe, Amáiris.

Reigé á scaipeadh

I 1972, eisíodh an scannán coireachta Iamáiceach, *The Harder They Come*. Bhí an t-amhránaí reigé Jimmy Cliff sa phríomhpháirt agus bhí ceol reigé sa scannán ó The Melodians, Desmond Dekker, The Maytals, The Slickers agus Scotty. Scaip an scannán seo ceol reigé ar fud SAM agus san Eoraip.

Lee "Scratch" Perry (1936–)

Chabhraigh Perry, ceoltóir reigé agus léiritheoir, le **dubcheol** a chruthú. Seo meascadh nua ar cheirnín: baintear an guth as agus cuirtear maisíochtaí fuaime leis, mar aon le dord is druma breise.

Sly Dunbar and Robbie Shakespeare (ar bun i 1975)

Tháinig an bheirt le chéile sa bhanna reigé The Revolutionaries. Seinneann Sly ar na drumaí agus Robbie ar an dordghiotár, agus spreag siad fuaimeanna nua, ar nós an bhuille chrua a dtugtar "**Reigé trom**" air.

Judy Mowatt (1952–)

Ba í Mowatt **an chéad bhean** a léirigh a halbam reigé féin, *Black Woman*, i 1978. Measann a lán daoine gurb é an LP reigé is fearr riamh ag bancheoltóir é. Moladh a halbam *Working Wonders* do Grammy reigé i 1985.

Lasmuigh d'Iamáice

UB40 (ar bun i 1978)

Banna reigé Briotanach is ea UB40. Nuair a d'eisigh siad *Red Red Wine* i 1983, d'fhan sé sna cairteanna ar feadh 100 seachtain. Thaifid an bailéadaí Neil Diamond é i 1967 agus an ceoltóir Iamácach Tony Tribe i 1969.

Men at Work (ar bun i 1979)

Bhí tionchar ag ceol reigé ar an **racghrúpa Astrálach** seo. D'éirigh thar barr leis an singil *Down Under*, a d'eisigh siad i 1981.

Matisyahu (1979–)

Is ceoltóir Meiriceánach é, a dhéanann cumasc idir **stíl cheoil thraidisiúnta Ghiúdach** agus cúlcheol reigé mar aon le fuaimeanna rac agus hip hap.

Stair an ghiotáir leictrigh

1920idí: *Bhí giotáraithe snagcheoil ag iarraidh fuaim níos airde a dhéanamh.*

1930idí: *An chéad ghiotár leictreach ná an "Frying Pan", a rinne George Beauchamp i 1931.*

Thóg comhlacht Vivi-Tone an chéad ghiotár leictreach sa stíl Spáinneach i 1933.

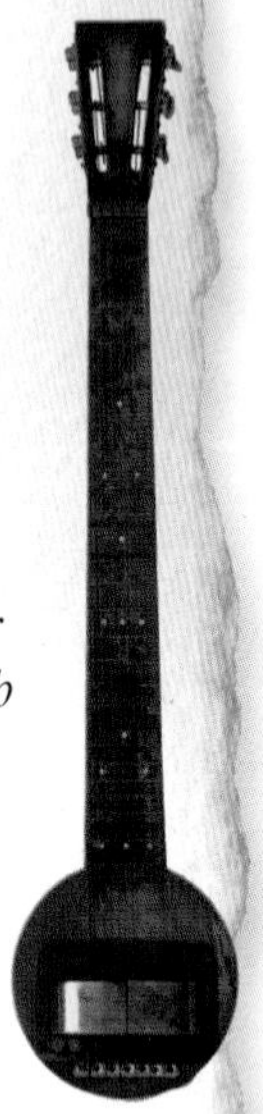

1940idí: *Forbraíodh aimpliú leictreach agus níor ghá giotáir leictreacha a bheith toll (folamh ina lár) feasta.*

I 1941, rinne an giotáraí Les Paul an "Log" as píosa adhmaid amháin. Ghreamaigh sé dhá leath de ghiotár fuaimiúil leis ansin, chun dreach níos fearr a chur air.

An "Frying Pan"

I 1949, dhear Leo Fender an Fender Esquire, giotár soladach sa stíl Spáinneach. Bhí an-tóir ag ceoltóirí tíre, gormacha agus rac is roll air.

1950idí: *Nuair a chonaic comhlacht giotár Gibson an rath a bhí ar Fender, rinne siad an "Les Paul Standard"*

An "log"

Les Paul (1915–2009)

Raon an ghiotáir leictrigh

Ceithre ochtach an raon atá ag giotár leictreach de ghnáth, ach is féidir téada sa bhreis a chur air, chun méadú air seo. Tá raon trí ochtach ag an dordghiotár leictreach.

An giotár *leictreach*

"Uaireanta bíonn fonn ort éirí as an ngiotár, is fuath leat é a sheinm. Ach cloígh leis agus gheobhaidh tú an-sásamh as." Jimi Hendrix

Céim cheannródaíoch i stair an cheoil ab ea é nuair a ceapadh an giotár leictreach sna 1940idí. Bhí tionchar mór aige ar cheol gormacha, ar rac is roll, agus ar mhiotal trom. Gan é, ní bheadh ceol pobail an lae inniu againn. Bhí an giotár leictreach le cloisteáil go láidir i measc na n-uirlisí eile i mbanna ceoil – as sin amach, ba é an **phríomhuirlis** é.

Coimeádann an **droichead** *na téada ina n-áit.*

Déanann na **glacairí** *sruth leictreach de chreathanna na dtéad.*

Roghnaíonn an **lasc glactha** *glacairí difriúla agus athraíonn an fhuaim.*

Déantar **cabhail** *an ghiotáir as adhmad de ghnáth.*

Athraíonn na **rialtáin** *airde agus ton na fuaime.*

Aimplitheoir

Le cábla a théann comharthaí leictreacha ón ngiotár go dtí an t-aimplitheoir. Ansin déantar fuaimeanna as na comharthaí arís.

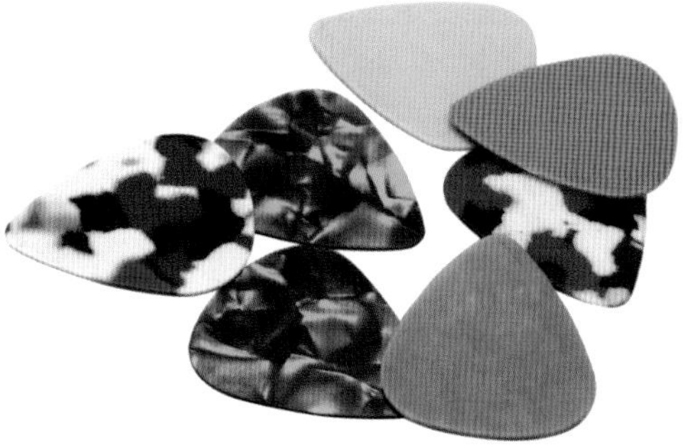

Figín nó piocadh

Piocann ceoltóirí ar an ngiotár leictreach lena méara, nó buaileann siad na téada le figín (nó pleictream). Is píosaí beaga plaisteacha iad figíní, ach úsáidtear boinn airgid freisin, nó píosaí gloine nó cloiche.

Sárghiotáraithe

Bíonn stíl agus fuaim dá gcuid féin ag na giotáraithe móra ar fad. Ba chiotóg é **Jimi Hendrix** (thuas) ach sheinneadh sé ar ghiotár deasógach, a bhíodh bunoscionn aige. Cruthaíonn **Neil Young** maisíochtaí éagsúla le troitheán, agus uaireanta seinneann **Jimmy Page** an giotár le bogha veidhlín.

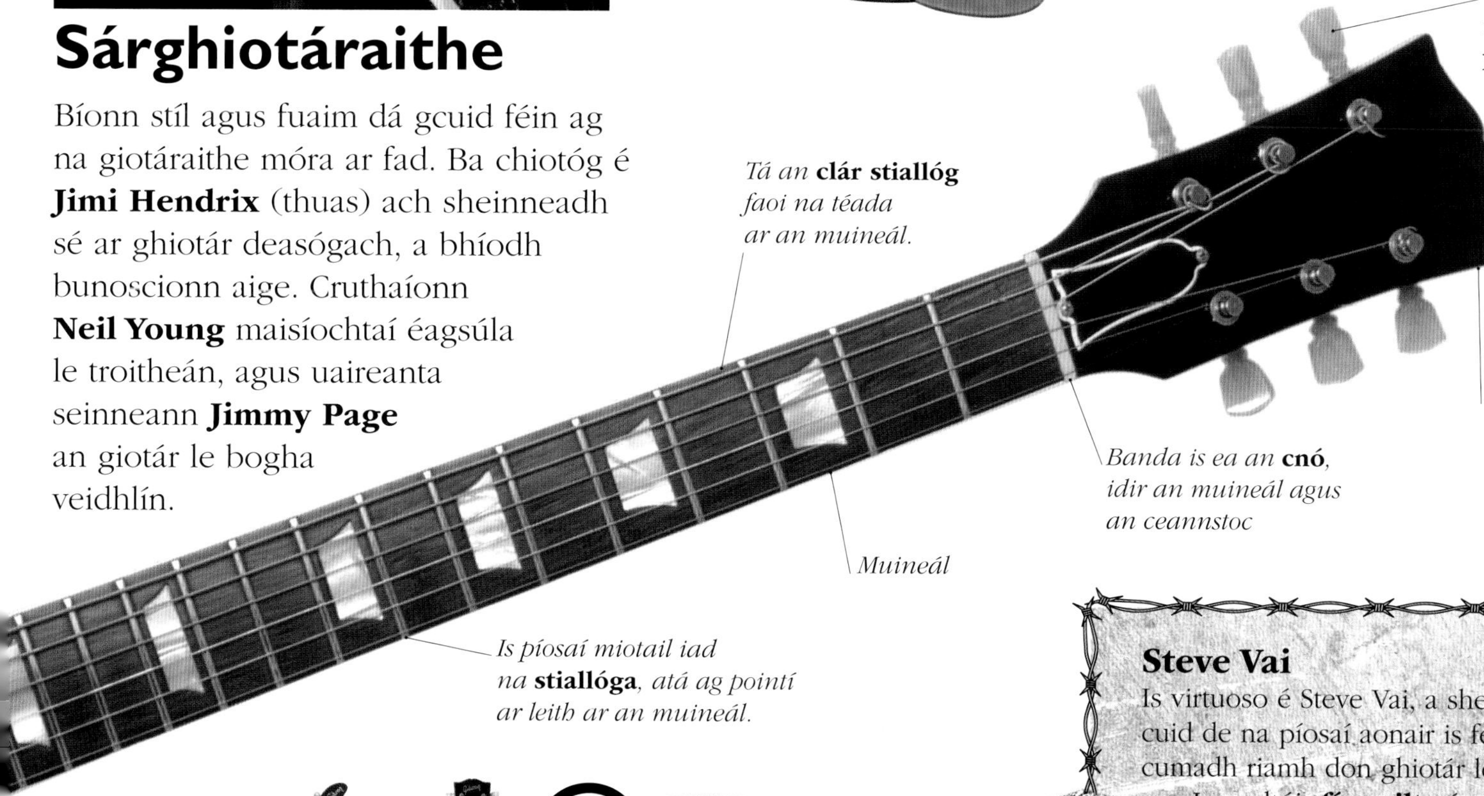

Tiúnáiltear na téada leis na **pionnaí tiúnta**.

Tá an **clár stiallóg** *faoi na téada ar an muineál.*

Ceannstoc

Banda is ea an **cnó**, *idir an muineál agus an ceannstoc*

Muineál

Is píosaí miotail iad na **stiallóga**, *atá ag pointí ar leith ar an muineál.*

Fender Stratocaster

Gibson Explorer

Gibson SG

ÉIST LE TRAIC 33

Éist leis na rifí giotáir – sraitheanna nótaí nó cordaí – sa cheol rac ard, fuinniúil seo.

Steve Vai

Is virtuoso é Steve Vai, a sheinneann cuid de na píosaí aonair is fearr a cumadh riamh don ghiotár leictreach. Is ceoltóir **fíor-oilte** é, a thugann an-inspioráid do ghiotáraithe móra eile. Tá a mhéara an-fhada agus an-tapa. Is féidir leis seinm ar ghiotáir a bhfuil dhá agus trí mhuineál orthu. Bíonn geáitsíocht ar siúl aige freisin – ar ócáid amháin, sheinn sé ar an ngiotár lena theanga!

Giotáir de gach sórt

Sa lá inniu, déantar giotáir leictreacha de gach cruth is ábhar. De ghnáth, déantar as adhmad iad, ach is féidir plaisteach, miotal, nó fiú cairtchlár a úsáid freisin.

Steve Vai ag seinm ar ghiotár trí-mhuineálach.

Scéal beatha
Led **Zeppelin**

1968: *Tháinig The New Yardbirds le chéile mar bhanna. Thug siad Led Zeppelin orthu féin ar ball.*

1971: *Bhí an traic Stairway to Heaven ar an gceathrú albam acu. Cé nár eisíodh mar shingil riamh é, iarrtar go minic é fós ar chláir raidió.*

1974: *Bhunaigh siad lipéad ceirníní dá gcuid féin, Swan Song.*

1980: *Tar éis 12 bliain ar an mbóthar, thug siad a gceolchoirm dheireanach ar 7 Iúil i mBeirlín, sa Ghearmáin.*

1980: *Fuair John Bonham bás i mí Mheán Fómhair, agus scoireadh banna Led Zeppelin i mí na Nollag.*

Ó shin i leith, tháinig an banna le chéile d'ócáidí carthanachta, agus mac Bonham, Jason, mar aoi-dhrumadóir. Bhí an-rath ar Jimmy Page agus ar Robert Plant mar cheoltóirí aonair freisin, agus ceol de gach sórt á sheinm acu – gormacha, ceol tuaithe agus miotal trom.

Faoi thionchar

Roy Harper (1941–)
Is giotáraí agus amhránaí Sasanach é Harpur, a sheinneann ceol tíre agus rac araon. Tá cáil air as píosaí fada casta ceoil a phiocadh ar an ngiotár lena mhéara.

Led Zeppelin

"Ceann de na grúpaí is nuálaí, is cumhachtaí agus is mó tionchair is stair an rac-cheoil." Atlantic Records – comhlacht ceirníní Led Zeppelin i Meiriceá.

Sheinn ***John Paul Jones*** *(1946-) ar an dordghiotár, agus ar an maindilín agus an méarchlár ar uairibh.*

Ba é ***Robert Plant*** *(1948-) ba mhó a chumadh agus a chanadh na hamhráin. Dhéanadh sé aithris ar mhaisíochtaí giotáir Page.*

Led Zeppelin ag réiteach do cheolchoirm i Minneapolis, SAM, i 1975.

Ceol trom-mhiotalach

Ard, glórach, trodach – is stíl rac-cheoil é an miotal trom atá bunaithe ar **fhuaimeanna garbha**. An uirlis is coitianta ná an giotár leictreach, agus seinntear dreasanna fada aonair air ar mhórán traiceanna. Béictear amach na hamhráin go rímhinic agus planctar na drumaí go tréan.

Jimmy Page, Robert Plant, John Paul Jones, agus Jonn Bonham an ceathrar Sasanach a bhí i Led Zeppelin. Deirtear gur chuir siad tús le **ceol trom-mhiotalach**, go háirithe sa dara halbam acu. Bhí ceol Led Zeppelin bunaithe ar fhuaim an ghiotáir, stíl a chuaigh i gcion ar bhannaí eile ar fud an domhain. Ach ní miotal trom amháin a sheinn Led Zeppelin – bhí tionchar ag ceol reigé, ceol clasaiceach, gormacha agus ceol tíre orthu.

John Bonham *(1948-1980 a bhuail na drumaí go tréan. D'úsáid sé na bataí ba mhó agus ba láidre a bhí ar fáil.*

Jimmy Page *(1944-) a bhunaigh an banna agus a bhí ina phríomh-ghiotáraí. Spreag sé a lán rac-ghiotáraithe eile.*

Stíleanna éagsúla

Cloistear fuaimeanna móra torannacha an trom-mhiotail ar a gcuid albam. Ach cloistear ceol binn, fuaimiúil, (neamhleictreach nó "díphlugáilte") freisin.

Jimmy Page ag seinm ar Gibson EDS-1275, a bhfuil dhá mhuineál air.

Albam gan ainm

Albam **gan ainm** is ea an ceathrú albam ag Led Zeppelin. Bhíodh iriseoirí á lochtú go raibh ró-mholadh á thabhairt don ghrúpa. Theastaigh ón mbanna a chruthú go ndíolfadh a gcuid ceoil fiú mura raibh a fhios ag daoine gurbh iad Led Zeppelin a chum é. Bhí an ceart acu: tá an t-albam seo ar cheann de na cinn **is mó díolacháin** i stair an cheoil.

Dioscliosta

Rinne Led Zeppelin naoi n-albam stiúideo, a dhíol 200 milliún cóip ar fud an domhain. Níor eisigh siad féin singil riamh – b'fhearr leo go n-éistfeadh a lucht leanúna le halbam iomlán. Ach d'eisigh Atlantic Records 10 dtraic ó na halbaim mar shinglí i SAM.

1969 *Led Zeppelin, Led Zeppelin II*
1970 *Led Zeppelin III*
1971 *An ceathrú albam, gan teideal*
1973 *Houses of the Holy*
1975 *Physical Graffiti (albam dúbalta)*
1976 *Presence*
1978 *In Through the Out Door*
1982 *Coda*
2007 *Mothership (díolaim nó bailiúchán)*

Led Zeppelin

Insítear scéal faoi ainm an bhanna. Nuair a bhí taifead samplach déanta acu, chuala Keith Moon agus John Entwhistle ón mbanna **The Who** é. Dúirt siadsan go raibh sé chomh holc go dteipfeadh air ar nós **"lead balloon"**. Tugadh Zeppelin ar aerlong 20ú haois.

Popcheol *an phobail*

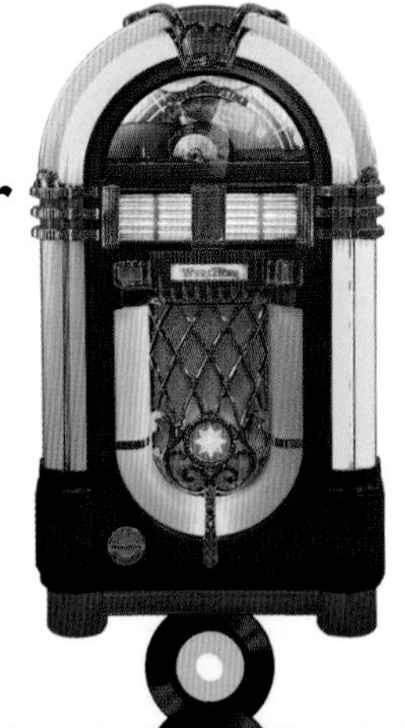
Conas mar a tharla?

De réir mar a d'fhás **margadh na n-óg** agus na meáin chumarsáide, bhain réaltaí agus bannaí pop amach cáil ollmhór, ó rac tíre go rac crua, agus ó cheol sól go ceol dioscó. Tháinig agus d'imigh roinnt stíleanna, agus tá cinn eile ag forbairt fós.

Tugtar "Athair an cheoil tíre" ar Jimmie Rodgers, amhránaí geoidile. I 1927, thaifid sé amhráin a thuill cáil ollmhór dó ar fud SAM.

Jimmie RODGERS (1897–1933)

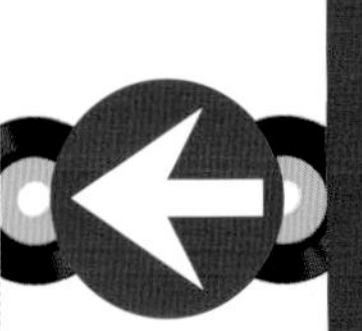

Idir 1885 agus 1930, lonnaigh foilsitheoirí agus cumadóirí ceoil i gceantar i Nua Eabhrac darbh ainm **Tin Pan Alley**. Scríobh agus thaifid siad amhráin a raibh tóir ag an bpobal orthu - bailéid ghrá, snagcheol, gormacha agus eile. B'in mar a cuireadh tús le tionscal an cheoil i Meiriceá.

Bhí **réaltaí pop** in ann cur go mór lena gcáil nuair a ceapadh ceirníní singile 45 isn (imrothluithe sa nóiméad) sna 1940idí. Bhíodh siad páirteach freisin i scannáin agus i gcláir theilifíse. Cuireadh tús leis na **cairteanna ceoil** sna 1950idí.

Lonnie Donegan Skiffle Group

Tar éis an Dara Cogadh Domhanda, bhí borradh i líon na leanaí a rugadh i Meiriceá nuair a tháinig na saighdiúirí abhaile. Sna 1960idí, bhí glúin ollmhór daoine óga ann ar tugadh "déagóirí" orthu agus a raibh an-fhonn ceoil orthu.

D'éirigh thar barr sna cairteanna le réaltaí agus le bannaí pop a dhírigh **ar chultúr na n-óg** sna 1960idí. Ina measc bhí Elvis Presley agus na Beach Boys ó SAM, na Beatles agus na Rolling Stones ón mBreatain, agus na Seekers (thuas) ón Astráil.

Leonard Cohen (1934–)

I lár na 1960idí, tugadh ceol tíre agus rac-cheol le chéile. Chum Bob Dylan **amhráin agóide** ar nós *Blowin' in the Wind*; bhí tionchar ag ceol tíre na hEorpa ar an gceoltóir Ceanadach Leonard Cohen; agus sa Bhrasaíl, rinne Caetano Veloso agus Gilberto Gil cumasc idir ceol pobail Bahia, popcheol agus an stíl **bossa nova**, óna dtáinig an ceol ar a dtugtar *Tropicália*.

Na Monkees (1966–1970)

Thosaigh léiritheoirí ceoil ag **cruthú bannaí pop** ó bhonn. Roghnaigh siad ceoltóirí a bhí dathúil agus mealltach do dhéagóirí óga. Ghlac na bannaí seo páirt i seónna cartúin agus i bhfógraí do mhilseáin agus do bhia eile. B'in an múnla óna dtáinig bannaí ar nós na Spice Girls sa lá inniu.

POPCHEOL ÉADROM (1967–1972)

Ó na 1970idí i leith, thriail réaltaí pop meascán ceoil, stíleanna damhsa agus faisean...

Ceoltóirí aonair

Aretha Franklin (1942–)

Chuaigh ceol soiscéalach i gcion ar Franklin, a dtugtar **"Banríon an Cheoil Sól"** uirthi. Tá an-rath ar a cuid ceoil le 40 bliain anuas.

Joni Mitchell (1943–)

Is amhránaí Ceanadach í Mitchell, a chuaigh i gcion ar an ngluaiseacht **rac tíre** sna 1970idí. Chum sí amhráin mhóra ar nós *Big Yellow Taxi* (1970).

Sezen Aksu (1954-)

Ó d'eisigh sí a chéad singil i 1975, tá Aksu ina ceannródaí stíle agus fuaime i bpopcheol na Tuirce. Tugtar **"Banríon Phopcheol na Tuirce"** uirthi.

Celine Dion (1968-)

Is amhránaí Francach-Ceanadach í Dion, a thuill cáil idirnáisiúnta sna 1980idí as a **raon iontach gutha**. An hit is mó aici ná *My Heart Will Go On*, an t-amhrán téama sa mhórscannán *Titanic* i 1997.

Michael Jackson (1958–2009)

Thosaigh Jackson ar a ré cheoil aonair i 1971, agus d'úsáid sé **físeáin cheoil** ar shlí úrnua chun albaim a chur chun cinn. Tugtar **"Rí an Phop"** air - tá *Thriller* (1982) ar an albam is mó díolacháin riamh.

Herbert Grönemeyer (1956–)

Is rac-cheoltóir agus aisteoir ón nGearmáin é. Thuill sé mórcháil lena chúigiú albam, *4630 Bochum* (1984), **an LP Gearmáinise is mó díolacháin riamh**.

Bannaí

Scorpions (1965–)

Rac-cheol **trom-mhiotalach** a sheinneann an banna Gearmánach seo. Albaim ar nós *Love at First Sting* (1984) a leath a gcáil idirnáisiúnta.

Abba (1972–1982)

Bhí amhráin an-bheoga agus stíl na 1970idí ag an **mbanna dioscó** seo ón tSualainn. Tá éileamh ar a gcuid ceoil fós i scannáin agus i gceolsiamsaí ar nós *Mamma Mia!*

Midnight Oil (1976–2002, ar bun arís i 2009)

Banna **rac chrua** ón Astráil iad. Tá cáil orthu as ceolchoirmeacha drámatúla agus as amhráin a ghlacann seasamh láidir polaitiúil.

Afropop *eachtrúil*

Tugtar **Afropop** ar cheol pobail na hAfraice ó lár an 20ú haois i leith. D'fhás réimse mór stíleanna ar fud na mór-roinne, a thug le chéile ceol dúchais na dtíortha éagsúla agus tionchair ó Mheiriceá Thuaidh, ó Mheiriceá Laidineach agus ón Eoraip. Tháinig ceol **iontach** ón gcumasc sin.

◀ **Fela Kuti, 1938–1997, An Nigéir** Ceannródaí ab ea Kuti sna 1970idí, nuair a thug sé le chéile cantaireacht Iarthar na hAfraice, rithimí Iarúbacha, snagcheol agus rithimí func ar choirn agus ar ghiotáir.

▲ **Damhsa Soukous, léiriú i 2008, sa Chéinia** D'éirigh daoine an-tógtha leis an damhsa seo sa Chongó sna 1930idí. Tugtar rumba an Chongó air inniu. Stíl cheoil bhríomhar, thapa atá leis, faoi anáil cheol dúchais an Chongó agus damhsaí Cúbacha.

▲ **Manu Dibango, 1933–, Camarún** Is sacsafónaí é Dibango, a chruthaigh stíl darb ainm makossa, ó dhamhsaí dúchais a mhuintire, ón snagcheol agus ó cheol damhsa Laidineach.

▶ **Amadou Bagayoko,** 1954–, **agus Mariam Doumbia,** 1958–, **Mailí** Casadh an bheirt seo ar a chéile in Institiúid na nDall Óg i Mailí. Tugtar Afra-Ghormacha ar an gceol a sheinneann siad. Tá cumasc ann idir ceol dúchais na tíre agus ceol ó chultúir eile, á seinm ar uirlisí ar nós veidhlíní Siriacha agus tablaí.

▲ **Thomas Mapfumo,** 1945–, **an tSiombáib** Bhunaigh Mapfumo a stíl ar cheol traidisiúnta imbíora na Seoineach (féach lch 21), a chuir sé in oiriúint d'uirlisí leictreacha. Canann sé amhráin faoin éagóir pholaitiúil agus shóisialta ina thír féin.

▶ **N'Faly Kouyaté,** 1990idí i leith, **an Ghuine** De réir traidisiúin, is baird nó 'griots' (féach lch 20) iad muintir Kouyaté. Tugtar "Jimi Hendrix an chóra" air, ón uirlis atá sa phictiúr. Cuireann sé beocht iontach sa cheol griot, ina ghrúpa féin, Dunyakan, agus leis an Afro Celt Sound System.

▼ **Etran Finatawa,** bunaíodh 2004, **An Nígir** Tá cúigear sa bhanna seo, ó dhá threibh chomharsanach, na Tuargaigh agus na Vodábaigh. Thug siad an dá thraidisiún ceoil le chéile agus tá stíl dhraíochtúil acu, ar a dtugtar gormacha na bhfánaithe.

▲ **Youssou N'Dour,** 1959–, **An tSeineagáil** Thuill N'Dour cáil idirnáisiúnta don cheol iombalach - damhsa rithimeach a nascann ceol Afra-Chúbach, snagcheol, func, agus rac, mar aon le ceol dúchais Volafach a mhuintire.

▶ **Kabelo Mabalane,** 1976–, **An Afraic Theas** Sa ghrúpa TKZee, cuireann Kabelo ceol cuáiteo i láthair. Ceol damhsa leictreonach atá ann, mar aon le cnagrithimí Afracacha agus cantaireacht nó béicíl liricí.

Hip hap

Ceol rithimeach gutha is ea **hip hap** a bhaineann le rapcheol. Tháinig sé chun cinn i gceantar an Bronx i Nua Eabhrac sna 1970idí. In áit na liricí a chanadh, deirtear amach iad. Bíonn ceol cúlrach leo, bunaithe ar **bhuillí ceoil** ó amhráin eile. Uaireanta, cumtar na liricí roimh ré; uaireanta eile, cumann an ceoltóir ar an láthair iad, agus iad in oiriúint don ócáid.

DJ Kool Herc

D'fhás hip hap ó chóisirí i measc pobal inimirceacha, agus ceol func, sól agus dioscó á sheinm acu. Chruthaigh na DJanna **buillí ceoil** ar an gcaschlár agus chuir siad rap leo.

1520, Sedgwick Avenue

An Bronx, Cathair Nua Eabhrac

Bhíodh ócáidí sráide ar siúl i gcúirteanna poiblí cispheile nó in áiteanna ar nós 1520 Sedgwick Avenue sa Bronx. Gan chead a bhíodh **soláthar leictreachais an cheantair** in úsáid don trealamh ceoil.

Grandmaster Flash and the Furious Five

Ceoltóir rap i ngrúpa Grandmaster Flash, Keith Cowboy Wiggins, a chum **an téarma** *hip hap*. Bhí cara leis san arm agus bhíodh sé ag magadh faoin rithim máirseála "hip hap".

Ag cleachtadh gluaiseachtaí ar an gcosán

Tháinig **stíl nua damhsa** chun cinn mar aon le hip hap. I gcaint na sráide, thugtaí "briseadh" ar "éirí corraithe", agus is as seo a tháinig brisdamhsa an cheoil hip hap.

BRISDAMHSA

Mar thaispeántas aonair a dhéantaí **rapcheol** ar dtús. Ach ansin thosaigh DJanna agus daoine eile ag glaoch amach curfá nó freagraí dá gcuid féin.

RAPÁIL

Grandmaster Flash

SCRABHADH

Fad a bhí ceirnín á sheinm, bhogadh an DJ ar aghaidh is ar cúl é. Scrabhadh is ainm don teicníc seo, a chruthaíonn **buillí briste**.

Die Fantastischen Vier

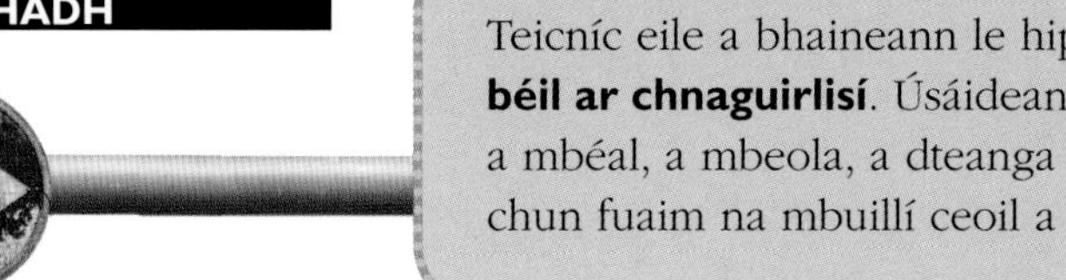

Teicníc eile a bhaineann le hip hap ná **aithris béil ar chnaguirlisí**. Úsáideann na ceoltóirí a mbéal, a mbeola, a dteanga agus a nguth chun fuaim na mbuillí ceoil a dhéanamh.

Ní bhaineann hip hap le cúrsaí ceoil amháin – tá a chultúr féin ag gabháil leis...

DJanna

Scrabhadh

Dhá chaschlár agus meascthóir fuaime a úsáidtear don teicníc seo. Bogann an DJ an ceirnín anonn is anall faoin tsnáthaid, rud a dhéanann **buillí fuaime scrabhtha** nó scríobacha, a ghabhann le traic rithime.

Sampláil

Thug an teicneolaíocht dhigiteach deiseanna nua do DJanna. Phioc siad giotaí d'amhráin éagsúla agus chuir siad le chéile iad in aon **lúb fuaime**. Ach tá an teicníc imithe i léig toisc fadhbanna dlí.

EIST LE TRAIC 34

Buille réidh hip hap ar stíl na cathrach atá anseo, agus scrabhadh is sampláil mar chuid de. Abair tusa amach dán nó rann do pháistí mar rap nuair atá tú ag éisteacht leis an gceol taca.

Graifítí

Marcáil

Tá graifítí fite le hip hap díreach mar atá damhsa agus rapáil. I Nua Eabhrac sna 1960idí a thosaigh sé. D'fhágadh ealaíontóirí **marc dá gcuid féin** anseo is ansiúd. Ach ansin leath sé go dtí mór-ionaid phoiblí, agus buíonta graifítí san iomaíocht lena chéile.

Ealaín ghraifítí

D'éirigh na marcanna graifítí **níos ealaíonta** nuair a bhí spraephéint agus marcóirí nua ar fáil. Ar thraein a dhéantaí iad go minic – de réir mar a chuaigh an traein ar fud na cathrach, chonaic a lán daoine an saothar graifítí.

TREO NUA

Gléasta amach

Tá stíl éadaí dá gcuid féin ag lucht leanúna hip hap: t-léine, treabhsar scaoilte, geansaí cochaill, agus caipín speiceach droim ar ais. Nuair a tháinig airgead mór i gcúrsaí hip hap, cuireadh "bling" leis freisin – seodra breá péacach agus **oiriúintí dearthóra**. Caitheann brisdamhsóirí bróga spóirt ar mhaithe le solúbthacht na gcos, agus is cabhair dóibh an caipín nuair a chasann siad a gceann go tapa. Caitheann siad bandaí rosta mar chosaint dá lámha is dá ngéaga.

Brisdamhsa

Damhsa sráide

"B-boying" nó "b-girling" a thugann lucht brisdamhsa féin ar an rud a dhéanann siad. Meascán de dhamhsa agus de **ghleacaíocht** atá ann, ina bhfuil a lán gluaiseachtaí ar leith.

Cathanna

Cuid den chultúr hip hap é go mbíonn "cathanna" idir damhsóirí difriúla agus iad **ag sárú ar a chéile**. Is minic a réitítear aighnis mar seo – leanann an damhsa go dtí go ngéilleann duine amháin.

Taifeadadh

Mar cheol beo ag **cóisirí** a bhíodh hip hap á sheinm ag DJanna ar dtús. Tá taifeadtaí luatha ann a léiríonn an t-athrú mór a tháinig ar hip hap ó shin.

Ceol *teilifíse agus scannán*

Is cuid riachtanach de gach scannán agus clár teilifíse an ceol a úsáidtear sna creidiúintí tosaigh agus deiridh. Is cuid an-tábhachtach den drámaíocht an ceol freisin, chun **teannas nó suaimhneas** a chothú. Agus bíonn **ceoilíní** sna fógraí a chraoltar chun earraí a dhíol. Cuireann gach cumadóir a stíl féin i gcion ar an gceol seo.

▲ **Oirféas Dubh, 1959, ceol le Antônio Carlos Jobim agus Luis Bonfá** Tragóid ghrá atá sa scéal seo, atá suite in Rio de Janeiro, sa Bhrasaíl. Tá an carnabhal ar siúl, agus tá snagcheol agus rithimí beoga an cheoil samba le cloisteáil ar na sráideanna.

▲ **Slán leat, Mary Poppins, 1983, Maksim Dunayevsky** Mionsraith theilifíse ón Rúis í seo. Tá sí bunaithe ar Mary Poppins, an scannán faoi fheighlí leanaí (agus Julie Andrews sa pháirt) a bhfuil scáth báistí draíochta aici. Tá ceol scannáin ar stíl na 1970idí agus na 1980idí sa leagan teilifíse.

▲ **Instruments of the Orchestra, 1946, Benjamin Britten**
Is cumadóir Sasanach é Benjamin Britten a scríobh *Young Person's Guide to the Orchestra* mar chuid de scannán faisnéise oideachasúil dar teideal *The Instruments of the Orchestra*. Seinneann rannóga difriúla den cheolfhoireann – na gaothuirlisí nó na cnaguirlisí, mar shampla - an píosa céanna arís is arís eile, ionas go bhfoghlaimíonn na páistí an fhuaim a dhéanann siad. Ag deireadh an scannáin, cloisimid an finale ard, bríomhar á sheinm ag na huirlisí go léir le chéile.

◀ **Antarctica, 1991, Nigel Westlake**
Is scannán faisnéise é seo faoin mór-roinn is fuaire ar domhan, áit a mbíonn daoine ag obair i stáisiúin thaighde agus piongainí is rónta ag maireachtáil ar an leac oighre. Chum Nigel Westlake ceol a léiríonn an tírdhreach – agus nasc sé an ceol chomh maith sin le gluaiseachtaí na n-ainmhithe go gcreidimid amanna go bhfuil siad ag damhsa leis an gceol.

▲ **The Simpsons Theme, 1989, Danny Elfman** Tá stíl reitreo a bhaineann leis na 1960idí ag an gceol téama seo. Tá leaganacha difriúla den cheol ann, agus craoltar iad de réir mar a bhíonn an bheochan oscailte fada nó gearr.

▲ **Tíogar Cúbtha, Dragan Ceilte, 2000, Tan Dun** Sa scannán cáiliúil seo ón tSín, tá grá, draíocht agus ealaíona comhraic fite le chéile. Tá stíleanna ceoil ón Oirthear agus ón Iarthar araon ann – popcheol, ceol uirlise ón Áise agus píosaí aonair leis an dordveidhleadóir Yo-Yo Ma.

▲ **An stáisiún traenach, 1998, Jaques Morelenbaum agus Antonio Pinto** Scéal faoi charadas agus dílseacht atá sa scannán seo, a thosaíonn sa stáisiún traenach in Rio de Janeiro, sa Bhrasaíl. Bronnadh duaiseanna ar cheol an scannáin, atá lán de mhothú díreach mar atá an scéal féin.

▲ **Star Wars, 1977–2005, John Williams** Is Meiriceánach é Williams, a chum an ceol do gach scannán Star Wars, agus do mhórscannáin eile ar nós *Jaws*, *E.T.*, *Indiana Jones*, agus *Harry Potter*. Cuireann ceol bríomhar Star Wars le teannas an scéil agus le mothú na gcarachtar.

▲ **Ceoilíní fógraíochta don Turasóireacht sa Tuirc, 2000–2002, Fahir Atakoglu** Is cumadóir agus pianódóir é Atakoglu a scríobhann ceol do scannáin, do chláir faisnéise agus do cheoilíní fógraíochta. Tá scil ar leith ag teastáil chun teachtaireacht a chur in iúl go binn, gonta sa cheol.

A. R. Rahman

"Creidim go bhfuil ceol domhanda ann, mar go bhfuil saol ilchultúrtha ag breith orainn go léir, ar shlí..."

***Radharc ón gceolsiamsa* Bombay Dreams, 2002**

Scéal beatha

A. R. **Rahman**

1966: *Rugadh é in Tamil Nadu, an dara páiste de cheathrar. A. S. Dileep Kumar a bhí mar ainm air.*

1975: *In aois a naoi, fuair a athair – cumadóir agus stiúrthóir – bás.*

1977: *In aois 11, thosaigh sé ag tuilleamh airgid dá mhuintir agus é ag seinm ceoil ar an méarchlár.*

1987: *In aois 21, bhí sé ag taifeadadh ceoilíní fógraíochta.*

c. 1988: *Bhuail tinneas a dheirfiúr go dona. Chreid an teaghlach gur leighis ceannaire spioradálta Muslamach í agus chas siad féin ina Muslamaigh. Ghlac A. S. Dileep ainm nua, Allah Rakha Rahman.*

1992: *Chum sé fuaimrian den chéad uair don scannán Roja (Rós), a thuill duais dó ag Duaiseanna Náisiúnta na Scannán.*

2001: *In aois 35, d'oibrigh Rahman agus an cumadóir Sasanach Andrew Lloyd Webber ar cheolsiamsa Rahman, Bombay Dreams, a cuireadh ar stáitse sa West End i Londain i 2002. Lean sé dhá bhliain agus bhí sé ar siúl ar feadh tréimhse freisin in Broadway, SAM.*

2008: *In aois 42, chum Rahman ceol an scannáin Slumdog Millionaire.*

Faoi thionchar

Ceol Tamalach
Tá ceol Tamalach fréamhaithe i gceol Carnatach dheisceart na hIndia (féach lch 32).

Jim Reeves (1923–1964)
Duine de na ceoltóirí Meiriceánacha ba thúisce a chuala Rahman ná Jim Reeves, cumadóir agus amhránaí pop agus ceoil tíre.

Stiúideo Rahman

Tá stiúideo ardteicneolaíochta ag Rahman in Chennai, lárionad siamsaíochta na hIndia. Féachann sé ar an scannán ar dtús, agus oibríonn sé ar an gceol ar an bpianó agus lena ghuth féin. Ansin taifeadann sé ceoltóirí agus amhránaithe gairmiúla. Roghnaíonn sé an chuid is fearr den taifeadadh nuair a chuireann sé eagar air.

Is Indiach é Rahman a chum an ceol don mhórscannán, *Slumdog Millionaire*, i 2008. Tharraing an ceol sin **aird an domhain** air agus rinne sé réalta mór de. Tá duaiseanna buaite aige as a lán saothar ceoil eile. Bíonn a lán stíleanna difriúla aige - ceol na hIndia, ceol clasaiceach an Iarthair, reigé, rac, agus snagcheol.

In 2009, fuair Rahman dhá Dhuais Acadaimh (Oscars) as ceol *Slumdog Millionaire*, don bhuncheol ab fhearr agus don amhrán ab fhearr.

Moladh agus mórtas

Is **cumadóir bisiúil** é Rahman, a oibríonn ar scata scannán san am amháin. I measc na nduaiseanna a fuair sé, tá ceithre Dhuais Náisiúnta Scannán san India, BAFTA sa Bhreatain, agus Golden Globe, dhá Grammy agus dhá Oscar i SAM. Bhronn Uachtarán na hIndia an Padma Bhushan air i 2010, as a chuid éachtaí ar son a thíre.

Tionscal na scannán san India

Scríobh Rahman an ceol do bhreis is 130 scannán Bollywood, mar a thugtar ar thionscal scannán na Hiondúise san India. Is gnách gur ceolsiamsaí móra iad na **scannáin Bollywood**, a bhíonn lán de mhéaldrámaí, de scéalta grá, de ghreann, agus de dhánaíocht aicsin.

Scannán Bollywood is ea *Lagaan*, a eisíodh i 2001. Sa scór a chum Rahman dó, bhí ceol clasaiceach na hIndia, ceol tíre agus snagcheol.

Ar nós Rahman féin, tarraingíonn M.I.A. ar gach sórt ceoil, idir rap leictreo na Brasaíle, stíl Bollywood, agus dioscó Bundúchasach.

M.I.A. (1975–)

Chum Rahman *O Saya do Slumdog Millionaire* in éineacht leis an rap-amhránaí M.I.A. Tá **Bollywood** agus **hip hap** araon sa cheol, ina gcloisimid atmasféar an scannáin: é dána, uirbeach agus ard.

Jai Ho! is ainm don amhrán beoga ag deireadh *Slumdog Millionaire*. Feicimid damhsa i stíl Bollywood á dhéanamh ag slua carachtar in onóir laoch an scannáin (a bhuaigh 20 milliún rúipí agus a thug leis an cailín). As Hiondúis agus as Spáinnis a chantar an t-amhrán, a fuair duais Oscar don amhrán ab fhearr i 2009.

Ceol *clasaiceach* (1970–)

Cloisimid an-chuid stíleanna difriúla i gceol clasaiceach an lae inniu. Bíonn cumadóirí ag obair go trialach le comhcheol, le foinn cheoil agus le rithimí – agus uaireanta ní bhacann siad le haon cheann acu. Tugann uirlisí **leictreonacha** agus an **ríomhtheicneolaíocht** deiseanna nua do chumadóirí freisin.

Conas mar a tharla?

Chum **Schoenberg** ceol ceannródaíoch, neamhthonúil (féach lch 88)

Deasghnátha an Earraigh, 1913, Igor Stravinsky.

D'fhorbair **Igor Stravinsky, Charles Ives**, agus **Bela Bartók** ceol iltonach, ina raibh coda difriúla á seinm i ngléasanna difriúla ag an am céanna.

Paul HINDEMITH (1895–1963)

Cheap Hindemith ceol **nua-aimseartha** a bhí cliste agus nuálach. Mheasc sé stíl snagcheoil na 1920idí leis an stíl Bharócach a bhí ag Bach.

Dmitri SHOSTAKOVITCH (1906–1975)

Dúirt a lán daoine go raibh ceol Shostakovich **"míbhinn"** agus **"trí chéile"**. Bhí an ceol tonúil agus neamhthonúil araon, agus rómánsúil agus foréigneach araon.

Percy GRAINGER (1882–1961)

Chuir cumadóir Astrálach, Grainger, stíl nua chun cinn. Sa **"saorcheol"** seo, bhí an ceol randamach, fánach, gan aon rithim ná tuinairde ar leith. Cheap sé scóráil sholúbtha, agus ní raibh raibh cosc ar aon uirlis an píosa a sheinm.

Olivier MESSIAEN (1908–1992)

I 1948, d'úsáid an cumadóir Francach Messiaen luathuirlis leictreonach, darb ainm **tonnta Martenot**, sa *Turangalîla Symphonie*. Cloisimid sioscadh aisteach na huirlise sa cheol sin.

John CAGE (1912–1992)

Trí sheans a bhí gach píosa ceoil ann, dar le Cage. Chruthaigh sé 4'33", ina bhfuil tost iomlán. Is cuid den cheol é pé fuaim eile a chloisimid **"trí sheans"** nuair a éistímid le 4'33".

Cheap Ligeti modh pictiúrtha, nó scór grafach, chun fuaimeanna a scríobh.

Sna 1950idí agus 1960idí, chum daoine ar nós **Karlheinz Stockhausen** ceol nuálach leictreonach. D'oibrigh siad le téipeanna taifeadta agus iad á n-athsheinm trí challairí fuaime. San Ungáir, bhí **György Ligeti** ag triail fuaimeanna ceolfhoirne a chruthú nach raibh fonn ceoil ag gabháil leo.

I 1964, chum an Meiriceánach **Terry Riley** *In C.* Sa saothar seo, seinneann a lán ceoltóirí difriúla an mhír chéanna cheoil arís is arís eile, agus tar éis tamaill, tosaíonn siad ar mhír eile. Rinne cumadóirí ar nós **Philip Glass** agus **La Monte Young** forbairt ar an gceol íostach seo, a ghluaiseann go mall, lom.

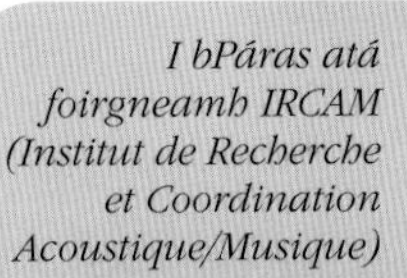

I bPáras atá foirgneamh IRCAM (Institut de Recherche et Coordination Acoustique/Musique)

Sna 1970idí, bhunaigh an cumadóir Francach **Pierre Boulez** IRCAM, institiúid ina ndéantar taighde agus trialacha ceoil. Bhí suim ag an gcumadóir Gréagach, **Iannis Xenakis**, matamaitic an cheoil a fhiosrú, agus bhain sé úsáid as **cláir ríomhaireachta** chun ceol a chumadh.

Ó na 1970idí i leith, tá ceol trialach á shaothrú i gcónaí ag cumadóirí clasaiceacha...

Luciano Berio (1925–2003)

In IRCAM sna 1970idí, rinne Berio staidéar ar **phátrúin chainte**, a d'úsáid sé sa cheol. Thug ceol tíre na Sicile inspioráid dó freisin.

Tõru Takemitsu (1930–1996)

Déanann Takemitsu cumasc idir uirlisí agus **scálaí Seapánacha** agus stíleanna ceoil an Iarthair, chun comhcheolta suimiúla a chruthú.

Sir Peter Maxwell Davies (1934–)

Tá ceol Davies **an-drámata**, faoi anáil an tírdhreacha ar Inse Orc in Albain. I 2004, ainmníodh é ina Mháistir ar Cheol na Banríona.

Íostaigh

Arvo Pärt (1935–)

Is ón Eastóin do Pärt. Bíonn simplíocht fhileata ina chuid ceoil dhiaganta, leis na teicnící íostacha a bhíonn á dtriail aige.

Steve Reich (1936–)

Seinntear na huirlisí ag **luasanna difriúla** ina chuid ceoil, agus cruthaíonn sé macallaí le téip-lúbanna agus le taifeadtaí cainte.

John Adams (1947–)

Bunaíonn Adams píosaí ceoil ar scéalta móra nuachta. Tá greann géarchúiseach agus **rithimí spreagúla** sa stíl íostach atá aige.

Treonna nua

Kevin Volans (1949–)

Is as an Afraic Theas do Volans, agus tá teicnící agus **fuaimeanna Afracacha** ina chuid ceoil. Bhí sé ag obair le Stockhausen ar feadh seal.

Kaija Saariaho (1952–)

Is Fionnlanach í Saariaho, a chumann ceol úrnua, mistéireach, agus uirlisí ceoil á dtriail aici mar aon le fuaimeanna **leictreonacha**.

Mark-Anthony Turnage (1960–)

Tá an-tionchar ag an snagcheol ar Turnage. Cleachtaíonn sé stíl dhrámata, bhagrach, mar atá in *Blood on the Floor* (1996).

Ceol *beo*

Gach oíche ar fud an domhain, tá ceoltóirí ag seinm i láthair daoine ag cúinní sráide agus i gclubanna beaga, i hallaí áille agus in ionaid ollmhóra spóirt, pé acu ceol clasaiceach nó popcheol atá ar siúl. Tá ceol ann do gach ócáid agus do gach duine. Nuair a sheinntear beo é, nascann sé an ceoltóir leis an lucht éisteachta, agus a gcuid **mothúchán á roinnt** acu le chéile.

▶ **Ceolchoirm ómóis, Liospóin, An Phortaingéil** B'amhránaí í Amália Rodrigues a chanadh ceol sean-nóis na Portaingéile, ar a dtugtar "fado". Bhí an-ghean ag daoine uirthi, ina tír féin agus i dtíortha eile, agus chuir sí go mór le lucht éisteachta an fado. Tugadh ómós di ag ceolchoirm a bhí ar siúl tar éis a báis, nuair a osclaíodh an Músaem Fado.

▼ **Champs de Mars, Páras, an Fhrainc** Déantar ceiliúradh ar roinnt mórócáidí spóirt le ceolchoirm. I 1998, chan na Trí Theanór ar stáitse i bPáras roimh chraobhchluiche Chorn an Domhain. Ba iad seo sár-réaltaí na gceoldrámaí: Placido Domingo, José Carreras, agus Luciano Pavarotti, an Túr Eiffel ar a gcúl agus tinte ealaíne ag lasadh na spéire.

◀ **Lárionad Barbican, Londain, RA,** I 2009, sheinn an grúpa snagcheoil Portico Quartet sa Barbican. Bíonn bannaí agus ceoltóirí le cloisteáil in ionaid ealaíne, i gclubanna, agus i dtithe tábhairne de shíor – deis iontach don éisteoir le teacht isteach ar stíleanna difriúla ceoil.

◀ **Canecão, Rio de Janeiro, An Bhrasaíl** Seinneann Chico Buarque go rialta sa Canecão, teach óil in Rio de Janeiro. An chiall leis an ainm "Canecão" ná "muga mór". Is ionad ceoil an-cháiliúil é, ina mbíonn mórcheoltóirí ón mBrasaíl agus ó thíortha eile ag seinm.

◀ **Live Earth, Londain, RA** Chan Madonna ag ceolchoirm Live Earth i Wembley Stadium, Londain, i 2007. Bhí 150 dream ceoltóirí ar stáitse san iomlán, ag 11 ceolchoirm a bhí ar siúl ar fud an domhain, chun aird a tharraingt ar na contúirtí ón athrú aeráide. Craoladh Live Earth i mbreis is 130 tír.

▼ **Ceolchoirm Dhuais Nobel na Síochána, Osló, an Iorua** Cuireadh tús leis an ócáid seo i 1994, agus bíonn sí ann gach bliain in onóir an té a fhaigheann duais chlúiteach na síochána. Bhí an soprán Jumi Jo páirteach sa cheolchoirm i 2000, nuair a bronnadh an duais ar Kim Dae-jung ón gCóiré Theas.

▲ **Comórtas na hEoraifíse, Ríge, An Laitvia** Ceapadh an comórtas mór seo i 1956, chun pobail na hEorpa a thabhairt le chéile tar éis na cogaíochta a bhí eatarthu i lár an chéid. Ó shin i leith, tá roinnt tíortha lasmuigh den Eoraip páirteach sa Eoraifís freisin. I 2003, agus an comórtas ar siúl sa Laitvia, bhí an bua ag iarrthóir na Tuirce, an popcheoltóir Sertab Erener.

▲ **Musikverein, Vín, Ostair** Tá Ceolfhoireann Fhiolarmónach Vín sa phictiúr seo ón halla órga ceolchoirme, an Musikverein i gcathair Vín.Bhí siad ag seinm ar Oíche Choille, mar a rinne an cheolfhoireann gach bliain ó 1939 i leith. Ceol le muintir Strauss agus le cumadóirí eile ón Ostair a sheinntear ag an ócáid.

Peter **Sculthorpe**

"Bheadh sé dícheillí, dar liom, gan aird a thabhairt ar an gceol a múnlaíodh anseo san Astráil i gcaitheamh na mílte bliain."

Scéal beatha

Peter **Sculthorpe**

1929: *Rugadh é in Launceston, sa Tasmáin san Astráil.*

1938: *In aois a naoi, thosaigh sé ag foghlaim an phianó agus ag cumadóireacht.*

1955: *Cuireadh Sonatina for Piano ar siúl den chéad uair ag féile an cheoil chomhaimseartha sa Ghearmáin. Tharraing an ócáid aird idirnáisiúnta ar cheol Sculthorpe.*

1961: *In aois 32, chum sé Irkanda I, an chéad phíosa dá shraith Irkanda faoi iargúil na hAstráile.*

1963: *Thosaigh sé ag teagasc in Ollscoil Sydney.*

1966: *Tugadh coimisiún dó le Sun Music I a chumadh, an chéad phíosa dá shraith Sun Music.*

1977: *In aois 48, scríobh sé ceann dá shaothair is cáiliúla, Port Essington.*

1986: *Chum sé Earth Cry, faoi scrios na timpeallachta agus faoi phobal dúchais na hAstráile ar tógadh a gcuid tailte uathu.*

2004: *In aois a 75 bliana, nach mór, a cuireadh Requiem ar siúl den chéad uair in Adelaide, san Astráil.*

Faoi thionchar

Ceol na hÁise
Cloistear ceol na hÁise, go háirithe fuaimeanna oileán Bali, i saothar Sculthorpe.

Ceol bundúchasach
Tá cantaireacht Bhundúchasach fite sna saothair dhéanacha a chum Sculthorpe, ar nós Requiem *(2004).*

Páirc Náisiúnta Uluru-Kata Tjuta, an Astráil

I gceol Sculthorpe, braithimid uaigneas ollmhór an **tírdhreacha** san Astráil agus an fonn atá air nach scriosfaí é. Cuireann sé in iúl freisin an **choimhlint** idir na hEorpaigh a lonnaigh sa tír ar dtús agus an pobal dúchais a bhí ann rompu.

Is é an cangarú siombal náisiúnta na hAstráile.

Is cumadóir Astrálach é Peter Sculthorpe. Baineann formhór a chuid ceoil le **pobal** agus le **tírdhreach** a thíre féin. Scríobhann sé ceol de gach sórt – don cheolfhoireann, don chór, do cheoldrámaí, agus mórán eile.

An bailé *Sun Music* á léiriú ag Bailé na hAstráile i 1968.

Ag dul siar

Téann Sculthorpe siar ar phíosaí a chum sé cheana, **á n-athscríobh** d'uirlisí difriúla. Bíonn foinn cheoil áirithe (ar nós *Djilili*) le fáil arís is arís eile ina shaothar. Tá cuid dá shaothar dúshlánach don éisteoir, ar nós *Sun Music I*. Chuir sé píosaí éagsúla den *Sun Music* **le chéile**, agus rinne sé bailé *Sun Music* astu.

Tionchar na hÁise
Thug Sculthorpe a chúl le traidisiún ceoil na hEorpa nuair a bhí sé óg. Ina áit sin, dhírigh sé ar cheol agus ar uirlisí na hÁise, agus mhúin sé ceol na hIndinéise ar feadh tamaill. Ansin chas sé i dtreo cheol Bundúchasach a thíre féin.

Sculthorpe ag seinm ar dhruma Téalannach.

Is giotáraí clasaiceach é John Williams, ach seinneann sé snagcheol agus rac freisin.

John Williams (1941–)

Is **giotáraí** Astrálach é Williams a sheinneann ceol le cumadóirí ar fud an domhain, ina measc TōruTakemitsu ón tSeapáin agus Leo Brouwer as Cúba. Seinneann sé ceol óna thír féin freisin, ar nós *Djilili* le Sculthorpe, atá bunaithe ar fhonn ceoil Bundúchasach.

Bhí an ceoltóir didiridiú William Barton páirteach sa chéad léiriú ar *Requiem* ag Féile Adelaide

Requiem (2004)

Chum Sculthorpe an ceol seo i gcuimhne ar a mhuintir agus ar na páistí go léir a maraíodh i gcogaí ar fud an domhain. Tá drumadóireacht agus cantaireacht ann, agus téaduirlisí a dhéanann aithris ar **ghlaonna faoileán**. Cloisimid ceol gutha, ceolfhoireann agus an **didiridiú** ann.

Fuaimeanna *an lae inniu*

Cad é an "rud nua" atá le teacht sa cheol? Sa ré leictreonach inniu, tá na lipéid ollmhóra in ann a rogha poiblíochta a fháil. An dúshlán do cheoltóirí an 21ú haois ná an teicneolaíocht dhigiteach agus an t-idirlíon a úsáid, chun **a gcuid ceoil féin a léiriú** agus fuaimeanna nua a thriail.

Conas mar a tharla?

Ó na 1970idí i leith, bhí na cairteanna ceoil faoina smacht ag cúig chomhlacht ollmhór taifeadta. Bhí ceol "faoi thalamh" ann a chuir grúpaí trialacha chun cinn.

An chéad ghrúpa a fuair lucht leanúna mór don **cheol leictreonach** ná Kraftwerk, banna Gearmánach a bunaíodh i 1970. Faoi anáil Karlheinz Stockhausen (féach lch 126), chuir siad fuaimeanna ceoil as a riocht agus spreag siad ceol nua íostach.

KRAFTWERK (1970–)

Bhí bannaí **krautrock** ar nós Can sa Ghearmáin, a d'fhorbair modhanna nua leictreonacha. Sa Bhreatain, sheinn bannaí ar nós King Crimson (thuas) **rac forásach**. Ina gcuid "albam coincheapa", d'inis siad scéal eipiciúil ar thraiceanna fada liriciúla.

An chéad hit ina raibh ceol sintéiseora ná Are "Friends" Electric? *á sheinm ag Gary Numan agus an Tubeway Army i 1979.*

Sintéiseoir

Sna 1980idí, bhí uirlisí ceoil leictreonacha ar fáil ar phraghas réasúnta, agus i 1982, d'aontaigh na comhlachtaí éagsúla ar chaighdeán digiteach amháin. As sin amach, bhí ceoltóirí méarchláir in ann smacht a imirt ar a lán uirlisí ceoil san am amháin.

D'éirigh thar barr le *Nevermind* (1991), an dara halbam a d'eisigh an banna Nirvana, agus tháinig stíl ailtéarnach rac, ar a dtugtar **ceol grúinse**, go mór chun tosaigh. Bhí an-tionchar ag an ngrúinse ar an gceol rac ó shin i leith.

NIRVANA (1987–1994)

Ó na 1990idí i leith, tá an teicneolaíocht dhigiteach agus an t-idirlíon ag cabhrú le lipéid bheaga a gcuid ceoil (ar a dtugtar **ceol indie**) a léiriú agus a scaipeadh.

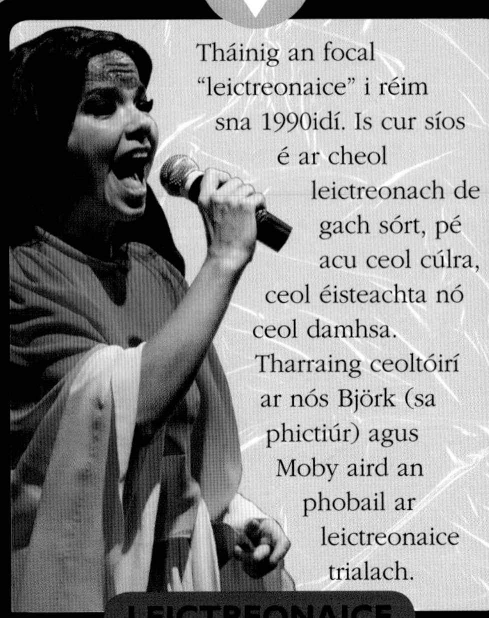

Tháinig an focal "leictreonaice" i réim sna 1990idí. Is cur síos é ar cheol leictreonach de gach sórt, pé acu ceol cúlra, ceol éisteachta nó ceol damhsa. Tharraing ceoltóirí ar nós Björk (sa phictiúr) agus Moby aird an phobail ar leictreonaice trialach.

LEICTREONAICE

ÉIST LE TRAIC 35

Éist leis na cnag-fhuaimeanna gutha sa cheol funcaí leictreonach seo.

Sa 21ú haois, tá stíleanna nua á gcruthú de shíor ag ceoltóirí an domhain...

Ceoltóirí aonair

Arkin Ilicali (1966–)
Tugann an cumadóir Turcach seo Mercan Dede nó DJ Arkin Allen air féin freisin. Seinneann sé uirlis Thurcach, an né, agus mar DJ, meascann sé ceolta Áiseacha, clasaiceacha agus leictreonacha.

Matthias Paul (1971–)
Ceol **damhsa leictreonach** a sheinneann an DJ seo, faoin ainm Paul van Dyk. Bhí David Byrne (Talking Heads) agus Jessica Sutta (Pussycat Dolls) ag obair leis ar a albam stiúideo, *In Between*.

Lady Gaga (1986–)
Is popcheoltóir Meiriceánach í a tógadh faoin ainm Stefani Germanotta. Tá stíl **an-drámata** aici, a tharraingíonn ar chúrsaí faisin agus ar rac-cheol péacach David Bowie agus Freddie Mercury.

Bannaí

Garbage (bunaíodh i 1994)
Is Albanach í Shirley Manson, príomh-amhránaí Garbage. Seinneann siad **rac ailtéarnach**, ina bhfuil ceol grúinse, amhráin bheoga, agus fuaimeanna leictreonacha a chuirtear as a riocht.

Little Tragedies (bunaíodh i 1994)
Is banna Rúiseach iad a sheinneann **rac forásach** faoi thionchar clasaiceach, agus ceolta binne ar an méarchlár mar chuid dá stíl.

Sigur Rós (bunaíodh i 1994)
Is banna ón Íoslainn iad a bhfuil **fuaim neamhshaolta** sa cheol acu, mar aon le stíl chlasaiceach agus íostach. Tá cáil ar Jónsi, an príomhamhránaí, as seinm ar a ghiotár le bogha dordveidhile.

Tokio Hotel (bunaíodh i 2001)
Tá cur chuige trialach ag an mbanna Gearmánach pop-rac seo. Sa singil, *Automatic*, cloisimid **port miotalach**, giotáir ag siosarnach, cnaguirlisí ag plancadh, agus curfá a oireann do shlua ollmhór á bhéicíl amach in ard a gcinn.

Empire of the Sun (bunaíodh i 2006)
Is Astrálaigh iad Luke Steele agus Nick Littlemore, a bhfuil stíl **reitreo-leictreonach** acu. Fuair siad aird an phobail nuair a d'eisigh siad sé thraic dá gcéad albam, *Walking on a Dream*, ar an líonra idirlín MySpace.

UIRLIS NUA

Reactable
Is bord cruinn lonrach é an uirlis réabhlóideach nua seo. Tá **gléasanna leictreonacha** air, ar a dtugtar pocanna, agus tá éifeachtaí éagsúla acu – mar rialtáin, mar shintéiseoirí agus mar lúbanna. Oibríonn na pocanna le chéile ar an mbord, agus is féidir leis na ceoltóirí iad a bhogadh thart chun fuaimeanna a chruthú as an nua.

Féilte *ceoil*

Ar fud an domhain, téann na sluaite daoine chuig féilte ceoil chun éisteacht lena rogha ceoltóirí. Is ócáidí ollmhóra iad cuid acu – na mílte puball mar lóistín agus sult is muintearas i réim.

▲ **Woodstock, Stát Nua Eabhrac, SAM** I 1969 a cuireadh an chéad mhór-cheolchoirm rac ar siúl amuigh faoin aer - ócáid chinniúnach i stair an cheoil. Ar feadh trí lá, bhí leath mhilliún duine in aon ghort fliuch amháin, ag éisteacht le réaltaí ar nós Joan Baez, Jimi Hendrix, agus The Who.

▲ **Glastonbury, Sasana** Is í féile Glastonbury an racfhéile bhliantúil is mó sa Bhreatain. Bíonn breis is 700 mír cheoil ar stáitse, agus seinntear gach stíl ó Oasis go Jay-Z. Bíonn drámaíocht, damhsa, sorcas agus a lán eile ar siúl freisin.

▲ **Rock'n Coke, Iostanbúl, An Tuirc** Bíonn bannaí ón Tuirc agus ó thíortha eile le cloisteáil ag an bhféile seo, a urraíonn Coca Cola. Dhá lá a leanann sé, ar Aerpháirc Hezarfen.

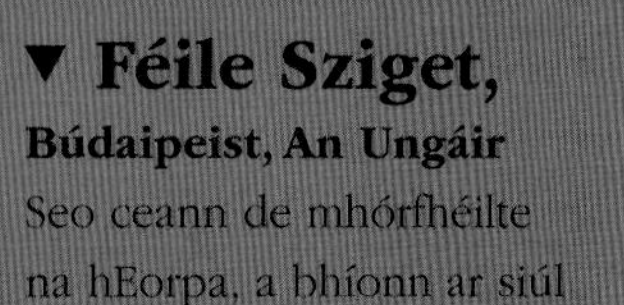

▼ **Féile Sziget, Búdaipeist, An Ungáir** Seo ceann de mhórfhéilte na hEorpa, a bhíonn ar siúl ar oileán i lár na Danóibe.

▲ **Carraig Fuji, Naeba, An tSeapáin** Seo í an fhéile cheoil is mó sa tSeapáin, agus 100,000 duine ag freastal uirthi. I gceantar álainn sciála sna sléibhte atá ionad na féile.

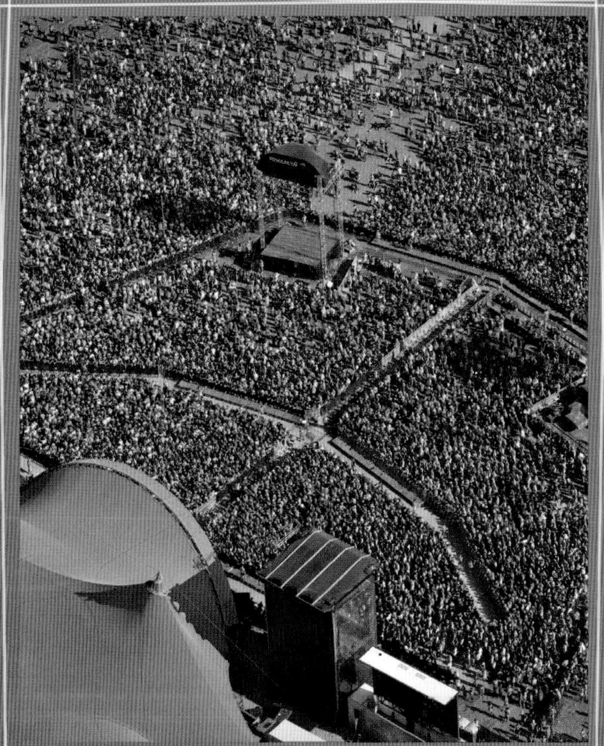

▲ **Féile Roskilde, An Danmhairg** Tá an fhéile seo, ceann de na cinn is mó san Eoraip, ar siúl gach bliain ó 1971 i leith. Ghlac a lán mórcheoltóirí páirt inti, ina measc Bob Dylan agus Bob Marley.

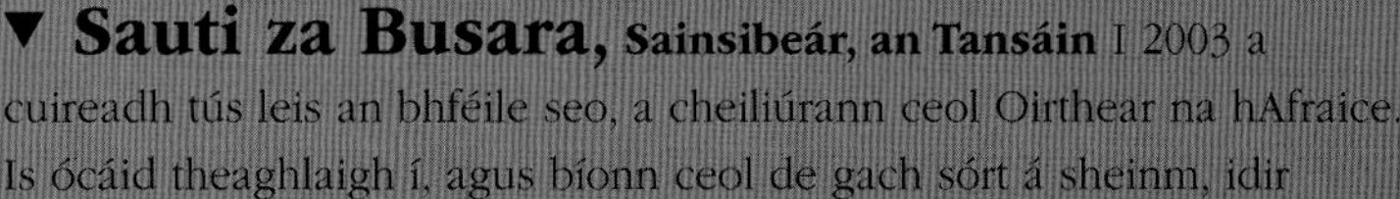

▼ **Sauti za Busara, Sainsibeár, an Tansáin** I 2003 a cuireadh tús leis an bhféile seo, a cheiliúrann ceol Oirthear na hAfraice. Is ócáid theaghlaigh í, agus bíonn ceol de gach sórt á sheinm, idir chlasaiceach, nua-aimseartha, fhuaimiúil agus leictreonach.

▲ **Rock al Parque, Bogotá, An Cholóim** Is féile ollmhór í seo, áit a gcloistear punc, reigé, ska, agus gormacha mar aon le rac. Bíonn féilte eile ann freisin, a cheiliúrann hip hap, snagcheol, agus sársúéla (ceoldrámaíocht).

◀ **Féile Salzburg, An Ostair** I gcathair Salzburg a rugadh Mozart, agus díríonn féile seo an tsamhraidh ar cheol clasaiceach agus ar dhrámaíocht.

▼ **Féile Rabindra Sadan, Calcúta, An India** Is ionad cultúrtha é Rabindra Sadan, agus seinneann na mílte ceoltóirí Indiacha ag an bhféile cheoil ann.

An t-amhránaí Beangálach Lopamudra

Cuir **cluas** *ort féin!*

Tá formhór na bpíosaí ceoil a luaitear sa leabhar seo ar taifead agus iad ar fáil ar dhioscaí nó ar shuíomhanna idirlín. Is féidir leat iad a íoslódáil, mar sin, agus éisteacht leo ar do sheinnteoir féin. Ach an rud is fearr ar fad ná **éisteacht le ceol beo** á sheinm os do chomhair amach.

Faigh amach cad iad na himeachtaí ceoil atá ar siúl i do cheantar féin, i bpáirceanna, i séipéil agus i scoileanna. Éist le ceolfhoireann ghairmiúil ag seinm i halla mór. Fiosraigh cé hiad na bannaí a bheidh páirteach i bhféilte ceoil na bliana seo.

An chéad chéim eile ná **páirt a ghlacadh** in imeachtaí ceoil tú féin! Tá córacha beaga is móra ar fud na tíre agus is mór an spórt é canadh in éineacht le daoine eile. Beidh deis agat amhráin chlasaiceacha agus ceol an phobail a chleachtadh.

Tá gach duine in ann rud éigin a bhualadh, a shéideadh nó a phlancadh chun ceol a dhéanamh. Agus is mór an pléisiúr é foghlaim conas uirlis a sheinm i gceart. Iarr ar cheoltóir nó ar mhúinteoir cabhrú leat. D'fhéadfá **ceol a chumadh**, fiú, agus foinn nó liricí de do chuid féin a scríobh síos. B'fhéidir go bhfuil bua iontach agat mar a bhí ag Mozart, nó go mbeidh mórcháil ort mar a bhí ar Michael Jackson. Cuirfidh an ceol cor nua i do shaol.

An cumadóir Michael Tippett i mbun **ceardlainne** le téadcheoltóirí cheolfhoireann na n-óg.

Gluais

12 ton *(12 tone)* Ceol gan gléas ar leith, agus an tábhacht chéanna ag gach ceann den 12 nóta san ochtach.

Alt *(alto)* Guth íseal canta ag bean, nó uirlis agus a raon idir soprán agus teanóir.

Bailé *(ballet)* Damhsa grástúil, ina bhfuil céimeanna maisiúla agus gluaiseachtaí casta.

Bailéad *(ballad)* Amhrán tíre a insíonn scéal - traidisiún san Eoraip leis na céadta bliain.

Baratón *(baritone)* Guth canta ag fear nó uirlis agus a raon idir teanóir agus dord.

Basso continuo *(basso continuo)* Seiftiú ar chomhcheol, bunaithe ar an dord a scríobhadh don phíosa ceoil.

Bossa nova *(bossa nova)* Rithim ón mBrasaíl bunaithe ar dhamhsa samba, a d'fhás ó cheol na hAfraice.

Breachnuithe *(variations)* Cnuasach píosaí ceoil, ina bhfuil téama coitianta ach difríochtaí idir gach píosa.

Búgaí *(boogie-woogie)* Ceol damhsa i stíl na ngormacha. Bíonn rithim luasctha agus fonn simplí, seiftithe leis.

Canóin agus fiúga *(canon and fugue)* Píosaí ceoil do dhá ghuth nó uirlis ar a laghad. Seinneann siad an fonn céanna, agus tagann siad isteach thar a chéile.

Cantáid *(cantata)* Ceol eaglasta do ghuthanna, agus tionlacan uirlisí leo.

Cantaireacht *(chanting)* Ceol gutha sa stíl is sine ar domhan. Bíonn an fonn ceoil an-simplí agus déanann amhránaí aonair nó cór a lán athrá air.

Ceathairéad téadach *(string quartet)* Ceathrar ag seinm uirlisí le chéile - dhá veidhlín, vióla agus dordveidhil de ghnáth.

Ceol aireagail *(chamber music)* Seo ceol clasaiceach a sheinneann grúpa beag. Fadó, sheinntí é don uasaicme ina dtithe féin.

Ceol neamhthonúil *(atonal)* Ceol nach bhfuil in aon ghléas áirithe. Sa 20ú haois a tháinig an stíl seo chun cinn.

Ceol soiscéalach *(gospel music)* Ceol eaglasta lán de bhrí agus d'áthas. Ón gcultúr Meiriceánach Afracach a tháinig sé, agus bíonn rithimí snagcheoil agus a lán comhcheoil ann.

Ceol sól *(soul music)* Bíonn na focail lán de mhothú sa stíl cheoil seo. Tá cumasc ann idir ceol soiscéalach, na gormacha agus rac is roll.

Ceol tíre *(folk music)* Ceol agus amhráin a bhaineann le pobal nó le réigiún ar leith, a léiríonn a dtraidisiúin agus a saol féin.

Ceol tonúil *(tonal music)* Ceol i ngléas áirithe, nó bunaithe ar scála nó tuinairde ar leith, a thugann struchtúr dó. Bhí struchtúir nua i siansaí tonúla an 20ú haois.

Ceolchoirm *(concert)* Taispeántas poiblí ceoil.

Ceoldráma *(opera)* Scéal drámata a insítear le ceol. Canann na daoine ar stáitse a bpáirteanna, le tionlacan ón gceolfhoireann.

Ceolfhoireann *(orchestra)* Grúpa mór ceoltóirí a sheinneann le chéile ar uirlisí éagsúla.

Coinséartó *(concerto)* Píosa ceoil a cumadh d'uirlis aonair le tionlacan ón gceolfhoireann.

Comhcheol *(harmony)* An fhuaim a dhéantar nuair a sheinntear nótaí le chéile ina gcordaí.

Comhla *(valve)* Cuid de phrásuirlis, a rialaíonn tuinairde na fuaime ón uirlis.

Corda *(chord)* Grúpa nótaí a sheinntear ag an am céanna.

Cúigréad *(quintet)* Cúigear ceoltóirí nó amhránaithe i ngrúpa amháin.

Dán siansach *(symphonic poem)* Píosa ceoil a léiríonn tírdhreach, pictiúr, dán, carachtar, nó ábhar ar leith.

Dísréad *(duet)* Píosa ceoil a cumadh do bheirt cheoltóirí nó amhránaithe.

Dord *(bass)* guth canta ag fear nó uirlis den raon is ísle, faoi bhun baratóin.

Dordán *(drone)* Téaduirlis nó píb a dhéanann nóta a choimeádtar seal fada.

Eagcheol *(ragtime)* Stíl cheoil don phianó ón 20ú haois luath, ina bhfuil rithim shioncóipithe.

Feag *(reed)* Píosa tanaí adhmaid, miotail, nó plaistigh a chuirtear i mbéalóg ghaothuirlise.

Figín *(pick)* Píosa beag plaistigh nó ábhair eile. Úsáidtear é chun téad-uirlis, go háirithe giotár, a phiocadh.

Flamenco *(flamenco)* Damhsa tíre lán de bhrí is de phaisean, a thagann ó réigiún na hAndalúise sa Spáinn.

Fonn ceoil *(melody)* Sraith nótaí ceoil a dhéanann port ar leith a sheasann leis féin.

Fuaimiúil *(acoustic)* Uirlis nó stíl cheoil nach n-úsáideann aimpliú leictreach.

Gléas *(key)* Tá an gléas bunaithe ar an bpríomhscála ina seinntear an ceol. Tugann sé cur síos ar chóiriú tonúil an cheoil.

Gormacha *(blues)* Stíl cheoil chorraitheach, ina bhfuil buillí malla, comhcheol láidir, agus "nótaí gorma" a bhfuil an tuinairde íslithe iontu chun mothú brónach a léiriú.

Grúinse *(grunge)* Sa rac-cheol ailtéarnach seo, bíonn na fuaimeanna garbh, na giotáir míbhinn agus na liricí feargach nó gruama.

Ilfhónacht *(polyphony)* Ceol ina bhfuil níos mó ná fonn ceoil amháin san am.

Ilrithim *(polyrhythm)* Ceol ina bhfuil níos mó ná rithim amháin san am.

Iltonach *(polytonal)* Stíl cheoil ina bhfuil níos mó ná ton amháin in úsáid san am.

Iomann *(hymn)* Ceol eaglasta ina moltar Dia.

Íostach *(minimalist)* Stíl thrialach cheoil, a bhfuil an-tóir uirthi. Ní úsáidtear ach líon beag nótaí ceoil, uirlisí, agus focal. Déantar an-athrá ar an bhfonn, rud a chuireann sórt hipneoise ar an éisteoir.

Leitmóitíf *(leitmotif)* Sraith ghearr nótaí, nó píosa rithime nó comhcheoil, a bhfuil athrá air anois is arís sa saothar ceoil.

Lied *(lied)* Amhrán Gearmánach de stíl áirithe, agus tionlacan pianó leis. Tógtar na focail ó dhánta liriciúla, rómánsúla.

Liricí *(lyrics)* Focail amhráin.

Luasc-cheol *(swing)* Stíl snagcheoil a d'fhorbair bannaí móra an cheoil damhsa sna 1930idí sna Stáit Aontaithe.

Madragal *(madrigal)* Ceol córúil a cumadh do ghrúpaí beaga amhránaithe, agus a chantar gan tionlacan.

Maisíochtaí *(special effects)* Fuaimeanna a chruthaítear nuair a sheinntear uirlis le teicnící ar leith, nó nuair a oibrítear gléasra taifeadta sa stiúideo.

Méaldráma *(melodrama)* Ceol lán de charachtar, ina bhfuil píosaí cainte mar aon le ceol tionlacain sa chúlra.

Minit *(minuet)* Stíl ghrástúil damhsa a leath ar fud na hEorpa sa 17ú haois. Bhí trí bhuille i ngach barra sa cheol.

Móitéit *(motet)* Ceol córúil eaglasta.

Nodaireacht *(notation)* Córas lena scríobhtar síos ceol.

Ochtach *(octave)* An bhearna nó achar sa scála ceoil, idir an chéad nóta agus an t-ochtú nóta. Tá an t-ainm céanna ar na nótaí ag bun agus ag barr an ochtaigh.

Oratóir *(oratorio)* Léiriú ceoil ar scéal, (faoi chúrsaí creidimh, go minic). Tá sé cosúil le ceoldráma, ach gan feisteas ná cultacha stáitse mar chuid de.

Ornáidí *(ornaments)* Nótaí a chuirtear leis an gceol mar mhaisiú.

Ostinato *(ostinato)* Rithim nó port ceoil a ndéantar athrá air go minic laistigh den saothar.

Páiste éachtach *(prodigy)* Duine a léiríonn bua iontach nó ardchumas ceoil nuair atá sé nó sí fós an-óg.

Pátrún *(patron)* Duine a thugann cabhair airgid do cheoltóirí, nó a oibríonn ar a son ar shlite eile.

Popcheol *(pop)* Tagann "pop" ón bhfocal "popular" – ceol a bhfuil an-tóir ag an bpobal air. Bíonn poirt agus rithimí láidre, simplí sa phopcheol, ionas go mbíonn sé éasca damhsa leis agus cuimhniú ar na focail.

Rac is roll *(rock-and-roll)* Stíl cheoil a rinne cumasc idir ceol tíre agus ceol R&G, nó rithim is gormacha. Bíonn rithimí láidre ann, mar aon le buille trom ceoil.

Raga *(raga)* Nótaí ceoil ar a mbunaítear an fonn i gceol clasaiceach na hIndia.

Rapcheol *(rap)* Ceol agus liricí a deirtear amach nó a ndéantar cantaireacht orthu. Bíonn buille láidir ceoil chúlra ag gabháil leis an rap.

Réamhcheol *(overture & prelude)* Píosa ceoil uirlise a sheinntear ag tús ceoldráma, ceolsiamsa nó saothair eile. Uaireanta bíonn na poirt cheoil is fearr sa saothar iomlán le cloisteáil ann. Corruair, seasann an réamhcheol (prelude) leis féin.

Requiem *(requiem)* Píosa ceoil a léiríonn brón agus cumha faoin mbás, nó a sheinntear ag ócáid eaglasta in onóir na marbh.

Rif *(riff)* Sraith nótaí nó cordaí a ndéantar athrá arís is arís eile orthu. Is féidir le huirlis aonair nó le lucht rithime bhanna ceoil rifí a sheinm.

R&G, rithim agus gormacha *(R&B, rhythm and blues)* Stíl cheoil a thugann gormacha agus snagcheol le chéile. Bíonn an rithim sioncóipithe, agus seinntear leaganacha éagsúla de na frásaí ceoil céanna.

Seiftiú *(improvisation)* Ceol á chumadh ar an láthair, le linn don cheoltóir a bheith ag seinm uirlise nó ag canadh amhráin.

Siansa *(symphony)* Saothar mór ceoil uirlise, a chumtar don cheolfhoireann go léir de ghnáth. Bíonn ceithre chuid ar leith ann (gluaiseachtaí) go minic, agus luas éagsúil le gach cuid.

Sintéiseoir *(synthesizer)* Gléas leictreonach ceoil, a dhéanann fuaimeanna go leictreonach.

Sioncóipiú *(syncopation)* Stíl rithime – bristear patrún rialta na mbuillí agus cuirtear an bhéim ar bhuillí laga.

Snagcheol *(jazz)* Stíl cheoil atá lán de bhrí. Bíonn rithimí sioncóipithe ann agus déantar seiftiú ar an gceol go minic. Bíonn meanma láidir sa chaidreamh idir na ceoltóirí, a théann i gcion ar an gceol.

Sonáid *(sonata)* Píosa ceoil do phianó aonair, nó píosa d'uirlis eile a sheinneann ina haonair nó le tionlacan ón bpianó.

Soprán *(soprano)* Guth ard canta ag bean, nó uirlis cheoil den raon is airde.

Spioradálaigh *(spirituals)* Amhráin de chuid sclábhaithe Meiriceánacha Afracacha. Bhí siad lán de mhothú, agus iad ag cur síos ar a gcreideamh agus ar an dóchas a bhí acu go saorfaí iad.

Sraith *(suite)* Píosaí gearra de cheol uirlise, a sheinntear le chéile nó a sheasann astu féin.

Stiúrthóir *(conductor)* An duine a stiúraíonn an cheolfhoireann agus a chinntíonn go bhfuil luas, airde agus mothú an cheoil faoi mar ba cheart don saothar.

Tála *(tala)* An rithim i gceol clasaiceach na hIndia.

Teanóir *(tenor)* Guth ard canta ag fear nó uirlis cheoil den raon idir alt agus baratón.

Ton *(tone, timbre)* Tugtar tondath air seo freisin – cineál nó nádúr na fuaime a dhéanann uirlis cheoil nó guth duine. Is féidir a rá, mar shampla, go bhfuil an fhuaim garbh nó croíúil.

Tuinairde *(pitch)* Cur síos ar chomh hard nó chomh híseal is atá nóta áirithe ar an scála ceoil.

Virtuoso *(virtuoso)* Ceoltóir nó amhránaí iontach cumasach.

Innéacs na gCeoltóirí

Buíochas

Ba mhaith le Dorling Kindersley buíochas a ghlacadh le Richard Beatty agus le Lorrie Mack as profléitheoireacht agus le Lee Wilson as cúnamh eagarthóireachta sa bhreis.

Ba mhaith leis an bhfoilsitheoir buíochas a ghlacadh leo seo a leanas faoina gcead a gcuid grianghraf a chur i gcló:

(Eochair: u-uachtar; í-íochtar; l-lár; c-clé; d-deis; af-ar fad;)

3 Dorling Kindersley: Steinway and Sons. **4-5 Getty Images:** Peter Adams (í). **6 Getty Images:** Graham Wiltshire/Hulton Archive (l). **7 Getty Images:** AFP (l); Francesco Botticini (u); Lisa Maree Williams (í). **8-9 Corbis:** Michael Pole (cúlra). Marshall Amplification plc: íomhá/nna Marshall á soláthar ag Marshall Amplification plc - www.marshallamps.com (aimplitheoirí). **10-11 Corbis:** Bailiúchán Stapleton. **12 Amgueddfa Cymru - Músaem Náisiúnta na Breataine Bige:** (ldu/breochloch). **Músaem Náisiúnta na Slóivéine:** Tomaž Lauko (lcí). **Photolibrary:** Kyle Rothenborg/Pacific Stock (lcu). **Science Photo Library:** Sinclair Stammers (ud). **12-13 Alamy Images:** Pavel Filatov (lí). **Corbis:** M. Angelo (cúlra). **13 Bryan agus Cherry Alexander ArcticPhoto:** (uc). **Corbis:** Brooklyn Museum (lcu); Alain Le Garsmeur (ud). **Getty Images:** Robyn Beck/AFP (íd). **14 The Bridgeman Art Library:** Museo della Civiltà Romana, an Róimh/Roger-Viollet, Paris (c). **Corbis: The Gallery Collection** (ldí); Otto Lang (íd). **Getty Images:** Roger-Viollet Collection (ldu). **15 Alamy Images:** Dinodia Images (lí); The Print Collector (lcuaf). **The Bridgeman Art Library:** Bibliothèque des arts décoratifs, Páras/Archives Charmet (lcu). **The Trustees of the British Museum:** (ldí). **Corbis:** Asian Art & Archaeology, Inc. (lcí); Roger Wood (ud). Le caoinchead Richard Dumbrill, **The Archaeomusicology of the Ancient Near East, Trafford 2005:** (lí). **Flickr.com:** Leslie Lewis (ldu). **Getty Images:** The Bridgeman Art Library (lu). **16 Corbis:** Paul A. Souders (lc); Penny Tweedie (uc). **Getty Images:** Penny Tweedie/The Image Bank (lí). **Lebrecht Music and Arts:** Chris Stock (íd). **16-17 Corbis:** Andrew Watson/JAI (cúlra). **17 Getty Images:** Claire Leimbach/Robert Harding World Imagery (lcí). **Lebrecht Music and Arts:** Richard H. Smith (ud). **Grianghraf le caoinchead RMIT: Grianghrafadóir:** Jim Mepham (íd). **18 Alamy Images:** Hemera Technologies (lí); Edwin Remsberg (lc). **19 Alamy Images:** INTERFOTO (l). **Corbis:** Frans Lemmens (íd) (lu/surnaí). **Lebrecht Music and Arts:** Museum of Fine Arts, Bostún (uc/sumára). **20 Alamy Images:** AfriPics.com (lcu/fráma Iarthar na hAfraice); Michael Jenner (ud). **Corbis:** Bruno Morandi/Robert Harding World Imagery (lcuaf). **Getty Images:** Jack Dykinga/The Image Bank (í). **iStockphoto.com:** Roberto Gennaro (ldu/fráma Beirbeireach). **21 Alamy Images:** Robert Fried (íd/fráma na Siombáibe); J. Marshall/Tribaleye Images (lcí/fráma Buganda); Jacques Jangoux (ldu/ceoltóirí); Zute Lightfoot (ud/fráma na Mósaimbíce); Jamie Marshall/Tribal Textiles/Tribaleye Images (uc/fráma na Nigéire); Chris Stock/Lebrecht Music & Arts (ldí); Andrew Woodley (ldí/fráma Oirthear na hAfraice). **Corbis:** Anthony Bannister/Gallo Images (lí). **iStockphoto.com:** Thomas Moens (lcu). **Lonely Planet Images:** Ariadne Van Zandbergen (lc). **22 Alamy Images:** Lou-Foto (uc). **The Bridgeman Art Library:** Bibliothèque des arts décoratifs, Páras/Archives Charmet (íc/clingíní cloiche agus ócairín). **Corbis:** Li Nan/ Redlink (lcu/ceoltóir piopa). **Lebrecht Music and Arts:** Graham Salter (íd). **23 Alamy Images:** Aflo Co. Ltd./AM Corporation (íd); Classic Image (íc/fráma); Franck Guiziou/Hemis (íc/lámh). **Lebrecht Music and Arts:** Paul Tomlins (uc). **24 Dorling Kindersley:** Anthony Barton Collection (lcí). **25 Lebrecht Music and Arts:** Museum of Fine Arts, Bostún (c/cláirseach na hÉireann). **26 Corbis:** Franz-Marc Frei (í). **Getty Images:** The Bridgeman Art Library (ld). **iStockphoto.com:** Andrew Howe (uc/éan). **Photo Scala, Flórans:** (lcí). **27 Alamy Images:** Classic Image (c/fríos). **The Bridgeman Art Library:** Bailiúchán Príobháideach/Roger Perrin (uc). **Corbis:** Luca Tettoni (lu). **Getty Images:** Pascal Le Segretain (ldí); Cristina Quicler/AFP (íc); Jeremy Samuelson (lí). **28 Alamy Images:** The Art Gallery Collection/Visual Arts Library (Londain) (íc). **Photolibrary:** The British Library/Imagestate (lcu); Martin Westlake/Asia Images (uc). **28-29 Alamy Images:** Peter Horree (í/príomhphictiúr). **29 Alamy Images:** Hunghsiang LAN (ud); WorldFoto (tl). **30 Corbis:** EPA/STR (ud); David Lees (lcu); Andrew Winning/Reuters (í). **'The Hippo Man', Mayinda Orawo, treibh Luo, An Chéinia 1973. Cóipcheart David Fanshawe. Clúdach CD Sanctus na hAfraice, Silva Records SILKD6003.:** (uc). **Lebrecht Music and Arts:** RIA Novosti (ldu). **31 Alamy Images:** Jon Bower, Oxford (ud). **Corbis:** Anders Ryman (íc). **Getty Images:** Andreas Rentz/Bongarts (íd). **Photolibrary:** Karl F. Schöfmann/imagebroker.net (lcu). **32 Alamy Images:** V&A Images (lc). **The Bridgeman Art Library:** Músaem Náisiúnta na hIndia, Deilí Nua/Lauros/Giraudon (uc). **32-33 Photolibrary:** Martin Harvey/Peter Arnold Images (príomhphictiúr). **33 Getty Images:** Michael Ochs Archives (lu). **iStockphoto.com:** Nikolay Titov (ud/fráma). **Sathyadeep Musical Palace:** (ldu). **34 Bruno Deschênes:** (ldu). **Lara & Benno Lang:** (lcu). **Photolibrary:** The Print Collector/Imagestate (u); Klaus-Werner Friedrich/imagebroker.net (í). **35 Photograph © 2010 Museum of Fine Arts, Bostún:** (uc). **Alamy Images:** Robert M. Vera (íc). **Getty Images:** Diana Ong/Bailiúchán Príobháideach/ SuperStock (íd). **36-37 Getty Images:** De Agostini Picture Library. **38 Alamy Images:** INTERFOTO (íd). **The Bridgeman Art Library:** British Library Board (lcí); Musée Condé, Chantilly, an Fhrainc/Giraudon (ldu/amhránaithe). **Corbis:** Bettmann (lí); Stefano Bianchetti (lcu); The Gallery Collection (ud). **38-39 Corbis:** Arcaid (colúin). **39 The Bridgeman Art Library:** Gemäldegalerie Alte Meister, Dresden/Staatliche Kunstsammlungen, Dresden (uc); Musée Condé, Chantilly, an Fhrainc/Lauros/Giraudon (lu). **Corbis:** The Art Archive/A. Dagli Orti (íc); Bettmann (l). **Getty Images:** De Agostini Picture Library/A. Dagli Orti (íd); Hulton Archive (ld) (ud). **Lebrecht Music and Arts:** Colouriser AL (lí). **40 Corbis:** Bettmann (uc); Lebrecht Music & Arts (í). **Getty Images:** Hulton Archive (lcí). **Wikipedia, The Free Encyclopedia:** (íc). **41 Corbis:** Dave Bartruff (uc); Bettmann (uc); Martin Schutt/DPA (ldu). **Getty Images:** Keystone/Hulton Archive (ldí). **42 Corbis:** Christie's Images (ud); Robbie Jack (c); Francis G. Mayer (ldu). **42-43 Corbis:** Peter Crowther/Ikon Images (spotsolas/cúlra). **43 Alamy Images:** RIA Novosti (íd). **The Bridgeman Art Library:** Músaem Lindenau, Altenburg, an Ghearmáin/Bildarchiv Foto Marburg (íc). **Corbis:** Bailiúchán Hulton-Deutsch (lí). **Getty Images:** Hulton Archive (ud) (uc). **Lebrecht Music and Arts:** Tristram Kenton (lc). **44 Lebrecht Music and Arts:** (cl). **Wikipedia, The Free Encyclopedia:** (uc/coibis). **44-45 Dorling Kindersley:** Stephen Oliver (príomhveidhlín). **45 Alamy Images:** Graham Salter/Lebrecht Music and Arts (uc). **Corbis:** Stefano Bianchetti (ud). **Getty Images:** Carl De Souza/AFP (ld); Roberto Serra/Iguana Press (íc); Denise Truscello/WireImage (íd). **46 Alamy Images:** The Art Archive (lí/scór ceoil). **The Bridgeman Art Library:** Museo di Strumenti del Conservatorio, Napoli (ldu). **Corbis:** The Art Archive/A. Dagli Orti (ud); Austrian Archives (íd); Bettmann (ldí). **Getty Images:** PALM/RSCH/ Redferns (lcí). **Lebrecht Music and Arts:** Colouriser AL (lc). **46-47 Getty Images:** Nicholas Eveleigh/Photodisc (fráma pictiúir). **47 Alamy Images:** Mary Evans Picture Library (ld); INTERFOTO (íd). **The Bridgeman Art Library:** National Gallery of Victoria, Melbourne/Tiomnacht Everard Studley Miller (ud). **Corbis:** Bettmann (lc); Gianni Dagli Orti (uc). **Getty Images:** Kean Collection/Hulton Archive (lu); ND/Roger Viollet (íc). **Lebrecht Music and Arts:** Colouriser AL (íc). **Mary Evans Picture Library:** Grosvenor Prints (lí). **48 Alamy Images:** Lebrecht Music and Arts (uc). **Corbis:** The Art Archive/A. Dagli Orti (lcí). **Getty Images:** The Bridgeman Art Library/ Músaem Staatliches, Schwerin, an Ghearmáin (íc). **Photo Scala, Flórans:** Foto Austrian Archive (ld). **49 Corbis:** Christie's Images (íc/fortepiano). **Lebrecht Music and Arts:** (lc). **Photo Scala, Flórans:** White Images (ud). **50 Alamy Images:** INTERFOTO (ld) (lí). **Corbis:** The Art Archive (u). **Getty Images:** Sean Gallup (lcí); Christian Ludwig Seehas/The Bridgeman Art Library (íc). **51 The Bridgeman Art Library:** Beethoven Haus, Bonn/Giraudon (cl); English Heritage. NMR (ud). **Lebrecht Music and Arts:** (lcí). **52 Adams Musical Instruments, an Ollainn:** (lu/clogfheadáin). **Dorling Kindersley:** Stephen Oliver (íd/veidhlíní). **Getty Images:** Stockbyte (ud/clogfheadáin). **53 Adams Musical Instruments, an Ollainn:** (uc). **Lebrecht Music and Arts:** Chris Stock (lu/dordtrombón). **54 Corbis:** The Art Archive/A. Dagli Orti (lcí) (ud); Christie's Images (íd/pictiúr); The Gallery Collection (ld/Paganini). **Getty Images:** Hulton Archive (lcu/Louis Spohr). **iStockphoto.com:** (íc/cleite); Viktor Pravdica (íc/páipéar ceoil, dúch agus rós) (íd/Weber). **Lebrecht Music and Arts:** (ldí/scór). **55 Alamy Images:** Lebrecht Music and Arts (ud). **Corbis:** The Art Archive/A. Dagli Orti (lu); Bettmann (íd); Michael Nicholson (lí); W. and D. Downey/Hulton Archive (ld). **Getty Images:** Imagno/Hulton Archive (uc íc) (lc); Rischgitz/Hulton Archive (l). **56 Alamy Images:** Lebrecht Music and Arts (l). **Corbis:** The Art Archive (ícaf); Cartlann na hOstaire (lcíaf). **Getty Images:** Hulton Archive (u). **57 Adams Musical Instruments, an Ollainn:** (íd). **Dorling Kindersley:** Stephen Oliver (ldí/veidhlín). **Getty Images:** Apic/Hulton Archive (uc). **Mary Evans Picture Library:** (ud). **58 Corbis:** Robbie Jack (íc). **Getty Images:** Henrietta Butler/Redferns (lc); Patrick Riviere (íd). **Lebrecht Music and Arts:** Bailiúchán Príobháideach (ldu). **58-59 Corbis:** Svenja-Foto (cúlra). **Getty Images:** Paula Bronstein (íd). **59 ArenaPAL:** Clive Barda (uc). **Corbis:** Jacques M. Chenet (ud); Historical Picture Archive (lí). **Lebrecht Music and Arts:** Heikki Tuuli (ld). **60 Corbis:** The Art Archive (lcí). **Getty Images:** De Agostini Picture Library/A. Dagli Orti (íc); Hulton Archive (u). **Lebrecht Music and Arts:** S. Lauterwasser (íd). **61 Corbis:** Photolibrary (lc); Joerg Schulze/EPA (ldu). **Getty Images:** Hulton Archive (ldí); Three Lions/Hulton Archive (uc). **62 Corbis:** (lí) (lcu/cruitchlár). **Lebrecht Music and Arts:** Museum of Fine Arts, Bostún (lcu/clabhchorda). **62-63 Corbis:** Envision (príomhphianó). **63 Alamy Images:** Lebrecht Music and Arts (íd); INTERFOTO (lu). **64 Corbis:** Fukuhara, Inc. (íd); Robbie Jack (ud). **Getty Images:** Carlos Alvarez (lcí). **65 ArenaPAL:** Bailiúchán Boosey & Hawkes (ud). **Corbis:** Bailiúchán Laidineach (ld); George Logan (lí); Rick Rickman/NewSport (uc). **Lebrecht Music and Arts:** Dee Conway (íc). **66 Alamy Images:** Lebrecht Music and Arts (u) (íc). **Getty Images:** Sean Gallup (lcí). **66-67 Corbis:** Rune Hellestad (í). **67 Corbis:** Nir Elias/Reuters (lu); Liz Hafalia/San Francisco Chronicle (lu). **68 Alamy Images:** V&A Images (ldu/náisiúnachas na Breataine). **The Bridgeman Art Library:** Museo Nacional de Antropología, Cathair Mheicsiceo /Bildarchiv Steffens Henri Stierlin (lí). **Getty Images:** Leon Neal/AFP (lu). **iStockphoto.com:** bernardo69 (íd/Meiriceá Láir agus Theas); Nic Taylor (c/náisiúnachas Mheiriceá). **Lebrecht Music and Arts:** (cl). **69 akg-images:** Coll. Archiv f. Kunst & Geschichte (lc). **Alamy Images:** RIA Novosti (ud). **Corbis:** The Gallery Collection (íc); Paul Seheult/Eye Ubiquitous (ldí). **ibsen.net:** Dana Smillie (uc). **iStockphoto.com:** Thorbjørn Kongshavn (lcu/náisiúnachas Chríoch Lochlann); Ela Kwasniewski (ld/náisiúnachas na France); naphtalina (íc/náisiúnachas na Spáinne); Yura Nosenko (ud/náisiúnachas na Rúise); Radu Razvan (íd/náisiúnachas Oirthear na hEorpa). **70 The Bridgeman Art Library:** Archives Charmet (íc). **Corbis:** Bettmann (lcí). **Getty Images:** Frans Lemmens/The Image Bank (u). **Lebrecht Music and Arts:** (l). **71 Alamy Images:** INTERFOTO (ud). **The Bridgeman Art Library:** Ardscoil Stát Mhoscó, an Rúis (ldu). **Corbis:** Robbie Jack (l). **Getty Images:** Redferns (uc) (lcu). **Lebrecht Music and Arts:** (lu) (íd). **72 Corbis:** Bettmann (u); Barry Lewis (íd). **Getty Images:** Imagno/Hulton Archive (lcí); Hulton Archive (íc). **73 Corbis:** Henny Abrams/Bettmann (uc); Robbie Jack (íc); Michael Ochs Archives (ldí). **Lebrecht Music and Arts:** (íd). **NASA:** (lu/spásaire). **74 Corbis:** Bettmann (lcu) (íc); Bailiúchán Hulton-Deutsch (ud); M. Lawn/Bailiúchán Hulton-Deutsch (lí); Lebrecht Music & Arts (lu). **74-75 Getty Images:** Henry Wolf/Hulton Archive (cúlra). **75 Corbis:** Angel Medina G./EPA (uc); Robbie Jack (ldí) (íd) (ldu) (ud); Leon/Retna Digital (lcí). **Getty Images:** Emmanuel Dunand/AFP (lí). **Lebrecht Music and Arts:** T. Martinot (lu); Royal Academy of Music (d/baitín). **76 Corbis:** Sandro Vannini (lcuaf). **Dorling Kindersley:** Bailiúchán Anthony Barton (lu/corn). **77 Alamy Images:** C. Christodoulou/Lebrecht Music & Arts (ud); Powerhouse Digital Photography Ltd. (uc). **Corbis:** Bradley Smith (íd). **78 Alamy Images:** Powerhouse Digital Photography Ltd. (ldu). **Corbis:** Walter Bibikow/JAI (lcu); Dallas and John Heaton/Free Agents Limited (ldí). **Lebrecht Music and Arts:** Museum of Fine Arts, Bostún (lu). **79 Corbis:** Bettmann (lí). **Lebrecht Music and Arts:** Graham Salter (uc). **80 Corbis:** The Art Archive/A. Dagli Orti (íd). **Getty Images:** The Bridgeman Art Library (lc). **Lebrecht Music and Arts:** (d). **Photo Scala, Flórans:** White Images (u). **81 Lebrecht Music and Arts:** (íc) (íd) (ud). **Photo Scala, Flórans:** White Images (lc). **82 Getty Images:** AFP (u); GAB Archive/Redferns (íc); STR/AFP (íd). **Lebrecht Music and Arts:** Leemage (lcí). **83 Alamy Images:** Gary Cook (u/foraois); John Warburton-Lee Photography (uc/Abhainn na hAmasóine). **Corbis:** Sunset Boulevard (ldí). **Arthur Grosset:** (lu/éan). **Lebrecht Music and Arts:** (íc). **84 Corbis:** Lee Snider/Photo Images (í). **Getty Images:** AFP (ud); Redferns (lcu). **84-85 iStockphoto.com:** i-bob (cúlra). **85 akg-images:** (ld). **Corbis:** Bettmann (lcí). **Getty Images:** Jacques Demarthon/AFP (ud); Kurt Hutton/Picture Post/Hulton Archive (uc); Patrick Riviere (lc). **86-87 Corbis:** Michael Ochs Archives. **88 akg-images:** © ADAGP, Páras and DACS, Londain 2010/Bailiúchán Príobháideach (ícaf). **Corbis:** Bettmann (lcíaf) (uc). **Lebrecht Music and Arts:** Laurie Lewis (íd) (ldu). **89 akg-images:** © DACS 2010/Eastát Heinrich Jalowetz, le caoinchead Galerie St. Etienne, Nua Eabhrac (ldu). **Getty Images:** Hulton Archive (íd). **iStockphoto.com:** Chris Scredon (ud/canbhás). **Lebrecht Music and Arts:** (lduaf); Institiúid Arnold Schoenberg (íc/scór). **91 Alamy Images:** Judith Collins (íc); JTB Photo Communications, Inc. (uc); Odile Noel/Lebrecht Music and Arts Photo Library (ld). **Getty Images:** Photodisc/C Squared Studios (lí). **92 Alamy Images:** Mary Evans Picture Library (lcu/plandáil); North Wind Picture Archives (ldí/sclábhaithe saortha); Pictorial Press Ltd (íd) (ldu/trádáil sclábhaithe). **Corbis:** Bettmann (lc). **Duke University:** Leabharlann na Lámhscríbhinní, na Leabhar Uathúil agus na mBailiúchán Speisialta (lí). **93 Alamy Images:** Pictorial Press Ltd (íc). **Getty Images:** Alan Band/Fox Photos/Photoshot/Hulton Archive (ud); Tom Copi/Michael Ochs Archives (lí); David Redfern (íd) (lc); Hulton Archive (lu); Michael Ochs Archives (ld); Leni Sinclair/Michael Ochs Archives (l). **Grianghraf le caoinchead Proper Records Ltd:** (uc). **94 Getty Images:** MPI (uc). **Photolibrary:** Santi Visalli/Tips Italia (lu). **United States Postal Service:** (íd). **95 Corbis:** Bettmann (ld); Minnesota Historical Society (ldí); Bailiúchán Frank Driggs/Grianghraif Chartlainne (uc). **Getty Images:** Bailiúchán Frank Driggs (lí) (lu); Gjon Mili/Time Life Pictures (lí). **iStockphoto.com:** Joachim Angeltun (í/eochracha pianó). **Lebrecht Music and Arts:** Odile Noël (íc); Rue des Archives (íd). **96 Alamy Images:** Pictorial Press Ltd (í). **The Bridgeman Art Library:** Giraudon (tl). **Getty Images:** Markus Amon (lcí); Pierre Petit/Hulton Archive (lcu). **97 Lebrecht Music and Arts:** Graham Salter (u). **98 Alamy Images:** Ted Foxx (lí **Corbis:** Erich Auerbach/Bailiúchán Hulton-Deutsch (lcí). **Getty Images:** Keystone/Hulton Archive (ldu); Luis Magan/Cover/Hulton Archive (u); Travelpix Ltd/Photographer's Choice (íc). **99 Corbis:** Mike Kemp/Rubberball (d/cúlra braille). **Getty Images:** Erich Auerbach/Hulton Archive (lí); Luis Magan/Cover/Hulton Archive (ldu). **Photolibrary:** AGERM-00066734-001 (lcu). **Press Association Images:** DPA Deutsche Press-Agentur/DPA (lí/léamh braille). **100 Corbis:** Bettmann (lcu) (íc) (íd) (ldu). **Dorling Kindersley:** The Science Museum, Londain (ud). **Duke University:** Leabharlann na Lámhscríbhinní, na Leabhar Uathúil agus na mBailiúchán Speisialta (lc). **100-101 iStockphoto.com:** Maksym Yemelynov (cúlra). **101 Corbis:** Peter Lorimer/EPA (ldí); Michael Ochs Archives (lu); Shepard Sherbell (íc). **Getty Images:** Larry Busacca/WireImage (íd); Michael Ochs Archives (uc) (ud); Le caoinchead Sony Music Entertainment/Michael Ochs Archives (lí). **102 Corbis:** Bettmann (uc); Walter Bibikow/JAI (ud); Underwood & Underwood (íc). **Getty Images:** Gene Lester/Hulton Archive (l); Michael Ochs Archives (lí); Popperfoto (lcí). **103 Corbis:** Bettmann (l). **Getty Images:** AFP (ld); Santi Visalli Inc./Grianghraif Chartlainne (lc). **104 Alamy Images:** JTB Photo Communications, Inc. (lcu). **Getty Images:** Museum of the City of New York/Grianghraif Chartlainne (íc). **Lebrecht Music and Arts:** Tristram Kenton (íd). **104-105 iStockphoto.com:** i-bob (cúlra). **105 Alamy Images:** Chris Davies (lc); Pictorial Press Ltd (uc). **Getty Images:** AFP (íc); Time & Life Pictures (ud); Roger Viollet (ld); WireImage (íd). **106 Corbis:** Michael Ochs Archives (uc). **Getty Images:** Michael Ochs Archives (íc); Redferns (ícaf) (lc); Le caoinchead Sony Music Entertainment/Michael Ochs Archives (lcí) (d). **107 Getty Images:** Fotos International/Grianghraif Chartlainne (íd); Michael Ochs Archives (c) (l). **108 Getty Images:** Blank Archives/Hulton Archive (lcu/suaitheantais); © Apple Corps Ltd./Michael Ochs Archives (u); Keystone/Hulton Archive (lcí/Everly Brothers); NY Daily News (lí); Michael Ochs Archives (lcí/Buddy Holly). **108-109 Lebrecht Music and Arts:** David Farrell (lí). **109 Getty Images:** Hulton Archive (uc). **110 Corbis:** Bojan Brecelj (ld); Neal Preston (lí); David Corio/Michael Ochs Archives (lí). **Getty Images:** David Corio/Redferns (lu); Tim Hall/Redferns (lc); Michael Ochs Archives (ud/banna). **iStockphoto.com:** ayzek (ud/bratach). **111 Alamy Images:** Archives du 7ème Art/Photos 12 (ud); Pictorial Press Ltd (uc). **Corbis:** Debra Trebitz (lí); David Corio/Redferns (lu). **Getty Images:** David Corio/Michael Ochs Archives (ld); Mark Metcalfe (íd); Tim Mosenfelder (íc); Bernd Muller/Redferns (lc); Mike Prior/Redferns (l). **112 Getty Images:** Annamaria DiSanto/WireImage (lcí). **iStockphoto.com:** Anton Gvozdikov (íd). **113 Getty Images:** Walter Iooss Jr (uc); Martin Philbey/Redferns (lí). **iStockphoto.com:** Reid Harrington (lu); Illych (ldí/dromchla miotalach). **114 Getty Images:** Colin Fuller/Redferns (íc); GAB Archive/Redferns (lcu/clúdach albaim). **LedZeppelin.com:** (u); P. Carrey (lcí). **114-115 Corbis:** Neal Preston (príomhphictiúr). **115 Getty Images:** Michael Ochs Archives (ud); Graham Wiltshire/Hulton Archive (lí). **116 Getty Images:** GAB Archive/Redferns (l); Frank Driggs Collection/Archive Photos (ldu); Michael Ochs Archives (ldí); Popperfoto (lcí); Gus Stewart/Redferns (íl). **iStockphoto.com:** James Steidl (lc). **Photolibrary:** Foto Beck (ud). **116-117 iStockphoto.com:** julichka (ceirnín). **117 Corbis:** Bettmann (uc). **Getty Images:** AFP (íc); Grianghraf le Dick Zimmerman ©1982 MJJ Productions, Inc./GAB Archive/Redferns (l); Ralf Juergens (ld); Chiaki Nozu (íc); Jack Robinson (lu); Jason Squires/WireImage (lc); Chris Walter/WireImage (lí). **Rex Features:** Bailiúchán Everett (íd). **118 Corbis:** Bernard Bisson/Sygma (c); Mohamed Messara/EPA (íd). **Lebrecht Music and Arts:** African Pictures (ld). **118-119 Corbis:** John Watkins/Frank Lane Picture Agency (patrún cúlrach séabra). **119 Corbis:** Mike Hutchings/Reuters (íd); Neal Preston (íc); Reuters (uc). **Lebrecht Music and Arts:** Paul Tomlins (ud) (ld); Gerry Walden (lu). **120 Alamy Images:** PYMCA (lcí). **Corbis:** Carol Friedman (ld). **Getty Images:** David Corio/Redferns (lí); Sean Gallup (íc); Peter Kramer (lu); Al Pereira/WireImage (ldí). PYMCA.com: Henry Iddon (ldu/DJ Kool Herc). **121 Alamy Images:** PYMCA (lu). **Corbis:** Henry Diltz (lc); Lawrence Manning (uc); Picture Hooked/Loop Images (l). **Getty Images:** Scott Gries (ldu); Leo Vals/Hulton Archive (íc); Bruno Vincent (lí). **PYMCA.com:** Fela (íd). **122 Corbis:** Philippe Body/Hemis (íd). **Getty Images:** Picture Post/Hulton Archive (lcu). **Mosfilm Cinema Concern:** (ld). **The Ronald Grant Archive:** Dispat Films (ud). **122-123 iStockphoto.com:** Marcela Barsse (cúlra spóil). **123 The Kobal Collection:** 20th Century Fox/Matt Groening (uc); Columbia/Sony/Chan Kam Chuen (lc). **The Ronald Grant Archive:** 20th Century Fox/Lucasfilms (ud); Canal+/Riofilmes (íc). **124 Corbis:** Frédéric Soltan/Sygma (íc). **Getty Images:** Dave Benett (lc); Jason Kempin/WireImage do Time Inc. (u/A.R. Rahman); Michael Ochs Archives (íc/Jim Reeves); H. K. Rajashekar/India Today Group (lí). Reuters: Fred Prouser (d). **125 Alamy Images:** Photos 12/Archives du 7eme Art (ldíaf); John Henry Claude Wilson/Robert Harding Picture Library Ltd (ld). **Corbis:** Tim Mosenfelder (ud). **Getty Images:** Sipra Das/India Today Group (lcu). **Bailiúchán Kobal:** Film 4/Celador Films/Pathe International (crb). **Press Association Images:** Matt Sayles (lu). **The Ronald Grant Archive:** (íc). **126 Alamy Images:** Will Pryce/Thames & Hudson/Arcaid (íc); Chris

Stock/Lebrecht Music & Arts (l). **The Bridgeman Art Library:** Bailiúchán Príobháideach/ Roger-Viollet, Páras (ldu). **Corbis:** Lebrecht Music & Arts (lcu); Sylvia Salmi/ Bettmann (ud/Schoenberg). **Getty Images:** Jorg Greuel/ Photonica (ud/teilifíseán); Popperfoto (lu). **Lebrecht Music and Arts:** Leemage (ldí). **127 Corbis:** Christopher Felver (uc). **Getty Images:** Erich Auerbach/Hulton Archive (lu); Ross Gilmore/Redferns (ud). **Lebrecht Music and Arts:** Betty Freeman (íd) (lc); Laurie Lewis (ld) (l); Suomen Kuvapalvelu Oy (lí).
© Nick Miller: (íc). **128 Alamy Images:** Raffaele Meucci/ MARKA (ud). **Corbis:** Eric Robert (í). **129 Alamy Images:** Julio Etchart (ld). **Corbis:** Georg Hochmuth/epa (íd). **Getty Images:** Gabe Palacio (lí); Redferns (u); Janek Skarzynski/AFP (ic); WireImage (lc). **130 Corbis:** Paul A. Souders (lcí); Penny Tweedie (íc). **Getty Images:** C. Dani/I. Jeske/De Agostini/DEA (ld); Gaye Gerard (u/portráid). **130-131 Corbis:** Dave G. Houser (l/cúlra ealaín charraige). **131 Alamy Images:** Christine Osborne Pictures (d/ealaín Bhundúchasach). **ArenaPAL:** Allan Titmuss (ud). **Allan Chawner:** (ldí). **Cartlann Náisiúnta na hAstráile:** A1501, A7644/4 - John Tanner (íc). **Leabharlann Náisiúnta na hAstráile:** Bailiúchán W.F. Stringer, radharc ó léiriú Bhailé na hAstráile ar Sun Music, 1968. nla.pic-an24536099. (lcu). **132 Corbis:** Bettmann (ud/Kraftwerk); Joe Giron (lí); Cookie Rosenberg/Retna Ltd. (íd). **Getty Images:** GAB Archive/Redferns (lu); Peter Noble/Redferns (lc). **iStockphoto.com:** Jan Treger (ud/cáblaí). **132-133 iStockphoto.com:** Jan Treger (cáblaí casta). **133 Corbis:** Pierre Mérimée (uc); Claudio Onorati/EPA (íc). **Getty Images:** Bryan Bedder (ld); Josep Lago/AFP (íd); David Livingston (ud); Justin Lloyd/Newspix (lí); Wendell Teodoro/ WireImage (lu); David Teuma (lc). **Little Tragedies:** (l). **134 Corbis:** Laszlo Balogh/Reuters (íc); Bettmann (ud); Luke Macgregor/Reuters (lcu). **Getty Images:** Kiyoshi Ota (íc). **pressphotointl.com:** Bora Ömerogullari (ldu). **135 Busara Promotions:** Bob Sankofa (ud). **Corbis:** Piyal Adhikary/ EPA (íd); Bob Krist (lí); Carsten Snejbjerg/EPA (uc). **Getty Images:** Fredy Gomez/LatinContent (íc). **136 Alamy Images:** Lebrecht Music and Arts (íc); MARKA (uc); Finnbarr Webster (ud). **iStockphoto.com:** Kaligraf (lc); Stefan Klein (lcí). **137 Alamy Images:** Eye Ubiquitous. **138 Getty Images:** Paula Bronstein (íc). **Photolibrary:** Foto Beck (ud). **140 Lebrecht Music and Arts:** (uc). **143 Getty Images:** Peter Macdiarmid.

Gach íomhá eile © Dorling Kindersley
Tuilleadh eolais: www.dkimages.com
Ba mhaith leis an bhfoilsitheoir buíochas a ghabháil leis na daoine seo a leanas faoina gcead a gcuid ceoil a atáirgeadh:

Amhrán Seikilos Igor Dvorkin/Duncan Pittock, © & u Audio Network; **Deep in the Outback** Pete Lockett, © & Audio Network; **The Andes** Barrie Gledden/Richard Lacy/Simeon Wood, © & ℗ Audio Network; **Kenyan Festival** Rebecca Mwangi/Anne Kiruthi/Caroline Wairia/Igor Dvorkin, © & ℗ Audio Network; **Jasmine Flower** David O'Brien, © & ℗ Audio Network; **Desert Motorcade** Christopher Ashmore/ Benjamin Marks, © & ℗ Audio Network; **Bali** Evelyn Glennie, © & ℗ Audio Network; **Christe, Qui Lux** Bouwe Dykstra, © & ℗ Audio Network; **Raga Lotus** Igor Dvorkin/Duncan Pittock, © & ℗ Audio Network; **Réamhcheol 1 le Bach** Ceol á sholáthar ag Royalty Free Music; **Curfá Aililiú, an Meisias** Handel, ℗ Audio Network; **Coinséartó na gCeithre Shéasúr in E Mór, Op.8, RV269: Allegro – Earrach I** Vivaldi, ℗ Audio Network; **Pósadh Figaro: Le nozze di Figaro – Réamhcheol** Mozart, ℗ Audio Network; **Sonáid Phianó Uimh.1: 1ú Gluaiseacht, Allegro Op2** Beethoven, ℗ Audio Network; **Siansa Uimh.101 2ú Gluaiseacht** Haydn, ℗ Audio Network; **La Traviata: Libiamo (Brindisi)** Verdi, ℗ Audio Network; **Sodar na Vailcirí** Wagner, ℗ Audio Network; **Rapsóid Ungárach** Liszt, ℗ Audio Network; **At Pedros** Paul Mottram, © & ℗ Audio Network; **Loch na nEalaí: Pas de Deux** Tchaikovsky, ℗ Audio Network; **Peer Gynt: Halla Rí an tSléibhe** Grieg, ℗ Audio Network; **Scéal an tSáir Saltan Op57: Eitilt na Bumbóige** Rimsky-Korsakov, ℗ Audio Network; **Ón Domhan Nua** Steve Sidwell, © & ℗ Audio Network; **Cover of Darkness** Ian Hughes, © & ℗ Audio Network; **Tel's Bells** Terry Devine-King, © & ℗ Audio Network; **Don't Touch the Tulips** Paul Mottram, © & ℗ Audio Network; **Clair de Lune** Tim Devine/Stacey Berkley, © & ℗ Audio Network; **Blue Tropical** Dave James, © & ℗ Audio Network; **Jiving with Johnny** John Dankworth, © & ℗ Audio Network; **Smooth Walking** Christian Marsac, © & ℗ Audio Network; **Dirty Dog** Christian Marsac, © & ℗ Audio Network; **Rasta Flava** Igor Dvorkin/Duncan Pittock, © & ℗ Audio Network; **Powerslide** Adam Drake/Terry Devine-King, © & ℗ Audio Network; **Urbanite** Terry Devine-King, © & ℗ Audio Network; **Binary Funk** David

Giotáraí teasaí!

Bhí bealach fiáin le Jimi Hendrix ar an stáitse. I 1967, chuir sé an giotár Fender Stratocaster seo trí thine. Tá marcanna na lasracha ar an ngiotár fós. B'éigean do Hendrix féin cóir leighis a fháil dá lámha dóite!

Ba é Mozart a scríobh na nótaí seo, mar chuid d'áiria a cuireadh ar siúl i Salzburg, san Ostair, i 1780. Tháinig an lámhscríbhinn chun solais in áiléar tí i Meiriceá i 1996.

*(***Getty Images:** *David Thomson/AFP)*